Malte Welding
Versiebt, verkackt, verheiratet

PIPER

Zu diesem Buch

Malte Welding, Pazifist in den Schützengräben der Scheidungs-
kriege, seziert humorvoll, kompetent und kompromisslos das
Elend nach dem Happy End. Was tun, wenn sich der Traum-
mann als antriebsloser Chaot entpuppt, die Liebe am einseitigen
Kinderwunsch scheitert oder einem keine schmutzigen Kosena-
men mehr einfallen wollen? Malte Welding lesen!

*Malte Welding* ist Liebes-Kolumnist der Berliner Zeitung. Dort ta-
ckert er ohne Narkose die gebrochenen Herzen von Teenagern
und Rentnern, Frauen in den Wechseljahren und Männern im
Liebeswahn zusammen – sehr zum Vergnügen derer, die nicht
betroffen sind. Mehr unter http://malte-welding.com

Malte Welding

# Versiebt, verkackt, verheiratet

Vom Leben nach dem Happy End

Piper München Zürich

*Mehr über unsere Autoren und Bücher:*
www.piper.de

Von Malte Welding liegen bei Piper vor:
Frauen und Männer passen nicht zusammen – auch nicht in der Mitte
Versiebt, verkackt, verheiratet

**MIX**
Papier aus verantwor-
tungsvollen Quellen
**FSC** FSC® C083411
www.fsc.org

Originalausgabe
April 2012
© Piper Verlag GmbH, München 2012
Umschlagkonzept: semper smile, München
Umschlaggestaltung: Bauer + Möhring, Berlin
Umschlagmotiv: Silvia Christoph, Berlin
Satz: Kösel, Krugzell
Gesetzt aus der Albertina
Papier: Munken Print von Arctic Paper Munkedals AB, Schweden
Druck und Bindung: CPI – Clausen & Bosse, Leck
Printed in Germany    ISBN 978-3-492-27308-4

# Inhalt

# Ein seltsames Spiel

»*Das Verhalten von Liebenden wandelt sich wie der Mond
und ist so wenig vorherzusagen wie das Wetter.*«
PETER SCHUSTER, KARL SIGMUND,
»COYNESS, PHILANDERING AND STABLE STRATEGIES«

Das schönste Happy End, das ich jemals erlebt habe, war das von Roman und Mia. Nach vielem Hin und Her bekam der charmant-verdruckste Held endlich die Frau, die er schon den ganzen Film über geliebt hatte. Zig Fehltritte hatte es gegeben, verpasste Gelegenheiten und seltsames Zeug, das so nur Roman passieren konnte. Und dann saßen sie da als Mann und Frau, vereint in Glückseligkeit. Was für eine Hochzeit! Mias Mutter machte Fotos, »Haltet doch mal still!« Im Hintergrund Romans Eltern, strahlend wie zwei Highschool-Sweethearts, davor Romans kleiner Bruder Paul, der seine verträumt schauende Freundin Greta an sich zieht, und Ben, der jüngste der drei Brüder, der gerade seiner kichernden Freundin Julia etwas ins Ohr flüstert.

Und Mia und Roman küssten sich, als wäre es das erste Mal.

Drei blendend aussehende Brüder mit ihren großen Lieben. So viel Zukunft war nie. Bald würden die beiden Jüngeren auch noch heiraten, Paul und Ben, und alle würden miteinander Topfschlagen spielen bis an ihr Lebensende. Kinder! Yoga! Kamin!

Und mittendrin ich, der gerade ein Buch über eine vereinsamende Gesellschaft geschrieben hatte. Es wurde viel gelacht, besonders über mich, es wurde viel getrunken, gesungen, getanzt und geknutscht.

Das war das Happy End. Abspann, Geigen.

Raus in die Wirklichkeit.

Romans und Mias Hochzeit ist jetzt anderthalb Jahre her.

In diesem Buch werden wir (und ich spreche hier nicht zufällig im Notaufnahme-Wir) uns über diese drei Paare beugen (wenn noch etwas Zeit bleibt, dann auch noch über Pauls besten Freund Jimo, da gibt es immer Stoff). Wir wollen versuchen zu verstehen, was nach dem glücklichen Ende geschehen ist.

Mein ganzes bisheriges Leben ist parallel zu dem der drei Brüder verlaufen. Roman war in meiner Klasse, wir waren nicht beste Freunde, aber wir sind miteinander ausgekommen. Mit 13 hätte ich sehr gern mit seiner Mutter geschlafen oder sie zumindest nackt gesehen, was für mich damals allerdings nicht sonderlich speziell war, ich konnte mich gerade mal zurückhalten, nicht meine eigene Mutter nackt sehen zu wollen. Nach dem Abi zogen Roman und ich von Aachen erst nach Bonn, wo wir schon etwas mehr miteinander unternahmen (ich wollte auch nicht mehr so dringend mit seiner Mutter schlafen – wäre aber dazu bereit gewesen, wenn sich die Gelegenheit ergeben hätte), wobei es ihm gelang, der einzige Soziologiestudent zu sein, der besser und vor allem dezenter angezogen war als meine Juraprofessoren. Und schließlich, nachdem ich mein Studium abgebrochen und er seins natürlich ganz fabelhaft abgeschlossen hatte, zogen wir von Bonn nach Berlin und wurden so etwas wie beste Freunde oder zumindest: älteste Freunde. Mit seiner Mutter würde ich jetzt nicht mehr schlafen, versprochen, Roman.

Exakt dieselbe Route von Aachen über Bonn nach Berlin nahmen auch Ben und Paul. Paul studierte wie ich Jura, allerdings mit sensationell geringem Engagement. Paul rief schon in der 5. Klasse nach einer strittigen Szene beim Pausenfußball: »Schiedsrichterball!« Sein Lieblingsergebnis bei großen Turnieren war damals angeblich Unentschieden, weil ihn die enttäuschten Gesichter der Verlierer so sehr grämten. Na gut, da war er noch sehr klein, aber der Ruf des Unentschiedenen hängt ihm bis heute nach.

Paul ging durch sein Leben, als würde er das eines anderen führen, seine Freundinnen tauchten so zufällig an seiner Seite auf, wie das Wetter von einem auf den anderen Tag wechseln konnte, nie hatte man den Eindruck, er würde sich seine Partnerinnen aussuchen, oder auch nur: Er würde sich überhaupt etwas aussuchen. Ein Mann ohne Leidenschaften.

Paul studierte Jura, weil nichts dagegensprach, und man kann sich meine Verwunderung vorstellen, als er vor mir fertig wurde.

Ben, der jüngste der drei Brüder, studierte Architektur. Zu den Vorlesungen kam er zu spät oder gar nicht, seine Projekte reichte er zu spät oder nur unvollständig ein und bekam trotzdem die beste Note. Ben muss man lieben, um ihn nicht zu hassen, was eigentlich nur geht, wenn man ihn schon gekannt hat, als er noch kniehoch war und mit einem viel zu großen Brötchen in der Hand hinfiel, weil er gegen einen Ball treten wollte.

Jimo nicht zu hassen fällt fast noch schwerer, schließlich ist er Schriftsteller, und seine Freundin, die aus einem mir nicht bekannten Grund alle Lala nannten, ist ein Original-Top-Model aus Eritrea, also nicht so ein Fernseh-Top-Model, sondern richtig mit Laufsteg und Lagerfeld-Entzücken, und natürlich auch nicht Model IN Eritrea, sondern Paris!, Milano!, Dings! und Düsseldorf. Man kann einem anderen Mann normalerweise kaum verzeihen, dass der ein Top-Model regelmäßig aus der Nähe nackt sehen darf, aber bei Jimo ist man überraschenderweise schnell milde gestimmt.

Jimo haftete nicht nur von jeher eine Aura des ständigen Verlusts an, sodass man sich in seiner Nähe immer unwillkürlich umschaute, als finde man den Wagen nicht, er schien auf irgendeine Art auch unter Lala und ihrer Schönheit zu leiden, was die Sache mit dem Nackt-Sehen wieder okay sein ließ. Natürlich trotzdem ein Arsch, dieser Jimo, aber eben einer von der guten Sorte. Irgendwie war er im Migrationsstrom aus Bonn nach Berlin geraten, er wohnte eigentlich immer mit Paul zusammen, den er auf eine sehr rührende Art sehr liebte und zu einem Mann mit Haltung zu machen versuchte, bis dann Paul mit der wunderbaren Greta zusammenzog und einen Beruf hatte und einen Steuerberater, während Jimo noch immer die Miete mit abartigen Jobs bestritt und hoffte, dass er endlich einen Agenten fand.

Roman erklärte mir mal, dass Alemannia Aachen schuld an unseren Persönlichkeitsstrukturen sei. Wir sind aufgewachsen mit dem Verein. Wir haben von klein auf gelernt, dass man immer wieder kurz vor dem Ziel scheitern kann. Alemannia Aachen stand unsere ganze Kindheit hindurch kurz vor dem Aufstieg in die Erste Liga und ist dann schließlich in die Dritte abgestiegen. »Wir hatten keine Chance, Indiana Jones zu werden, weil wir wie Jo Montanes geworden sind. Wir machen einfach immer weiter. Der Sinn des Lebens besteht für uns darin, sich die Schuhe anzuziehen und aufs Feld zu gehen.«

Jo Montanes hat siebzehn Jahre lang für Aachen gespielt. Er ist niemals aufgestiegen, hat alle fünfzig Spiele mal ein Tor geschossen, ist weitergerannt, den Kopf nach unten, er grätschte und schwitzte und verlor. Und stand am nächsten Samstag wieder auf dem Platz. »Monti«, riefen wir im Stadion, wir liebten den verlässlichen, nicht so richtig begabten Monti. So sollten wir jetzt also sein?

Es ist äußerst putzig, dass ausgerechnet Roman, der wie ein englischer Landadeliger aussieht und dessen Frisur jeder, den ich kenne, wegen ihres makellosen Sitzes aufrichtig bewundert, sich mit einem schwitzenden Malocher identifiziert.

Ich erkläre mir mich meistens eher über meine Eltern als über Alemannia Aachen. Die Eltern von Roman, Paul und Ben sind *das* klassische Paar schlechthin. Sie sind zusammen seit den ersten Tagen ihrer Studienzeit, er ist ein stattlicher Herr mit mittlerweile schlohweißem Haarkranz, sie ist immer noch schön (das sage ich aus größtmöglicher innerer Distanz). Gut: bei den beiden wussten wir alle, dass es längst nicht mehr so rosig lief, wie es auf der Happy-End-Hochzeit den Anschein hatte. Aber bei Roman und Mia, bei Paul und Greta, bei Ben und Julia, nicht einmal bei Jimo und Lala, die wirklich keine Teletubbies sind, hätte irgendjemand erwartet, was dann geschah.


Wie ein Unfallforscher den Ablauf eines Unfalls rekonstruiert und dabei nicht das neu gekaufte Auto untersucht, sondern die Trümmer – genau so werden wir die Katastrophen, die nach dem Happy End stattfanden, analysieren: Kein Wrack ist wie das andere, und trotzdem kann man aus der vergleichenden Betrachtung Sicherheitsstandards entwickeln. Wir werden versuchen, das Einfache im Komplizierten zu entdecken.

Der Psychologe Richard J. Sternberg hat die Dreieckstheorie der Liebe entwickelt. Demnach benötigt Liebe Leidenschaft, Intimität und Verpflichtung. Der Sexualwissenschaftler Volkmar Sigusch gibt noch ein Element hinzu und nennt als vierte Strömung, von der die Liebe erhalten wird: »tiefes Vertrauen«. Idealerweise würde sich ein Paar also sagen können:

Ich begehre dich.

Ich mag dich.

Ich möchte mit dir zusammen sein.

Ich vertraue dir.

Das kann doch nicht so schwer sein?

# No Milk Today (Tag 1)

*»Cool guys don't look at explosions*
*They blow things up and then walk away«*
ANDY SAMBERG, »COOL GUYS
DON'T LOOK AT EXPLOSIONS«

»Sie hat mich entsorgt«, sagte Paul zu seinem Bruder Roman, noch außer Atem von den fünf Treppen. »Ausgetauscht.«

Roman trug nur einen Bademantel, den er vorn zusammenhielt.

»Komm rein«, sagte er.

Romans Frau Mia hatte sich in ein Tuch gewickelt und lief leise fluchend über den Flur ins Bad. Paul fragte, ob er störe. »Nein, gar nicht«, sagte Roman.

Roman klang, als meine er das auch so. Selbst im Bademantel hatte er noch dieses Richardvonweizsäckerhafte, das er schon als kleiner Junge gehabt hatte. Paul dagegen wirkte noch zerfluster als sowieso immer.

Außer Atem sah man Paul sonst ausgesprochen selten. Er war immer schon sehr geschickt darin gewesen, sein Leben um sein Bett herum anzuordnen. Als wir noch alle in Bonn wohnten, gab er mir einen Schlüssel zu seiner Wohnung, damit er nicht aufstehen musste, um mich reinzulassen. Alles, was er für den Tag brauchte, platzierte er so, dass es schlimmstenfalls eine Armlänge entfernt lag. Zigaretten, Schokolade, Zeitung, Cola. Man könnte sagen, dass sein gesamter Ehrgeiz darin bestand, möglichst lange liegen bleiben zu können.

Nach einem gerade noch bestandenen juristischen Staatsexamen, das allgemein als »Das Wunder von Bonn« bezeichnet wurde, zog er zu Greta nach Berlin. Er hatte sie auf dem Kölner Ringfest bei einer Tamponpromotion kennengelernt.

Mit Greta kam er der Umsetzung seines Plans recht nahe: Er verbrachte nun fast sein ganzes Leben im Bett. Sie wurde für ihn eine Art mentale Windel, ein Rundum-sorglos-Paket aus Nestwärme, zärtlichen Rüffeln und Anschubsern. Sie war verantwortlich für das Wunder von Bonn, Paul war sich dessen durchaus bewusst. Ohne sie wäre er noch immer ein Jurastudent gewesen, der den ganzen Tag im Bett verbrachte. Mit ihr war er ein Anwalt, der den ganzen Tag im Bett verbrachte.

Paul stand nun also vor Roman und sah aus wie ein Bootsflüchtling. Paul fürchtete sich vor Durst. Er hatte einmal gelesen, dass es schon zu spät sei, wenn man den Durst erst einmal hatte, man müsse rechtzeitig trinken. Diese harmlose Information aus der Verbraucherbeilage einer überregionalen Tageszeitung trug er mit sich herum wie ein dunkles Geheimnis. In seiner Gegenwart reichte es nicht aus, die Durstlöschung zu einem späteren Zeitpunkt in Aussicht zu stellen. Sagte Jimo, sein bester Freund, er habe Durst, müsse aber zunächst noch etwas erledigen, blaffte Paul ihn an: »Dann ist es schon zu spät!«

Die Furcht vor dem Durst war nicht Pauls hervorstechendste Eigenschaft, es war nur so, dass er dadurch niemals einen guten ersten Eindruck hinterließ. Wo immer Paul hinkam, kam er verschwitzt an. Er war eben eher ein Sitzer oder Lieger, zudem ein Trödler, und so musste er immer sehr hetzen, um innerhalb der Verspätungstoleranzgrenze an sein Ziel zu gelangen. Weil nun ein sich beeilender Sitzer nahezu unweigerlich auch ein heftig tropfender Schwitzer wird, litt Paul also infolge seiner Reisetätigkeit zumeist an feuchtem Nacken, angeweichtem Hemd und nasser Stirn. Und das bedeutete: Wassermangel. Er stieß die Wartenden zur Seite, stürzte zur Toilette und hängte sich unter den Wasserhahn. Auf Paul zu warten war, wie an einer Oase mit einem Kamel verabredet zu sein.

Jetzt hatte Paul es zwar nicht eilig gehabt, aber die vielen Treppen hatten ihm trotzdem zugesetzt.

»Cola?«, fragte Roman, und Paul sagte: »Besser nicht.«


Etwa fünfzehn Stunden zuvor, es musste zwischen vier und fünf Uhr morgens gewesen sein, hatte Paul beschlossen, sich auf LSD einen runterzuholen. Er war, auch wenn alle das glaubten, eher kein Drogentyp, ab und an kiffte er auf Parties, aber ansonsten fühlte er sich auch drogenfrei schon unbrauchbar genug.

Björn, ein alter Studienfreund, den alle Bart nannten, weil er mal Bartträger gewesen war, hatte aus Amsterdam etwas mitgebracht, das er LSD nannte. Nach einigen erstaunlichen Erlebnissen in einer riesigen Proletendisco und an der Spree hatte Bart ihn wieder zu Hause abgesetzt.

Seine Freundin Greta war bei ihren Eltern und Paul allein auf LSD. Bei Gretas Handy ging nur die Mailbox dran, auf dem Festnetz konnte er nachts nicht anrufen, weil ihn Gretas Eltern sowieso hassten. Hm, allein auf LSD. Das Einzige, was Paul über LSD wusste, war, dass man hängen bleiben konnte.

Er stellte sich vor den Spiegel und leuchtete mit der Schreibtischlampe in seine Augen. Seine Pupillen waren riesig.

Ab wann man wohl hängen geblieben war? Besorgt rief er Jimo an, seinen besten Freund. Auf Jimos Handy meldete sich ein unbekannter Mann, der es wahnsinnig komisch fand, dass Paul Jimo suchte. »Also, Liebelein, das fragen wir uns alle. Wo ist Jimo?« Paul legte auf, ein kurzer Blick in den Spiegel. Pupillen: riesig.

Dann also der Entschluss zur Masturbation. Im fünften Anlauf gelang es ihm, den Computer einzuschalten und sich ein *Girls-Gone-Wild*-Video runterzuladen. Die meisten, die Paul nur oberflächlich kannten, hätten nun gesagt: »Typisch Paul.« (Leute, die so faul sind wie Paul, stehen oft in dem Ruf, allerlei Lastern anzuhängen.) Wenn Paul aber schon kein Drogentyp war, dann erst recht kein Pornotyp. Er mochte Körperkontakt. Seitdem er das erste Mal Sex gehabt hatte, liebte er den Moment, in dem klar wurde, dass es jetzt losgehen würde, das Mädchen nackt im Bett lag und er sich auf sie legte. Er mochte die Umarmung, ihre Brüste an seinem Brustkorb, seine Hände an ihrem Hintern.

Wenn sich in einer Fernsehsendung jemand über Kuschel- oder Blümchensex beklagte, zuckte Paul leicht zusammen, denn er hatte sich im Verdacht, genau das zu praktizieren: Kuschelsex, Bumsen als Gemeinschaftserlebnis.

Nun aber mit diesem Spitzenprodukt holländischer Drogendesigner im Blut, dachte er, Porno könne virtueller Sex sein, das honigfarbene Haar der Spring-Break-Mädchen in dieser Scripted-Reality-Porno-Show würde duften, ihre Schokoladenhaut sich zart an seinen Bauch schmiegen, ihr Lachen wie ein Gebirgsbach plätschern. Stattdessen durchschaute Paul allzu klar, dass in dem Filmchen keine wirklichen High-School-Absolventinnen herumsprangen, die aus Freude an der Nacktheit ihre Brüste entblößten. Sein Schwanz blieb weich, so sehr er auch an ihm herumdrehte, alles, was er sah, waren orangefarbene Fingernägel und billiger Schmuck, kleine Schmetterlingspiercings in solarierten Bauchnäbeln, Knasttattoos und dumme Augen.

Er versuchte es mit den schwermütigen Russinnen auf der Homepage des russischen Fotografen Grigori Galitsin. Es regte sich etwas. Ewigkeiten vertiefte er sich in die Achselhöhlen tadschikischer Ballerinen, war verzaubert von den dichten Schamhaaren einer Kasachin, die auf ihrem Profil in der Rubrik *Hobbys* Violine, Schachspiel und Taekwondo angegeben hatte. Er sah butterblonden Zwillingen bei Tanzübungen zu und ejakulierte schließlich im hohen Bogen beim Anblick eines Ladebalkens. Er hatte es geschafft, beim Onanieren zu früh zu kommen. Sein Herz schlug zu laut und zu schnell. Er schaute auf die Uhr. Halb acht. Jetzt konnte er Greta anrufen (und – wow! er konnte auch ziemlich lange onanieren!). Wieder die Mailbox.

Schließlich rief er doch auf dem Festnetzanschluss der Ulmenthals an. Die unendlich müde Stimme von Gretas Mutter. Er sagte, dass er er sei, und fragte: »Ist Greta schon wach?« – »Paul?« – »Ja, Guten Morgen, hier ist Paul.« – »Woher soll denn ich wissen, ob Greta schon wach ist?« Während er versuchte, Frau Ulmenthal zu erklären, dass Greta oben in der Ulmenthal-Villa in ihrem alten Kinderzimmer liegen müsse, und Frau Ulmenthal ihm parallel dazu klarzumachen versuchte, dass das nicht der Fall war, passierte genau das, was im Zusammenhang mit solchen Situationen meist bloß metaphorisch beschrieben wird. Der Boden schwankte unter seinen Füßen und verschwand schließlich ganz. Paul hing über einem Abgrund, nur der Telefonhörer gab ihm noch Halt.

Greta war wirklich nicht da. Greta hatte überhaupt nicht bei ihren Eltern übernachtet. Greta hatte gelogen.

Er konnte den Hörer nicht auflegen, obwohl Frau Ulmenthal längst wieder ins Bett gegangen war. Er rief bei Gretas drei besten Freundinnen an. Dreimal der Anrufbeantworter.

»Bestimmt ist sie bei einer von den dreien, sie hat sich halt kurzfristig umentschieden, alles ganz harmlos, nimm eine Schachtel Aspirin, leg dich schlafen. Und wenn du aufwachst, dann ist alles wieder gut«, sage er zu sich, aber er hörte sich nicht recht zu. Greta hatte gelogen. Er war allein. Und das LSD hörte nicht auf zu wirken.

Er rief Roman an und beschwor ihn, alles stehen und liegen zu lassen, egal, woran er gerade arbeite. Notfall. Super-GAU. Der Untergang. Roman versprach, ihn in einer Stunde wieder anzurufen. Er solle Milch trinken, das habe Hoffmann auch gemacht bei seinem ersten LSD-Selbstversuch. »Aber Milch bringt doch Greta nicht zurück.«

Als Paul aufgelegt hatte, bekam er »No Milk Today« nicht mehr aus dem Ohr.

Er überlegte, zu seiner Hausärztin zu gehen, aber er erinnerte sich an einen Artikel über ein Super-LSD, dessen Wirkung durch die Medikamente, die man beim Arzt bekommt, verstärkt wurde.

»No milk today. My Love has gone away.«

Das Telefon. Roman sagte, er habe einen Termin verschoben und werde jetzt gleich vorbeikommen. Paul stellte sich die nächste Viertelstunde an die Tür, um rechtzeitig öffnen zu können. Unterdessen sprach er fünfzehn Mal auf Gretas Mailbox. »Hey Greta, na! Gut geschlafen? Meld dich mal.« – »Greta, du bist gar nicht bei deinen Eltern. Wo bist du denn dann?« – »Greta, mir geht es nicht so gut, bitte ruf an!« – »Greta, wenn du das hörst, also das ist kein Problem, dass du nicht bei deinen Eltern bist, ruf einfach an, dann bewerbe ich mich auch, wo du willst.«

Roman hatte ihm einen Schlaftee besorgt. Er bereitete ihn Paul zu. Paul zitterte, Roman machte ihm eine Wärmflasche.

»Greta liebt dich doch, das ist nur ein blödes Missverständnis.« – »Greta war zuletzt nicht mehr so richtig zufrieden, glaube ich.« – »Du siehst Gespenster.«

Durch das zweite Staatsexamen hatte Greta Paul in Berlin genauso durchmanövriert wie durch das erste, sie hatte ihm anschließend Stellenanzeigen rausgesucht und ihm für jedes Bewerbungsgespräch so etwas wie eine vorzeigbare Frisur arrangiert, und all ihre Mühen hatten Früchte getragen: Er bekam eine richtige Stelle in einem richtigen Unternehmen mit richtigem Gehalt und richtigen Urlaubstagen.

Aber dann schmiss er kurz nach der Hochzeit von Mia und Roman hin und ersetzte seine richtige Stelle durch einen Schreibtisch in ihrer gemeinsamen Wohnung (vom Bett nur zehn Meter Luftlinie entfernt) und zweieinhalb Mandanten, von denen zwei seine Brüder Roman und Ben waren, die nie Rechtsstreitigkeiten hatten. Greta wäre auf breites Verständnis gestoßen, wenn sie Paul zu diesem Zeitpunkt verlassen hätte. Doch sie hängte unten an ihren Hauseingang ein Messingschild, das sie besorgt hatte, auf dem stand: »Rechtsanwalt Paul Klinghofer«. Und Paul fand einen Weg für sich. Sein einnehmendes Gesicht, seine ruhige Art und sein diplomatisches Geschick, das er an zahllosen Abenden, an denen er das Schweigen zwischen seinen Eltern durch vorsichtigen Humoreinsatz für kurze Zeit hatte unterbrechen müssen, machten ihn zu einem richtig guten Mediator.

Innerhalb eines Jahres brachte er es auf gerade so viele Klienten, dass er nicht schlecht verdiente und dennoch nicht dauernd das Bett verlassen musste. Es war alles perfekt.

Paul trank einen Schluck von dem Schlaftee und schaute Roman vorwurfsvoll an. Dann las Roman ihm aus seinen Akten vor, bis Paul einschlief.

Gegen achtzehn Uhr wurde Paul wach. Roman war weg. Paul ging aufs Klo. Das Telefon klingelte.

Den Zusammenhang zwischen Stuhlgang und Telefon haben schon viele Humoristen, Satiriker und Philosophen zu ergründen versucht, und doch kann niemand erklären, warum die wichtigsten Anrufe immer dann eingehen, wenn man gerade auf dem Klo sitzt.

Greta klang fremd. An den genauen Wortlaut des Gesprächs kann Paul sich heute nicht mehr erinnern. Es war kein Missverständnis. Es tat ihr wahnsinnig leid, dass er es so … Paul erinnerte sich noch, dass sie diesen Satz nicht zu Ende gesprochen hatte. Wozu auch. Die Aussichtslosigkeit. Sein Paulsein. Der ganze Streit. Und ja, ein anderer. Nein, natürlich nicht: betrogen. Nur eben: besser für sie jetzt. Und bestimmt das Beste für sie beide. Und dann, recht übergangslos: der praktische Teil. Die Wohnung könne er sich sowieso nicht allein leisten, sie dagegen schon. Sie wäre sehr dankbar, wenn er irgendwo anders unterkommen könnte. Wenn er ihre Entscheidung, wenn er *sie* ernst nähme, würde er nicht mehr in der Wohnung sein, wenn sie käme. Warum er überhaupt so oft angerufen habe und vor allem: bei ihren Eltern? LSD? Ach, Paul.

Als sie sich nach von langem Schweigen unterbrochenen Stammeln verabschiedeten, war er nicht einmal richtig traurig. Er zog die Hose hoch, raffte ein paar Sachen zusammen, Zahnbürste, ein paar Unterhosen und zwei T-Shirts. Kurz dachte er, dass das doch Quatsch sei, dass er hier bleiben und um sie kämpfen sollte. Dann nahm er die Sachen und fuhr zu Roman und Mia.

Für die 5-Minuten-Strecke brauchte er eine halbe Stunde, weil Paul die Fähigkeit eingebüßt hatte, links abzubiegen. Er fuhr so lange, bis er etwas wiedererkannte. Natürlich fand er zunächst keinen Parkplatz, alle Lücken waren zu klein, auch die großen. Schließlich stellte er den Wagen unter ein Parkverbotsschild.

Er schaute in den Außenspiegel eines *Nissan Micra*. Seine Pupillen waren immer noch so groß wie die von Mickey Mouse. Ein junger Mann, der genauso aussah wie Paul vor acht Jahren, verscheuchte ihn von seinem Wagen. Ratlos stolperte Paul davon, drehte sich noch einmal um, aber der junge Mann saß schon im *Micra*, und Paul konnte ihn nicht mehr genau genug erkennen. Doppelgängersichtung ist ein sicheres Anzeichen für einen bevorstehenden epileptischen Anfall. Der wäre Paul jetzt allerdings sehr recht gekommen. Dann müsste Greta. Dann würde Greta doch. Dann hätte Greta doch die verdammte Pflicht. Lieben müsste sie ihn dann bis an das Ende ihrer Tage.

Er stand ein paar Minuten einfach so auf dem Gehweg und war froh, in einer Stadt zu leben, in der Irre nicht auffallen. Er atmete vorsichtig und möglichst regelmäßig, immer auch mit dem Bauch. Endlich fühlte er sich bereit weiterzugehen und stand kurz darauf vor dem Haus, in dem Roman wohnte. Auf dem Klingelschild stand *R*. und *M. Klinghofer-Dumitrescu*. Er drückte die Klingel, und um garantiert gehört zu werden, drückte er sofort noch einmal. Der Türöffner surrte eine Ewigkeit nicht, er klingelte dringlicher. *Je sonne. Personne. Je resonne. Re-Personne.* Er summte diese Nabokov-Zeile, bis sie in den beruhigenden Klang des Öffners überging.

# 67 Tage plus

*»Das Problem mit der Liebe ist folgendes: Sie ist sowohl eine Krankheit als auch ein Heilmittel, und man weiß nie, welches von beiden man erwischt.«*
STEVE TESICH, »EIN LETZTER SOMMER«

Roman hätte nicht sagen können, warum er nicht mehr mit Mia schlief, aber Mia schaute Roman seit einiger Zeit so an, als wüsste er etwas und würde sie bloß nicht einweihen.

67 Tage hatten sie jetzt nicht mehr miteinander geschlafen. Roman wusste, dass Mia das wusste, und er ahnte, dass sie wusste, dass er es wusste, schließlich hatte er nach etwa einem Monat mal eine Art Witz über die Situation gemacht (in einem Tierfilm war es um eine sexfaule Beuteltierart gegangen, die der Berliner Zoo vergeblich fortzupflanzen versuchte, und er hatte gesagt, so wie den Beuteltieren gehe es in Berlin doch allen), und sie hatte ihn angeschaut, wie man Leute anschaute, die am 12. September 2001 Wolkenkratzerwitze machten: Zu früh, echt jetzt, reiß dich mal zusammen.

Also taten sie beide tapfer so, als wäre nichts, hielten Sexszenen im Kino stur aus, ignorierten die Stellungstippsbücherwand bei Hugendubel, gratulierten etwas zu überschwänglich zu Befruchtungserfolgen im Bekanntenkreis und liefen im Bad nackt voreinander herum wie Adam und Eva, ehe diese Scham und Verlangen kannten.

Sie hatten immer mal wieder solche Phasen gehabt, aber nie so lange. Und es war auch nicht so, dass sie 67 Tage zuvor an einer zweiwöchigen Orgie teilgenommen hätten, von der sie sich jetzt erholen mussten. Wenn sie ihn nun so anschaute, als würde er ihr den Grund dafür, dass nichts mehr lief, vorenthalten, bekam er nicht nur ein schlechtes Gewissen, er wurde auch wütend. Schließlich hatte sie angefangen. Immer war er derjenige gewesen, der die Initiative ergreifen musste. Das war ihm erst nach ein paar Jahren aufgefallen, aber seit es ihm aufgefallen war, gab es etwas in ihm, das sie dafür hasste. Nein; Roman war zu Hass natürlich gar nicht fähig. Er fand es gemein. Es war, als hätten alle Kinder eine Burger-King-Krone bekommen und er nicht. Alle wurden verführt, bezirzt, bekamen Blowjobs unterm Schreibtisch und Stripteasevorführungen, sehnsüchtige Kurzbotschaften und Zettelchen am Badezimmerspiegel mit Geschlechtsverkehrsbegehren – nur Roman nicht.

Er wusste, dass Mia ihn nicht so ansah, wie sie ihn ansah, weil sie wollte, dass er wie immer die Initiative ergriff. Sie sah ihn nicht so an, weil sie scharf war. Sie sah ihn so an, weil er sie schwängern sollte.

Roman konnte sich nicht daran erinnern, irgendwann einmal ein Gespräch mit Mia gehabt zu haben, in dem davon die Rede gewesen war, dass sie Kinder bekommen wollten. Es stand einfach auf einmal fest. Schließlich waren sie ja verheiratet, wobei sich allerdings jeder gewundert hatte, dass sie ohne Not diesen Schritt getan hatten. Steuerlich lohnte es sich kaum, und eine romantische Geste von dieser Größe hätte Roman eigentlich niemand zugetraut.

Und doch musste es das gewesen sein: eine romantische

Geste, ein Zeichen für seine Zuneigung. Eine Schnapsidee, wie er selbst manchmal fand.

Auf einmal standen also Kinder auf dem Plan, zunächst einmal eins. Und Roman, der sonst ein halbes Jahr vor dem Urlaub die Hotel-Bewertungen im Internet studierte, Roman, der nie von etwas überrascht war, weil er immer schon einen Plan hatte, Roman hatte an diesem Plan niemals mitgewirkt. Er war nicht prinzipiell gegen Kinder, das hätte er ihr ja sagen können. Es mangelte ihm nur völlig an Vorstellungskraft, wie er mit Mia ein Kind bekommen und aufziehen sollte, er hätte es plausibler gefunden, auf dem Balkon einen kleinen Außerirdischen zu finden und ihn zu adoptieren. Ein Kind mit Mia, das wäre auf eine Weise endgültig, für die er sich nicht gewappnet fühlte. Ein Kind wäre mehr gewesen als nur eine Geste.

Seit einem Jahr nahm Mia die Pille nicht mehr, er hatte es eher zufällig erfahren, als er in die Apotheke musste, um sich ein duschfestes Pflaster zu kaufen, und schon halb aus der Tür gewesen war und gefragt hatte: »Brauchst du eine neue Pillenpackung? Du warst doch gestern beim Frauenarzt?« Und sie hatte geantwortet: »Ich nehme die Pille nicht mehr.« Erst als er in der Apotheke stand, hatte er begriffen, was das bedeutete.

Wenn sie seitdem Sex hatten, drückte Mia seinen Hintern ganz fest an sich, wenn er kam, und er lächelte sie dabei an. Aber es passierte nichts. Es passierte sogar weniger, als man hätte annehmen können. Mia bekam ihre Tage nicht, aber schwanger war sie trotzdem nicht. Es stellte sich heraus, dass sie eine Unterfunktion der Schilddrüse hatte. »Ab jetzt ist sie darauf angewiesen, dass die Zivilisation fortbesteht, damit immer Tabletten da sind«, hatte Roman gedacht, während der Arzt ihr erklärte, was das nun bedeute und welche Medikamente sie zu nehmen habe. Er stellte sich vor, wie er zwischen

Autowracks und schlingpflanzenüberwucherten Hochhäusern alte, unbenutzte Hormonersatztabletten suchte. Auf die Zivilisation hatte Roman nie setzen wollen.

Der gesunde Mensch muss sich nicht mit Hormonkaskaden auseinandersetzen, und jeder, der das nicht tun muss, sollte sich morgens im Badezimmerspiegel dazu gratulieren. Manche Menschen gehen ihr ganzes Leben vollkommen unbeschwert davon aus, ein Ei würde Monat für Monat einfach so heranreifen und dann in aller Seelenruhe einige Tage lang auf Sperma warten. Nichts könnte weiter von der Wirklichkeit entfernt sein.

Roman hat mir einmal in der Halbzeitpause eines EM-Qualifikationsspiels ein paar Sätze aus dem Wikipedia-Eintrag »Follikelsprung« vorgetragen.

»Die Auswahl des dominanten Follikels beruht auf einem negativen Rückkopplungsprozess. Die durch die Follikel produzierten Estrogene (hauptsächlich Estradiol) hemmen die Ausschüttung von FSH aus der Hirnanhangsdrüse. Der am weitesten gereifte Follikel zeichnet sich durch eine höhere Empfindlichkeit seiner Rezeptoren gegenüber FSH aus. Er schüttet zudem das Hormon Inhibin aus, das ebenfalls die FSH-Produktion der Hirnanhangsdrüse hemmt.«

Roman hatte derartige Sätze während des vergangenen Jahres so oft gelesen, dass er sie aufs Wort genau zitieren konnte (wobei er die Klammern durch eine erklärende Geste symbolisierte). Der Eisprung hatte als Gesprächsthema nach und nach alle anderen Themengebiete, über die Mia und Roman sich sonst unterhielten, verdrängt. Der Eisprung war wichtiger als Fukushima, als Vorratsdatenspeicherung, Nachhaltigkeit oder Gesundheitspolitik.

»Das Allerschlimmste am ganzen Schwangerwerdenwollen sind die Kinderwunschforen im Internet. Es ist, als hätte sich die Evolution was dabei gedacht, wenn sie Leute keine

Kinder kriegen lässt«, sagte Roman. »Samen heißen dort ›Spermis‹, Sex heißt ›herzeln‹ und der Partner entweder ›Männe‹ oder ›Schatzi‹ oder ›der Meinige‹. Die herzeln also pünktlich mit ihrem Männe zum vorgegebenen Zeitpunkt, ist auch ganz schön, aber irgendwie auch viel Druck, weil die Spermis ja an den richtigen Ort müssen, und so ist der Pieps vom Männe dann ned so gaaaaanz hart. Dann schreiben diese Spatzenhirne JEDES MAL einen Zwinkersmiley dahinter oder ein G mit Sternchen. Weißt du, was das heißt? Grins! Warum schreiben die, dass ihr Mann keinen hochkriegt, und dann ›grins‹? Und wie kürzen die wohl Schwangerschaft ab? – Und die kürzen es übrigens IMMER ab, weil sie ja den ganzen Tag nur darüber reden und das Wort sonst tausendmal am Tag schreiben müssten. – Sie schreiben statt Schwangerschaft SS. SS!«

Manchmal saß Roman auf der Toilette und murmelte Eisprung – Eisprung – Eisprung, bis das Wort seine Bedeutung verlor und wie Bunga-Bunga-Party oder Omelette klang. Es konnte passieren, dass er, wenn er sich danach abwischte und etwas Blut am Klopapier hatte, für den Bruchteil einer Sekunde erleichtert war.

Nachdem Roman seinem kleinen Bruder vorgelesen hatte und Paul endlich eingeschlafen war, schrieb er ihm einen Zettel: »Sollte es wider Erwarten nötig sein, dann komm zu uns. Nimm eine Zahnbürste mit!« Er legte den Zettel im Bad auf den Toilettensitz und fuhr ins Ministerium.

Roman konnte sich nicht auf die Akten konzentrieren. Mias Frauenärztin hatte dazu geraten, einen Experten für Kinderlosigkeit zurate zu ziehen. Roman und Mia waren jetzt also Patienten einer Kinderwunschklinik. Sie waren zunächst ausgiebig untersucht worden, gestern hatten sie ihre Testergebnisse präsentiert bekommen.

Im Wartezimmer einer Kinderwunschklinik zu sitzen erfordert eine gewisse innere Balance, über die Roman nicht jederzeit verfügt. (Übrigens war mein allererster Gedanke, als Mia erzählte, dass Roman und sie ein Kind wollten, der an eine Rundmail, in der Roman nach einem Besuch bei Bekannten über deren Baby geschrieben hatte: »Das Unbehagliche an Babypräsentationen ist bekanntlich, dass man niemals Kritik am Erscheinungsbild des Säugers äußern darf. ›Huch, das ist aber kein besonders gelungenes Exemplar‹ oder ›Ich dachte, die wären alle süß‹ sind Sätze, die den Druck der durch Gedanken an Überbevölkerung und Lärmbelästigung befangenen, ja beklemmenden Stimmung mindern könnten. Ich schlage den Sag-fremden-Babys-was-du-über-sie-denkst-Tag vor.« Er wäre nicht Roman gewesen, hätte er nicht aus Schusseligkeit die Mail auch gerade an diese Bekannten geschickt – wie kann jemand zugleich ein so vorausschauender Planer und so ein gigantischer Trampel sein?)

Er hatte versucht, den anderen Paaren nicht in die Augen zu schauen. Wenn man ohne Verhütungsmittel ein Jahr lang (minus 67 Tage) miteinander geschlafen hat, ohne ein Kind zu zeugen, sprechen Mediziner von Unfruchtbarkeit. Verdörrte Felder, Bäume ohne Triebe. Die Pflanzen im Wartezimmer hätten nicht grün sein dürfen. Durch das Glas des Aquariums starrte ihn ein blauer Fisch an. Er war etwa fünfmal so groß wie alle anderen Fische im Aquarium und der Einzige seiner Art. »Wir werden uns beide nicht fortpflanzen«, dachte Roman.

Die Ärztin hatte schon alles gesehen, wahrscheinlich hatte sie in jüngeren Jahren den General in einem Kubrick-Film gespielt. Ihre Taktik war, erst alle Hoffnung zu zerstören und die armen Hunde, die ihre Kunden waren, dann langsam wieder anzufüttern. Am Ende würden sie alle bereitwillig Unsummen zahlen für die Aussicht auf ein Wunschkind.

An Romans Sperma lag es nicht, die Generalin ging die Werte kurz durch, nicht überragend, unterer Durchschnitt, aber damit könne man schon etwas anfangen. Roman hätte gern eine zweite Chance gehabt, er hatte sich beim Ejakulieren nicht in Form gefühlt. Er hatte beim Onanieren an seine türkische Exfreundin gedacht, hatte mit ihr gemacht, was er damals alles zu tun versäumt hatte, aber trotz der vier Tage Abstinenz zuvor waren es gerade einmal zwei Milliliter geworden. Mias Blutwerte waren auch gar nicht so schlecht. Das Thyroxin für die Schilddrüse hatte endlich gewirkt, die anderen Hormone schienen sich eingependelt zu haben. »Das sind ganz normale Werte für den dreizehnten Tag des Zyklus, schauen wir doch noch einmal nach.«

Nachdem Mia hinter einem kleinen Vorhang ihre Hose ausgezogen hatte, untersuchte die Generalin sie. Auf dem Bildschirm des Ultraschallgeräts sah man einen Follikel, der es auf 16 Millimeter brachte. »Hui«, sagte Roman.

»Ich würde Ihnen empfehlen, in den nächsten Tagen ihre Partnerschaft zu aktivieren«, sagte die Generalin. »Es könnte sein, dass Sie einen Eisprung haben werden.«

Auf der Rückfahrt war Mia ausgelassen wie ein kleines Kind. »Das ist ein echter Vorführeffekt«, sagte Roman. »Kaum gehen wir zum Arzt, springt das Ei!« Mia klatschte in die Hände und drückte ihm einen Kuss auf die Wange. »Jetzt müssen wir nur noch unsere Partnerschaft aktivieren!«

Roman löschte ein paar Sätze, die er in den Computer getippt hatte. Heute Abend würden sie die Partnerschaft aktivieren. Nach über 67 Tagen. Und dann würde Mia schwanger werden, und dann wäre er Vater. »Sie will keinen Sex, aber ein Kind, ich will kein Kind, aber Sex«, dachte er. »Nur nicht dieses Jahr.« Er starrte auf die Eingabemarkierung. Dann klickte er »Löschen widerrufen«, las die Sätze noch einmal durch und löschte sie endgültig.

Als er am Abend nach Hause kam, lief Stan Getz. Aktivierungsmusik. Er rief ihren Namen, legte seine Tasche ab und ging ins Schlafzimmer.

Mia lag auf dem Bett, nackt bis auf halterlose Strümpfe. Auf dem Nachttisch lag ein Vibrator von einschüchternder Größe, daneben stand ein Fläschchen mit Massageöl. Sie hatte die Initiative ergriffen.

Roman zog seinen Mantel aus.

Wenn ein Paar 67 Tage nicht mehr miteinander geschlafen und dabei die ganze Zeit miteinander verbracht hat, dann merkt es, dass Sex nicht wie Radfahren ist. Roman setzte sich auf die Bettkante und streichelte über die Strümpfe, Mia lächelte und lächelte und hörte gar nicht auf zu lächeln. »Komm, zieh dich aus«, sagte sie.

Roman knöpfte sein Hemd auf, hängte es über den Stuhl, legte seine Hose dazu, streifte die Unterhose ab und setzte sich wieder auf die Bettkante. »Ich liebe dich«, sagte er.

Dann klingelte es Sturm.

## Ich weiß es doch auch nicht

*»I keep sifting the pieces of the relationship through my mind, and, and examining my life and trying to figure out where did the screw-up come. You know, and, and a year ago we were, in love, you know.«*
WOODY ALLEN IN »DER STADTNEUROTIKER«

Die Kolumne und mein erstes Buch hatten den Effekt, dass mich Leute um Rat fragten, die vorher nie auf die Idee gekommen wären, mich um Hilfe in Beziehungsdingen zu bitten. Natürlich hatte ich bei Roman und Paul das meiste aus allernächster Nähe mitbekommen, aber wir hatten nie groß darüber gesprochen. Wenn einer von uns unglücklich verliebt war, dann lenkten wir uns halt ab, schauten Videos oder MTV, kifften oder klopften uns feste auf den Rücken.

Entsprechend erstaunt war ich, dass Paul und Roman mich innerhalb weniger Tage anriefen und mir ihre Situation schilderten.

Das Gespräch mit Paul war recht kurz, er kam schnell zum Punkt, war aber ziemlich unentschlossen bei der Frage, wobei ich ihm denn genau helfen sollte.

Greta zurückzubekommen? Mit dem Schmerz zurechtkommen? Keins von beidem?

Er wusste es nicht so recht. Ich selbst war völlig überrascht davon, dass Greta weg war. Es gab immerhin acht Dinge, mit denen Paul Greta immer zum Lachen bringen konnte. Auf der Hochzeit von Roman und Mia hatte er das vorgeführt, es waren lauter völlig alberne Kleinigkeiten, die sich im Laufe der Zeit zwischen den beiden eingespielt hatten, es wäre jetzt wirklich nicht komisch, die nachzuerzählen (na gut: eins der acht Dinge ist, dass Paul in ein ausgeschaltetes Handy spricht, ein anderes, dass er deutsche Wörter Englisch ausspricht – ich sagte ja, dass es nicht komisch ist). Aber Greta schmiss sich völlig weg. Sie litt, sie kämpfte, und doch war sie bei jedem der acht Dinge vollkommen wehrlos, und wenn er im Laufe der Nacht noch einmal von vorn anfing, prustete sie augenblicklich wieder los.

Heißt es nicht immer, dass Humor der Treibstoff ist, mit dem jede Beziehung fährt? Mit den acht Dingen im Gepäck hätten die beiden bis zum Mond fliegen können. Und jetzt sah es so aus, als ob noch nicht einmal die Nummer 8, der unangefochtene Top-zum-Lachen-Bringer, noch helfen würde: Blitzausziehen.

Wir redeten ein wenig in immer kürzer werdenden Sätzen, und ich glaube, wir legten beide mit einem Schulterzucken auf. Am Abend dann rief Paul noch einmal an und sagte: »Ich weiß jetzt, was ich will. Ich will Greta zurück. Und du, mein lieber Herr Experte, kannst mir dabei helfen.«

»Und was ist mit dem Typ?«, fragte ich.

»Ach ja, der Typ. Du, ich muss vielleicht noch mal nachdenken.«

Wir legten wieder auf, dieses Mal mit einem entschlosseneren Schulterzucken.

Drei Telefonate später stand fest: Ich sollte Paul helfen, Greta zurückzubekommen. Er versprach im Gegenzug totale Transparenz. Es galt das Prinzip der ärztlichen Schweigepflicht (Gott sei Dank habe ich später eine Wette gewonnen, weswegen ich alles verwenden darf). Für meine Informationen über Greta beschäftigte ich drei Spione, denen ich an dieser Stelle sehr danken möchte. Herzlichen Dank auch an Mark Zuckerberg, den Gründer von Facebook, ohne den das Stalken einfach nicht dasselbe wäre.

Roman dagegen redete endlos um den heißen Brei herum. Bin Laden, die Autorität unserer Putzfrau (er hatte mir seine empfohlen, vermutlich aus dem einzigen Grund, dass wir dann gemeinsam unter ihr zu leiden hätten), Jürgen Klopp. Alles oft geprobte Themen, die wir routiniert abwickelten.

Bis er schließlich abbog und über meine Kolumne redete. Ich hätte da doch mal so was geschrieben über Geschlechtsverkehrshäufigkeit. Es gäbe da ein Problem. Dass er und Mia nicht mehr miteinander schliefen. Das sei doch nicht normal. Nach gerade mal anderthalb Jahren Ehe. Dass sie trotzdem ein Kind wollten oder gerade deswegen nicht oder was auch immer.

Ich erzählte ihm, dass mein Lieblingstipp für Paare ein Satz von Volkmar Sigusch sei, dem Großmeister der deutschen Sexualforschung. Wörtlich geht der so: »Ich denke, ein Hauch von Perversion ist der Garant andauernder normaler Sexualisierung in Paarbeziehungen.«

Sigusch beschreibt die Lust der Perversen in »Neosexualitäten« als geradezu tollwütig, es könne vorkommen, dass die Frau eines Fußfetischisten ihn beim Anblick von schön beschuhten Füßen von der Schuhträgerin wie einen Hund wegzerren müsse. Einem Paar täte so etwas wie eine »kleine Perversion« am besten, »eine stabile, von beiden Partnern lustvoll erlebte Fetischisierung«.

Das Problem, natürlich: Wie so rasch jetzt an eine Perversion kommen? Auf einmal wurde mir klar, dass mein Lieblingsrat nicht funktionierte. Was Sigusch sagt, stimmt natürlich, aber: Wenn man so lange schon keinen Sex hat, dann teilt man ja eben gerade keine Perversion.

Dazu kommt, dass Roman der unperverseste Mensch ist, den ich kenne. Man könnte ihm bedenkenlos zwei nackte Zwanzigjährige anvertrauen, er würde brav den Blick senken, während er ihnen heiße Milch mit Honig nachschüttet.

»Ich verstehe nicht, was verheiratete Fußfetischisten mit mir zu tun haben.«

»Na, Sigusch spricht da von Lava im Blut und so. Es geht darum, dass eine Perversion in einem etwas in Wallung bringt und dass normaler Sex das eben nicht kann. Und er spricht ja auch nur von einem *Hauch* von Perversion.«

Was ich am Telefon nicht sagte: Die Basis eines gemeinsam ausgelebten Hauchs von Perversion ist natürlich nicht nichts. Man holt ja nicht auf einmal wortlos einen Gürtel raus und fängt an, seinem Partner den Hintern zu versohlen (tatsächlich ist der Freundin eines Freundes mal so etwas passiert: Ein Typ hat sie beim ersten gemeinsamen Mal gefesselt und sich dann geritzt und auf sie draufgeblutet), sondern man braucht eine solide Basis aus gemeinsamer Experimentierfreude und Vertrauen.

»Ehrlich: Ich weiß auch nicht, warum ich nicht mit Mia schlafen will. Vielleicht bin ich alt geworden. Ich bin zum ersten Mal in meinem Leben 37, ich war es vorher noch nie. Vielleicht fühlt es sich *so* an, 37 zu sein. Einfach nicht mehr so viel Trieb.«

»Hm«, sagte ich. Roman und ich sind gleich alt. Ich mochte den Gedanken nicht. Aber vielleicht war ja was dran. Das Altern hat immer etwas Mysteriöses, man weiß nie, was als Nächstes um die Ecke biegt.

»Aber vielleicht bin ich auch einfach nur ganz gern allein«, sagte Roman. »Vielleicht bin ich nicht fürs Zusammenleben gemacht.«

»Du bist doch oft allein«, sagte ich. »Du bist allein beim Sport, du bist allein bei der Arbeit, du schaust allein Bundesliga, du bist allein, wenn Mia beim Sport ist, du bist allein, wenn sie bei der Arbeit ist, du bist allein, wenn sie Grey's Anatomy schaut.«

»Schon, aber ich rede von noch mehr allein, vom rücksichtslosen Alleinsein.«

Ich wollte noch einmal »Hm« sagen, aber Roman musste auflegen, Mia war reingekommen. Er sagte noch rasch: »Denk mal drüber nach, wenn es nichts ausmacht, vielleicht fällt dir ja was ein.«

Auf einmal sollte ich etwas Sinnvolles zu den Problemen von Paul und Roman sagen. Als Experte. Und zunächst einmal fiel mir gar nichts ein. Vielleicht war ich zu nah dran. Weil ich trotzdem sehen wollte, ob ich die Probleme der beiden Brüder nicht verstehen könnte, trafen wir uns in den kommenden Wochen so oft wie schon ewig nicht mehr. Meist saßen wir bei mir in der Straße im Miracolo, einem winzigen italienischen Restaurant. Statt in einer Karte stehen die täglich wechselnden Gerichte hier in kaum lesbarer Kreideschrift auf vier kleinen, im Raum verteilten Schiefertafeln. Die Wirtin, Frau des Kochs und einzige Kellnerin, ruft, wenn man zur Tür hereinkommt, nach ihrem Mann, der einem dann Gericht für Gericht vorliest. »Buona sera, Signori! Allora, oggi abiamo: Orecchiette alle Vongole, Riso nero e Melanzane con Salsiccie. Tutto, molto, molto buono!« Da keiner von uns Italienisch kann, setzte an dieser Stelle jedes Mal ein langwieriges Erklären an, das darin endete, dass Paul und ich uns jenseits der Karte Spaghetti al Pomodoro bringen ließen, während Roman immer wieder von Neuem überrascht war, was da vor ihm stand, um es dann, ohne sich etwas anmerken zu lassen, zu vertilgen.

So gewissenhaft und gründlich, wie es möglich ist, ohne jemals eine Psychologievorlesung besucht zu haben, befragte ich unter stetiger Nudelzufuhr Roman und Paul nach ihrem Beziehungsleben, und schon nach wenigen Treffen war es normal geworden, dass sie mir von Orgasmusschwierigkeiten, Albträumen oder uralten Geschichten erzählten, noch ehe die Frau des Kochs uns das Besteck gebracht hatte.

Bei Roman schien das Problem auf der Hand zu liegen. Es musste doch wohl so sein, dass der Kinderwunsch Mia und ihn blockierte. Er hatte es ja selbst erzählt, dass ihn seine nicht so überzeugende Samenprobe geärgert hatte. Für Mia war es bestimmt auch kein Vergnügen, dass sie sich nun nicht als problemlos fruchtbar herausstellte. Wenn Leute erzählen, dass es mit der Schwangerschaft bei ihnen sofort geklappt hat, dann immer, als sei die sofortige Befruchtung der Beweis schlechthin für makellose Männlichkeit und Weiblichkeit. Das muss doch aufs Selbstwertgefühl schlagen, wenn es da ein Problem gibt. Roman selbst hatte sich in diese Richtung nicht geäußert, und deshalb hakte ich zunächst nicht weiter nach.

Und was war mit Paul? Seine Freundin hatte ihn verlassen und ihm gesagt, er solle jetzt bitte gehen, damit sie es bloß nicht zu schwer hätte – und was machte er? Er packte ein paar Sachen ein und ging. Er schrie nicht, tobte nicht, wartete nicht auf sie, um sich ihr vor die Füße zu werfen. Er hatte sich entsorgt. Um Paul zu verstehen, lohnt es sich vielleicht, wenn wir uns kurz in ein Gespräch einblenden, das Paul und ich ein paar Monate zuvor geführt hatten. Bier war involviert.

Paul: »Weißt du: Miroslav Klose hat vor der WM zehn Pfund abgenommen. Kannst du dir vorstellen, was ein vorher schon durchtrainierter Sportler tun muss, um zehn Pfund abzunehmen? Der trainiert dann nicht einfach – wobei man sich klarmachen muss, dass du und ich schon bei einem völlig normalen Training eines Zweitligisten aus Paraguay sterben würden, einfach umfallen wie Fliegen in einer Lache WC-Spray – der quält sich ohne Ende, der kann über Wochen kein Stück Fett essen oder ein Fitzelchen zu viel an Kohlehydraten. OK, also: Das war echt schon das Leiden Christi. Alle haben sich aufgeregt, dass der Löw ihn mitnimmt, weil vorher nicht mehr viel gelaufen war, aber er hat sich gedacht: ›Scheiß drauf, denen zeig ich das.‹ Vielleicht hat er auch gar nichts gedacht.

Nun ist der Bruder von Manuel Neuer Schiedsrichter. Und der hat dem deutschen Nationaltorwart von einer Regel erzählt, die der nicht kannte: Wenn der Torwart den Ball abschlägt, gilt die Abseitsregel nicht. Klose, der sich, wenn er gerade nicht spielt, jedes gottverdammte Spiel im Fernsehen anschaut, wusste genau das auch und hat mit Neuer vorher ein Zeichen ausgemacht. Neuer kann den Ball weit und präzise passen wie kein zweiter Torwart auf der Welt, und so kam es also zu der Situation, dass Klose plötzlich, keiner hatte bemerkt, was überhaupt los war, allein vor dem englischen

Torwart auftauchte. Was man live nicht sehen kann: Ein englischer Verteidiger, ein eisenharter Riese, rammt Klose auf dem Weg in den Strafraum mit voller Wucht. Wir würden beide tot umfallen in diesem Moment. Aber Klose läuft einfach weiter, er bestand ja nur noch aus zähen, harten, kleinen Muskeln. Der Verteidiger umklammert Kloses Arm, aber Klose windet sich aus dem Griff heraus und läuft weiter, immer weiter Richtung Tor, der Ball ist schon fast weg, und Klose spannt und streckt und dreht seinen Körper, dass jede Pilatestrainerin sich dabei ihr Powerhouse brechen würde, und mit der Fußspitze stößt er dann den Ball mehr, als er ihn schießt, vorbei am englischen Torwart.

In diesem einen Moment steckt so viel Qual, so viel Überwindung, so viel Gerissenheit. Der Ball geht ganz knapp rein, um Haaresbreite, er hätte genauso gut an den Fuß des Torwarts springen können oder an den Pfosten, und dann hätten alle gesagt: Siehst du, der Klose, der Blinde, der hat es nicht drauf. Da ist es doch besser, wenn man sich von vornherein den ganzen Stress mal besser spart.«

So tickt Paul. Solange er sich nicht bemüht, hat er auch nicht richtig verloren, und deshalb bemüht er sich lieber nicht. Das klingt natürlich unlogisch, aber mit Logik hat das hier alles schließlich nichts zu tun. Vielleicht hat er unter diesen Vorzeichen sogar die ganze Beziehung zu Greta geführt.

Ich ging ins Bett und dachte, ich hätte sowohl Romans als auch Pauls Problem im Großen und Ganzen bereits verstanden. Ich nahm mir vor, nur im Detail noch weiterzuarbeiten, Stückchen zusammenzutragen, Episoden aus der Vergangenheit, Geschichten von Liebe, die selbst ihrerseits Standardsituationen der Liebe waren. Und aus den vielen Standardsituationen wollte ich dann die eine genauer erklären: Frau verlässt Mann. Oder die andere: Paar rührt sich nicht an. Später stellte sich heraus, dass ich falsch lag, dass ich auch im Großen und Ganzen die Beziehungssituationen von Roman und Paul noch nicht verstanden hatte. Es sollte am Ende zwar einfach sein, aber anders einfach, als ich dachte.

# Männer wie Woody (Tag 2)

»When it comes to marriage, one man is as good as the next.
And even the least accomodating is less trouble than a mother.«
MARQUISE DE MERTEUIL IN »DANGEROUS LIAISONS«

»Der kann aber jetzt nicht bleiben«, flüsterte Mia, als sie merkte, dass Roman wach war.

»Warum denn das nicht?«, fragte Roman.

»Na, ist doch wohl klar.« Sie hatte sich aufgerichtet und schaute Roman an.

»Ich kann ihn doch nicht rausschmeißen«, sagte er.

»Ganz toll, immer sind irgendwelche anderen wichtiger.«

»Er ist ja nicht gerade irgendein anderer.«

»Hauptsache, er ist nicht ich. Dann ist er dir nämlich wichtig.«

»Du bist wichtig, du bist das Wichtigste überhaupt. Aber du hast ihn doch gesehen.«

»Für mich sieht der immer gleich aus. Adoptier ihn doch.«

Roman stand langsam auf. Er stöhnte und fasste sich an den Rücken. »Leute, die glauben, erst mit 50 seien sie in der Midlife-Crisis, sind zu optimistisch«, dachte er. »Wird doch kaum jemand 100.«

Bis spät in die Nacht hatte er noch mit Paul im Wohnzimmer gesessen. Erst hatten sie darüber geredet, was Paul jetzt tun könne und was wohl in Greta gefahren sei, aber zu beiden Themen war ihnen nichts eingefallen. Dann hatten sie sich über Mario Götze unterhalten, dazu war beiden mehr eingefallen, und die letzte Stunde hatte Paul gezappt, und Roman hatte ab und an gesagt: »Lass das mal.«

»Ich muss«, sagte Roman zu Mia. Er ging durch das Wohnzimmer zur Küche und weckte dabei Paul.

Mia blieb liegen. Später, als Roman schon weg war, hörte sie Paul durch die Wohnung poltern und hoffte, er würde verschwinden. Sie hatte von ihrer Frauenärztin geträumt. Als sie wach geworden war, hatte sie noch gelächelt, weil die Ärztin ihr gesagt hatte, sie sei schwanger. Sie wollte schon so lange ein Kind. Mit Jonathan, ihrem vorherigen Freund, hätte sie auch schon eins bekommen, wenn es nach ihr gegangen wäre. Ganz am Anfang zumindest. Aber das war lange her. Alles war lange her.

Mia hatte Roman schon gekannt, als sie noch mit Jonathan zusammen war. Sie hatte ihn über mich kennengelernt, und mich wiederum kannte sie, weil sie mal ein paar Semester in Bonn Biologie studiert hatte. Mia machte damals noch seltsame Dinge mit ihren Haaren und aß nur vor 18 Uhr, aber nicht viel. Beides hatte sich mit der Zeit gegeben, sie war eigentlich recht cool, gut frisiert und gesund mittlerweile.

Sie wusste nicht mehr genau, wann sie Roman zum ersten Mal gesehen hatte, eigentlich müsste das sogar schon in Bonn gewesen sein, sie hing schließlich dauernd in der Cafeteria des Juridicums herum. In Berlin hatte sie einen ähnlichen Aktivitätsradius, und Roman war halt dabei oder nicht. Es dauerte eine Weile, bis sie sich zu zweit verabredeten. Beim ersten bewussten Treffen saßen sie in einem etwas zu teuren Laden in Mitte, als sich Romans alter Bekannter Robert zu ihnen an den Tisch setzte, ein australischer Maler von unwirklicher Direktheit. Er fragte Mia, ob sie einen Freund habe, und als sie bejahte und dazu sagte, dass er Jonathan heiße, fragte Robert: »Und? Wie lange geht das noch?« – »Ein Jahr«, antwortete Mia.

Als Jonathan ein paar Tage zuvor ihren träge herumliegenden Kater Eduard im Vorübergehen geradegerückt hatte, wusste Mia mit einem Mal ganz genau, dass sie mit ihm doch keine Kinder bekommen wollte. Sie hatte sich daran gewöhnt, dass er grummelnd hinter ihr herräumte. Sie hatte es geschafft, Solitaire so zu spielen, dass das Klicken der Maus für Jonathan nicht mehr zu hören war. Um mit Jonathan zusammen zu sein, musste sie eben Opfer bringen, aber Jonathan schien ihr diese Opfer wert zu sein.

Wenn Jonathan eine Sendung über Prosopagnostiker sah, sagte er mit tonloser Stimme, dass es ihm ebenfalls schwer falle, Gesichter zu unterscheiden. Filme, in denen mehr als ein Asiate mitspiele, brauche er sich gar nicht erst anzuschauen.

Sie nahm ihn in den Arm und erinnerte ihn daran, dass er kürzlich auf der Straße ihre Mutter sogar noch vor ihr erkannt habe (er hatte Mia sofort in eine Bäckerei hineingezogen, denn er fürchtete sich vor ihrer Mutter). Jonathan sammelte sich, küsste Mia auf die Stirn, was angesichts ihres Altersunterschiedes für sie immer einen seltsamen, aber auch reizvollen Beigeschmack hatte, und lächelte auf diese traurige Art, bei der trotz aller Verlorenheit immer auch ein kleiner Schimmer von Hoffnung mitschwang. Wenn er so schaute, liebte sie ihn sehr. Wegen Jonathan war sie nach Berlin gezogen. Es gab noch andere Gründe, schließlich war Berlin nicht Bamberg, und ob sie wegen Jonathan nach Bamberg gezogen wäre, ist abschließend nicht zu klären. Aber doch war das die Antwort, wenn sie jemand fragte: »Ich bin wegen Jonathan nach Berlin gezogen.« Ihre Mutter war gleich mitgekommen, was in jeder Hinsicht schwer zu verstehen war. Vielleicht war es so ein Rumänen-Ding.

Es geht die Legende, dass das erste Wort, das Mias Mutter sprach, »Nein« war. Mias Mutter war ein harter Knochen, aber ein herzlicher. Eine mit Sprichwörtern um sich werfende Frau, die nicht kochen konnte und doch darauf bestand, immer noch einen Teller zu füllen, wenn ihre Töchter schon satt waren. Sie hatte sich nie recht in Deutschland eingewöhnt, aber sie wollte unbedingt, dass ihre Töchter deutscher sein sollten als die Deutschen. Was immer das heißen mochte, Mias Mutter hatte ein recht verschwommenes Bild davon, was einen Deutschen ausmachte. Fleiß, Sauberkeit, Ordnung, Fernsehschauen und Goethekenntnisse. Sie las Mia und Antonia, als sie noch ganz klein waren, Abend für Abend den Erlkönig vor, mit vielen Konsonanten und außerordentlichen Rs. N snnön Arrrmn ds Knd wrr tott. Später las sie Faust 1 und 2, mit ebenso vielen Konsonanten.

Antonia war in den Erzählungen der Mutter immer die schöne Tochter, Mia die kluge. Nun hätte jeder Pädagogikratgeber ihr vorhersagen können, was die Folge dieser Einteilung war: Antonia dachte, sie sei blöd, Mia, sie sei hässlich. Aber Mias Mutter interessierte sich nicht für Pädagogikratgeber und nicht für Folgen.

Einmal hörte Mia einen Nachbarn sagen, ihre Mutter sei kein Kind von Traurigkeit. Sie war vielleicht neun Jahre alt damals, und sie dachte: Doch, genau das ist sie. Sie konnte sie im Schlafzimmer manchmal weinen hören, sie weinte so laut, wie sie lachte, es war ein unwirkliches Schluchzen, wie sie es später einmal in einer Dokumentation über ägyptische Klageweiber sehen sollte. Worüber Mias Mutter genau klagte, wusste Mia nicht, Gründe hätte es mehr als genug gegeben. Das Sonntagsschluchzen schrieb sie dem Montag zu. Denn Montage hassten sie alle drei, weil sie dann stets von Neuem feststellen mussten, dass Fleiß, Sauberkeit, Ordnung und solide Goethekenntnisse einen nicht durch den Alltag brachten, wenn die Kleidung nicht von Benetton war, das R etwas zu prominent geriet und alle anderen Nachnamen hatten, die auf -er endeten.

Dann bekamen Antonia und Mia Brüste, und die Montage wurden schlagartig besser. Denn ehrlich: Scheiß auf Benetton, wenn jemand solche Brüste hat. Für die schöne Antonia waren die Brüste nur eine natürliche Erweiterung ihrer sowieso schon enormen physischen Präsenz, und so wurde sie eine ganz normale Diva, der die anderen Mädchen die billigen Hosen und Shirts nachkauften, weil sie dachten, davon bekämen sie auch solche Brüste. Für Mia waren die Brüste eine Waffe.

Sie befand sich in einem asymmetrischen Konflikt, und da waren ihr alle Mittel recht. Sie hatte nicht das geringste Problem damit, ihre Brüste noch eine Etage höher zu klemmen, damit Rainer Huber ihr die Hausaufgaben machte, Peter Meier sie zum Eis einlud und Alexander Eisner ihr Wodka Red Bull und später Gras schenkte.

Aber keiner durfte je ran an die magischen Brüste (die sie heute übrigens noch ihre »Erfolgsbrüste« nennt). Nicht schauen, nicht streifen, nicht mal erwähnen, dass es sie gab. Nur still bewundern und so tun, als sei Mia als Ganzes ganz und gar göttlich. Weil sie immer viele Männer um sich herum hatte und ihre Brüste so hoch trug, hieß es an der Uni bald, sie sei kein Kind von Traurigkeit. Nur Mia wusste, dass das nicht stimmte.

Diane Keaton sagt in »Manhattan« über ihren Ex-Mann, dieser habe sie sexuell erschlossen. Jonathan tat nichts dergleichen, aber es kann an dieser Stelle nicht falsch sein, Woody Allen zu zitieren. Chuck Klosterman schreibt, dass alle neurosengeplagten Männer von Woody Allen profitieren, denn seit Woody Allen ist es für schöne Frauen akzeptabel, mit Männern, die wie Woody Allen aussehen, zusammen zu sein. Sie müssen nur den Eindruck nervöser Intellektualität, gepaart mit schutzbedürftiger Schüchternheit, vermitteln, und schon fliegen ihnen die Herzen zu.

Während ihres Studiums jobbte Mia als Mädchen für alles beim Film. Bei Dreharbeiten lernte sie dann Jonathan kennen, zwölf Monate, bevor er ihre Katze gerade rückte.

Vier Jahre zuvor hatte Jonathan eine Novelle geschrieben, die sich sehr ansehnlich verkauft hatte. Die Novelle wurde nach zahlreichen Verwicklungen von einem mit dem Studentenoscar ausgezeichneten Jungregisseur verfilmt, und obwohl Drehbuchautoren eigentlich am Drehort nicht wohlgelitten sind, hielt Jonathan sich dort auf. Mal stand er hinter dem Beleuchter und sagte: »Das Licht hatte ich mir herbstlicher vorgestellt.« Mal tauchte er neben dem linken Ohr des Kameramanns auf und flüsterte einige selbsterfundene Fachbegriffe, etwa: »Bergmanniger!«

Schließlich zischte der Regisseur in Richtung von Mia, die ihm assistierte, sie solle ihm diesen Irren vom Leib halten. Also schwebte Mia auf Jonathan zu und sagte: »Ich habe Ihr Buch in einer Nacht durchgelesen.« – »Dann sagen Sie doch dem Regisseur, was drinstand«, Jonathan fuchtelte mit dem Zeigefinger der rechten Hand in der Luft herum, »er jedenfalls …«, Jonathans Schultern sackten ein, »wie kann man so ein Buch verfilmen wollen, wenn man die intellektuellen Fähig…«, er schaute zu Mia hoch, »da kommt jemand, der, der – äh – Gandhi für einen ostasiatischen Kampfmönch hält«, er nahm seine Brille ab und blinzelte kurzsichtig, »aus Casablanca hätte der vermutlich, ich will da nichts präjudizieren, einen Actionfilm gemacht.« Mia wusste nun, dass sie Jonathan sehr mochte.

Sie hatte sein Buch tatsächlich geliebt, und auch die anderen, die sich nicht so gut verkauft hatten, hatte sie nach und nach aufgestöbert. Sie hatte leise gehofft, dass er bei den Dreharbeiten auftauchen würde, weil sie glaubte, dass er sie verstehen und sie ihn aufrichtig bewundern können würde.

Sie wurden recht bald ein Paar. Jonathan wollte, dass sie in seine Stadt zog. Er bestand allerdings darauf, dass sie eine eigene Wohnung anmieten würde, er verwies auf seine festen Schlafrituale, die ein anderer Mensch leicht würde stören können.

Die nächsten Monate waren für Mia die beste Zeit ihres bisherigen Lebens. So glücklich war sie zuletzt gewesen, als sie zum ersten Mal einen BH benötigt hatte. Mia und Jonathan tauchten gemeinsam in das kulturelle Leben Berlins ein, sie besuchten Veranstaltungen aller Art, sie gingen in Museen, auf Vernissagen, Lesungen, und Mia liebte es, so würde sie es mir später erzählen, dass Jonathan »sich eben nicht durch den Berliner Filz kumpelte, sondern ein distanzierter und geistreicher Spötter« blieb.

»Mehr Mitte geht nicht«, murmelte er hinter dem Rücken der aufwendig nachlässig gekleideten Bohemiens, und Mia sagte ihm zum ersten Mal, dass sie ihn wahrscheinlich liebe. Jonathan sagte, dass er, seitdem er Richard Dawkins gelesen habe, nicht mehr glaube, dass es die Liebe überhaupt gebe, aber für etwas, das es nicht gab, fühle es sich mit ihr sehr echt an.

Eine Hostess bot ihnen von ihrem Tablett winzige Schüsselchen mit Tiramisu an. Jonathan zog Mia rasch weg und flüsterte: »Mein Gott, jetzt wollen die uns auch noch vergiften.« Ihm brach der Schweiß aus. »Ein nicht zu vernachlässigender Prozentsatz von Menschen stirbt an Salmonellenvergiftung. Dieses italienische Gepansche darfst du niemals essen, es gibt Salmonellendauerausscheider, das sind Menschen, die ihr Leben lang Salmonellen in ihrem«, er räusperte sich, »Stuhl haben. Ich könnte niemals mit einer Salmonellendauerausscheiderin zusammenleben.« Das war schon beinahe ein Heiratsantrag.

Dann musste Jonathan auf Lesereise. Vor nichts fürchtete Jonathan sich so sehr wie vor deutschen Mittelstädten. Schon wenn jemand in seiner Nähe *Wolfsburg* sagte, knöpfte er sich hektisch den obersten Hemdknopf auf. Und nun sollte er in Iserlohn, Ulm, Bonn, Aachen und Saarbrücken lesen. »Das Saarland«, ächzte er, »da kommen Honecker und Lafontaine her, die heizen da mit Braunkohle. Du musst mitkommen.« Aber Mia hatte Termine an der Uni. Jonathan war dementsprechend panisch. An seinem ersten Abend auf großer Fahrt saß Mia am Tresen im 103. Nach wenigen Minuten ging die erste SMS ein.

»warum lesen nur grundschullehrerinnen mit hässlichen schuhen meine buecher? sie lachen bestimmt an den falschen stellen. mein hals bringt mich um, ich werde keinen ton rausbringen.«

Pünktlich zur Pause der Lesung rief Jonathan an. Als Mia ihm sagte, dass sie mit mir unterwegs sei, hörte man ihn für fast zwanzig Sekunden schweigen. Er mochte mich nicht. Das hat er so nie gesagt, aber Jonathan konnte mit einem Absetzen seiner Brille (gerade wenn er sich gleichzeitig mit der anderen Hand die Augen rieb) sehr viel ausdrücken.

Obwohl er jedes Mal vor Angst fast starb, war er ein gern gesehener Gast in vielen Talkshows geworden. Sein Markenzeichen war das beredte Schweigen, das allerdings lediglich davon herrührte, dass er in diesen Momenten eine Dissoziationsstörung erlebte. Er fühlte sich dann »fremd im eigenen Körper«, er durchlitt eine Depersonalisation, was ihn, wenn er zum Beispiel in einer Sendung mit Claudia Roth auftrat, die immer bei sich war, sehr seriös wirken ließ.

Später am Abend rief er erneut an. Er schien sehr aufgeregt zu sein. Seine Ärzte seien allesamt Idioten, er habe gerade angefangen ein Buch zu lesen, in dem alle seine Symptome erklärt würden. Es sei der Hefepilz Candida Albicans, der ihm den Lebenssaft aussauge. Von jetzt an müssten sie beide eine streng zuckerfreie Diät halten, täglich die Bettlaken wechseln, und schon nach wenigen Monaten werde er ein neuer Mensch sein. Er wisse gar nicht, wie er mit diesem Wissen jetzt den Fraß in Iserlohn überstehen solle, diese verbrecherischen Buchhändler würden immer ein in Suppenküchen zusammengeraubtes Buffet auffahren, und in Wolfsburg (Wolfsburg!), wo er gerade war, werde er versuchen, möglichst nicht das Bett zu berühren, wer wisse schon, was sich dort an Hefesporen und Gott weiß was noch tummele.

Ihrem Gesichtsausdruck zufolge hatte Mia noch nie in diese Richtung gedacht.

Einige Wochen später sah Mia sehr blass aus. Da in beinahe allen Lebensmitteln Zucker enthalten ist, sogar in den salzigen, dauerte jeder Einkauf doppelt so lang wie zuvor, und meistens musste sie das Essen dann trotzdem wegschmeißen, weil Jonathan entdeckt hatte, dass Fruchtzucker genauso den Hefepilz begünstigte wie raffinierter oder dass Bioessen zu wenige Konservierungsstoffe enthielt und er sich schließlich nicht mit Mutterkorn vergiften wolle.

Jonathans Angst vor Koterbrechen, vor Gesichtslähmung, seine eingebildeten Allergieschocks durch Wespenstiche, seine nächtliche Panik vor plötzlichem Kindstod (»Wer sagt, dass das nicht auch Erwachsene betreffen kann?«), die hektische Flucht aus der U-Bahn, weil ein Afrikaner in seiner Nähe gehustet hatte (»Ebola!«), das alles war durch Beruhigungstee, gute Worte und mütterliche Umarmungen in den Griff zu bekommen gewesen. Aber von Candida Albicans war Jonathan *besessen*, darüber verhandelte er nicht, da gab es keine andere Möglichkeit als Fasten, Lakenwaschen, Badetücherwaschen und duschen, duschen, duschen. Mit viel Terzolin.

Nun war Jonathan natürlich nicht völlig wahnsinnig. Ihm war durchaus bewusst, dass er sich häufiger als der Durchschnittsbürger mit Ängsten, Panikattacken und Sorgen herumschlagen musste. Er wusste, so gestand er in einem Moment der Vertrautheit Mia gegenüber ein, dass er »eine leichte Neigung zur Hypochondrie« hatte.

Als Mia nun sah, wie er den Kater Eduard gerade rückte, merkte sie zum ersten Mal, dass sie ihn nicht mehr für voll nahm. Sie dachte daran, dass einer von Jonathans Ärzten sie zwei Monate zuvor zur Seite genommen und ihr gesagt hatte, dass Jonathan gar nicht unter Zwangsstörungen leide, sondern sich den Putzzwang, den Kontrollzwang und den Ordnungszwang nur einbilde. Sie hatte das getestet und festgestellt, dass es durchaus Momente gab, in denen ihn fehlerhaft aufgestellte Vasen nicht im Geringsten störten.

*Er bildete sich ein, diese Katze gerade rücken zu müssen.*

Es mag ein kleiner Unterschied sein zwischen jemandem, der zwanghaft ist, und jemandem, der sich Zwanghaftigkeit einbildet. Für Mia bedeutete das den Unterschied zwischen einem sensiblen Geist, der gefangen war im engen Korsett seiner Zwänge, einem Geist, der sie brauchte, um frei und kreativ zu sein – und einem egozentrischen, aber gesunden Arschloch.

Wie bei jedem anderen Mann zuvor war es nun so weit: Sie konnte nicht mehr zu ihm aufschauen. Das zuckerfreie Essen schmeckte an diesem Abend noch etwas bitterer als sonst.

Ein Jahr war Mia mit Jonathan zusammen gewesen, als Robert sie fragte, wie lange sie noch einen Freund haben werde. Noch war es besser, mit Jonathan Zeit zu verbringen, als allein zu sein. Es gab auch sonst keinen Mann, den sie bewunderte. Ein Jahr noch. Lange würde es nicht mehr dauern. Dann würde sie einen Hefezopf essen, ihn in Tiramisu tunken und ein wenig weinen. Und sie würde lernen, Roman zu bewundern.

Roman liebte Mia während der ganzen Zeit auf diese ruhige, beharrliche Art, mit der er alle seine Ziele verfolgte. Ich weiß nicht, ob Mia es von Anfang an merkte. Ich merkte es, wahrscheinlich merkte es sogar der Kater Eduard, aber dem war beinahe alles egal, solange man ihn nicht gerade rückte.

Roman ging ans Telefon, wenn Mia nachts weinend anrief, weil Jonathan wieder einmal einfach so ohne Bescheid zu sagen nicht gekommen war, er stand genau um die verabredete Zeit am verabredeten Ort, wenn sie ihn zwei Wochen zuvor nebenbei gefragt hatte, ob er ihr helfen könne mit irgendetwas Schwerem. Meistens war das Schwere auch noch unhandlich, aber Roman regelte die Dinge. Vor allem war er immer: da.

»Romans Liebe hat eine körperliche Präsenz«, sagte Mia einmal, als sie längst zusammen waren. »So muss sich der Papst mit Gott fühlen.« Roman war gerade neuen Wein holen, und so verstörend der Satz sich liest, so völlig in Ordnung klang er satt und angetrunken an einem Sonntagabend.

Roman war immer da, aber als Mia sich endlich von Jonathan trennte – und sie hatte kein Geheimnis aus der bevorstehenden Trennung gemacht –, da war er: nicht da.

Bei Frauen wie Mia, so hat es das Universum eingerichtet, öffnet sich nach einer Trennung ein Zeitfenster von vierzehn bis achtundzwanzig Tagen, bis sie einen neuen Freund haben. Dieses Zeitfenster bemisst sich nach Attraktivität, administrativem Aufwand zur Sortierung der Angebote und der generellen Unfähigkeit, allein zu sein.

Roman war also nicht da, und die Uhr tickte, die Kalenderblätter fielen zu Boden.

Wo war Roman?

Roman war beruflich ein Uhrwerk und in Liebesdingen schon immer ein Großmeister des Versemmelns. Er sagte das Falsche, als das Richtige noch das Naheliegendere war, er schuf Probleme, als noch alles leicht erschien. Niemand kleidete sich so unangemessen, wenn ein wichtiges Date anstand (und nur dann!), niemand wartete im Kino so lange, um den Arm zu bewegen. Wäre er ein Rapper, er hieße MC *So close.*

Roman befand sich in der inneren Emigration. Er hatte wegen irgendeiner Haupt-, Neben- oder Mittelprüfung, vielleicht sogar bloß wegen irgendeines Referats sein Telefon ausgestöpselt und die Türklingel ausgestellt. Telefon, ja okay. Aber Türklingel, das macht doch kein Mensch. Und wer jetzt glaubt, er hätte doch bestimmt in seine Mails geschaut: Roman hatte, als wäre er der verdammte Jonathan Frantzen persönlich, sein Internet lahmgelegt. Für die Konzentration auf irgendeine Scheißprüfung. Ich bewundere ihn sehr dafür, dass er das draufhat, aber es ist natürlich auch völlig irre.

Draußen in der Welt überschlugen sich die Ereignisse, und Roman las »Late Victorian Holocausts: El Niño Famines and the Making of the Third World« von Mike Davis, »Military Expenditure in Third World Countries: The Economic Effects« von Saadet Deger und lauter so Zeugs halt.

Mia rief innerhalb von vier Tagen vier Mal an, und dann traf sie sich mit Richard Wagner, einem Vermögensberater mit witzigen Eltern.

Richard Wagner war ein Idiot, aber er war ein anwesender Idiot mit einem männlichen Kinn, einer Big-Dick-Mentality und der Fähigkeit, durch seine völlige Eindimensionalität Roman schwierig wirken zu lassen.

Je häufiger Richard Wagner laut lachte, laut mit dem Kellner sprach, seine schwere Uhr beim Reden anfasste und laut murmelnd das Trinkgeld ausrechnete, desto verschrobener wirkte Roman mit seinen tausend Vorsichtsmaßnahmen, mit seiner ruhigen Art, bei der man nie wusste, ob er einen ganz ernst nahm (besonders, wenn man versuchte, Witze zu machen, war dieses Gefühl sehr präsent: als runzele er die Stirn, weil man eine unsichtbare Latte gerissen hatte), seiner Uhrenlosigkeit und seinen klaren Trinkgeldvorstellungen.

Nach dem ersten Date mit Richard Wagner rief Mia ein allerallerletztes Mal bei Roman an. Wieder nichts, dafür konnte Roman aber mittlerweile seine eigenen Fußnoten auswendig aufsagen.

Ich fragte Paul, ob er nicht mal bei Roman vorbeischauen wolle, es könnte langsam knapp werden, und Paul sagte, das werde er bestimmt bald mal wieder machen. Die Lage war aussichtslos.

Richard Wagner gab jetzt Gas, was Mia die Gelegenheit bot zu bremsen. Sie war eben ein Kind von Traurigkeit und als solches gewohnt, Hände abzustreifen, wenn nötig auch: immer und immer wieder. Sie waren im Kino gewesen – Jungfrau (40), männlich, sucht … –, und nun saßen sie in der Odessa Bar. Mia hatte mit den Jahren eine Methode entwickelt, den Kopf zu bewegen, das Haar zu ordnen, dass man nie mit Sicherheit sagen konnte, ob es sich um reine Unschuld oder pornöseste Verdorbenheit handelte. Ich weiß es ehrlich gesagt auch nicht. Mia befand sich in einem asymmetrischen Konflikt, das schon, aber Mia war überhaupt nicht bösartig. Ein Kind von Traurigkeit, aber nicht von Bitterkeit. Sie schaute nun also Richard Wagner an mit ihrem zur Seite geneigten Kopf und ihrem sehr klug und überlegen aussehenden Haar, in das sie kleine Löckchen drehte, und sie ließ sich auf nichts ein.

Richard Wagner verlor mit jeder Minute etwas von seiner Sicherheit, sein geistiger Penis war jetzt höchstens noch

15 Zentimeter groß, und seine weckergroße Uhr fühlte sich an wie eine Kinder-Swatch. Mias Brüste starrten ihn unverwandt an, er würde ihrem Blick nicht länger standhalten. Spielte sie mit ihm? Sie hätte es nicht sagen können. Vielleicht war es tatsächlich so ein uralter, durch die Evolution geprägter Paarungstanz, bei dem man hochkomplexe Prüfungen absolvieren musste, um zur Begattung schreiten zu dürfen. Vielleicht war sie nur sehr allein, und es war ihr lieber, sich von Richard Wagner angaffen zu lassen, als zu Hause zu sitzen.

Richard Wagner winkte die Kellnerin heran und errechnete laut murmelnd das Trinkgeld, unterbrach sich, schaute tief in Mias Dekolleté und sagte: »Ich zeige dir jetzt mal meine Plattensammlung.«

Es lag nicht daran, was Richard Wagner sagte, wo er hinschaute oder wie laut er murmelte. Es lag nicht an seiner Uhr oder an seinem immer kleiner werdenden Selbstwertgefühl. Vielleicht hatte einfach nur irgendeine Synapse in Mias Gehirn eine Fehlschaltung, oder irgendein Nervenende hatte sich verschluckt. Sie stand auf, sagte zu Richard Wagner, seine Eltern hätten bestimmt lieber ein Mädchen gehabt, und lief aus dem Restaurant. Sie rief sich ein Taxi und konnte keine Sekunde verstehen, dass sie das nicht schon längst gemacht hatte. Sie kam an, schmiss dem Fahrer zu viel Geld hin und klingelte bei Roman. Sie klingelte bei der schwerhörigen Frau Bräutigam, klingelte beim immer leicht angetrunkenen Herrn Schwerdtfeger, klingelte bei der misstrauischen Familie Özemniyet und wurde mit jedem Klingeln zorniger. Als sie schließlich bei der leutseligen Studentin Katja Brunnenpfleger klingelte (die als Einzige ihren Vornamen mit auf das Klingelschild geschrieben hatte) und diese rasch mit einem fröhlichen »Grüß Gott!« den Türöffner betätigte, brüllte Mia wie von Sinnen: »Na, dass das noch mal was wird, verdammt!«, und die leutselige Studentin Katja Brunnenpfleger stotterte ein sehr leises »Das tut mir wirklich aufrichtig leid« in die Gegensprechanlage. »Leid am Arsch«, brüllte Mia und tobte die Treppen hoch, klingelte an Romans Haustür und klopfte, und hätte nicht irgendein längst vergessener Exfreund einmal erklärt, dass Türen, wenn man sich gegen sie wirft, nicht so leicht aufgehen wie im Krimi, dann hätte sie sich gegen die Tür geworfen.

Sie lehnte weinend und bebend vor Zorn am Türrahmen, als die Tür aufging und Roman mit Kopfhörern auf den Ohren, iPod und zwei Tüten Müll in den Händen vor ihr stand.

Mia stürzte sich auf Roman, riss ihm den Kopfhörer vom Kopf, schrie: »Hast du sie eigentlich noch alle?« und »Was bist du eigentlich für ein Psycho?«, und Roman, dem noch »Late Victorian Holocausts« im Kopf nachflirrten, war viel zu überrascht, als dass er hätte überrascht aussehen können. Er stand da, als käme jeden Abend eine halbirre Osteuropäerin bei ihm vorbei und rollte im Zorn die Rs wie ein balkanesischer Schreckensfürst aus dem siebzehnten Jahrhundert.

»Und was schaust du jetzt auch noch so blöd, du Arsch? Sag was, sag doch mal was!«

»Mia.«

»Wo bist du denn? Du bist hier, aber du bist nicht da, einfach nicht da. Und ich brauche dich doch! Du bist so ein Asch!« Dass Mia »Asch« sagte, war ein Zeichen dafür, dass sie dabei war, sich zu beruhigen. Wenn sie ernst und vernünftig wirken wollte, ließ sie manchmal willkürlich die Rs weg. Also: nicht ganz willkürlich, sie ließ eben die Rs da weg, wo sie ihr entbehrlich schienen.

»So ein Aschloch«, wiederholte sie entschieden.

»Du hast mir gefehlt«, sagte Roman und zog sie zu sich.

»Was? Wann denn«, fragte Mia, »ich war ja nie weg?«

»Mein Leben lang«, sagte Roman.

# Top Quark (Tag 2)

*»Ich sah sie an, und sie gab den Blick zurück: wir fassten uns mit den Augen bei den Händen. Sie war bei mir. Sie gehörte dazu. Sie sorgte für mich.«*

KURT TUCHOLSKY, »SCHLOSS GRIPSHOLM«

Paul träumte, dass er in einer Telefonzelle stand. Er musste Greta anrufen, aber die Tasten waren kaputt. Immer und immer wieder ließ sich die 1 oder die 7 oder die 0 nicht drücken, und als ihm endlich die richtige Kombination von Zahlen gelang, war besetzt. Er verließ die Telefonzelle und stellte fest, dass er in Schweden war, allerdings nicht im freundlichen Abba-Schweden, sondern im übergroßen, menschenarmen Schweden, kilometerweit waren nur der Himmel zu sehen und staubig verschneite Straßen. Er musste Greta finden, ein Zug fuhr vorbei, Paul kam nicht rechtzeitig zum Bahnhof. Er ging zurück zur Telefonzelle, aber er hatte kein Geld mehr, in der Telefonzelle war ein McDonald's, hinter dessen Glasscheiben Rinder geköpft wurden, er schlug gegen die Scheiben, aber niemand konnte ihn hören. Er fand Geld, aber jetzt hatte er Gretas Nummer vergessen. Er blätterte im Telefonbuch, in dem lediglich ein Werbekatalog der Firma Ulmenthal abgedruckt war.

Paul träumte diesen Traum, obwohl er nicht schlafen konnte. Weil die Stand-by-Schaltungen aller Wohnzimmergeräte so hell waren. Na ja: nicht nur deswegen. Aus der Sicht von – nun, zum Beispiel – Steinen verhält sich Zeit anders als aus der Sicht von jemandem, der gerade von seiner Freundin verlassen wurde. Paul malte sich aus, wie er Greta am Telefon von der Notwendigkeit eines Treffens überzeugen würde, und als er über dieser Vorstellung beinahe eingenickt wäre, stand er sofort wieder senkrecht auf seiner Matratze, weil er sich daran erinnerte, wo Greta gewesen war: bei einem anderen. Um 5 : 30 Uhr griff er zu seinem Handy und smste: »WER?«

Zwei Stunden später saß er mit einem Glas voll H-Milch in der Küche und versuchte, aus Romans Verhalten zu schließen, was der an seiner Stelle machen würde. Als Kind, als er das Leben ohnehin noch durch reines Beobachten hatte verstehen müssen, hatte Paul so immer seinen Vater angesehen. Roman stand auf und verschwand im Bad, Paul hörte, wie er geräuschvoll seinen Rachen von Schleim reinigte und dann in das Schlafzimmer ging. Schicht um Schicht wurde Roman seriöser, was bei Roman eigentlich kaum noch ging, und schließlich stand er rachenbereinigt und mit geordneten Haaren im Anzug da. Mit Weste.

»Wo willst du denn hin?«, fragte Paul.

»Na, ins Büro«, sagte Roman. Roman konnte den Kopf schütteln, ohne ihn zu bewegen. Paul schaute in seine Milch. Wie Greta lächelte. Wie sie sanft war. Wie sie seinen Namen sagte und wie sie sich die Zähne putzte und ihn dabei im Spiegel beobachtete. Wie sie immer den Weg wusste. Wie sie ihr Haar hinter ihr rechtes Ohr strich beim Telefonieren. Wie sie sich eine Zigarette anzündete. Wie sie einen konzentrierten ersten Zug nahm. Wie sie am Computer saß. Mit ihrem runden Rücken. Wie sie sich dann umdrehte und ihn gern hatte. But all that's left is a place dark and lonely.

Entschlossen griff er zum Handy und ließ es energisch bei Greta klingeln. Sie ging nicht dran. Sollte er doch in ihre Wohnung fahren? In seine! Was sollte das überhaupt heißen: »Wenn du mich respektierst, dann sei nicht da, wenn ich komme.« Das war doch das Letzte. Feigheit vor dem Ex-Freund. Nein, vor dem Freund, so schnell wurde man nicht zum Ex, so eine Trennung ist doch kein Verwaltungsakt, eine Trennung ist ein Prozess, und bei diesem Prozess waren Paul und Greta erst auf der allerersten Stufe angekommen. Sie hatte einen Vorschlag gemacht. Über den galt es jetzt zu reden. Und wahrscheinlich hatte sie mit diesem anderen gefickt. Es fühlte sich an, als hätte jemand einen Staubsauger in Pauls Hintern geschoben und auf höchster Stufe eingeschaltet. Was hatte sie überhaupt von dem Typen gesagt? Sie war bei ihm gewesen. Aber passiert war nichts. Oder doch?

Es musste eine internationale Behörde geben, dachte Paul, die darauf achtete, dass Trennungen sauber verliefen. »Sehr geehrte Damen und Herren, meine Freundin – ja, ich nenne sie noch Freundin, schließlich sind einseitige Auflösungen nicht rechtens – hat sich, als ich durch Einnahme von psychotropen Substanzen in meiner Entscheidungs- und Reaktionsfähigkeit gehemmt war, von mir am Telefon getrennt. Nach sechs Jahren. Am Telefon! Dieses Verhalten verstößt nach meiner Rechtsauffassung gegen Artikel 3 des internationalen Abkommens zur Bekämpfung unlauterer Trennungen in Verbindung mit Paragraph 27 b, Absatz 4 des Zusatzprotokolls zum Gesetz für Sauberkeit in Liebesdingen. Ich fordere das Hohe Gericht dazu auf, meine Freundin zu sofortiger Nennung des Namens meines Widerparts, sofortiger Wiederaufnahme der liebevollen Beziehungen und vollständigem Widerruf der Trennung zu verurteilen.«

Eine SMS kam an. »paul hoffe es geht mit dem lsd wieder. ruf mich bitte noch nicht an. die praktischen dinge können

wir noch klären, deine sachen können noch eine weile hier-
bleiben. ich möchte lieber nichts von dir hören jetzt. respek-
tier das doch bitte!!!« Paul tippte, dass er drei Ausrufezeichen
für völlig albern halte, schickte die Botschaft aber nicht ab. Er
wusch sich notdürftig, suchte dann endlos nach einem
Schlüssel für Romans Wohnung, bis er ihn am Schlüsselbrett
fand, und ging raus.

So früh war er schon ewig nicht mehr auf der Straße gewesen. Er setzte sich in ein Café, in dem zwei ältere schwule
Kellner sehr langsam ihren Kellnerkram erledigten. Er studierte die Frühstückskarte. So Träume wie in der vergangenen Nacht hatte er früher dauernd gehabt. Als er mit Greta
zusammengekommen war und noch in Bonn wohnte, hatte
er sich gefühlt wie ein Lästling. Nicht wie ein Schädling, Läst-
linge unterscheiden sich von Schädlingen schließlich darin,
dass sie keinen messbaren Schaden anrichten, sondern nur
lästig sind. Dauernd hatte er sie angerufen, und es war nicht
einmal so gewesen, dass sie sich nicht gefreut hätte, sie hatte
bloß nie von sich aus angerufen, und manchmal war sie einfach nicht ans Telefon gegangen.

Und das hatte ihn dann nervös gemacht wie eine Fliege,
die unter einer Käseglocke einen wunderschönen frischen,
dampfenden Haufen sah, aber das Konzept Glas nicht verstand.

Roman war damals schon nach Berlin gezogen, um seine
Doktorarbeit zu schreiben, und Ben schickte ab und an obs-
zöne Postkarten von seiner Europatour, die er immer wieder
verlängerte. Paul hatte den Mittelkind-Blues. Der Große so
vernünftig und der Kleine so entzückend, bloß er so völlig
mittel. Mittelclever, mittelhübsch, mittelgeil. Und zuneh-
mend (ha!) auch noch: mitteldicklich. Bei seinen Eltern war
endgültig Grabesstimmung angesagt. Sein Vater war, obwohl
er längst überhaupt nicht mehr arbeitete, noch einmal beför-

dert worden und saß jetzt seine Zeit in der Zentrale in Köln ab, seine Mutter sah aus wie eine alte Indianerin, die vor einem Berg von toten Büffeln stand, den die Weißen in der Prärie liegen gelassen hatten. Irgendwann würde sein Vater sterben, und dann würde seine Mutter niemanden mehr haben, den sie für ihr Leben verantwortlich machen könnte.

Wenn Roman sich darüber beklagte (eigentlich klagte er gar nicht, er erzählte es eher, als sei es etwas Unumstößliches), wie eifersüchtig Mia war, dann nickte Paul oder schüttelte den Kopf, auf jeden Fall machte er eine Geste, die Zustimmung signalisierte: Klar, die Frau hat einen Knall. In Wirklichkeit dachte er dann immer, dass er selbst noch viel schlimmer war als Mia. Auf Männer war er sowieso eifersüchtig, aber auch wenn Greta sich mit Freundinnen traf oder auch nur mit ihrer Familie oder wenn sie allein spazieren ging, selbst wenn sie sich bloß für Essen interessierte – er war dann eifersüchtig auf das Stück Pizza, dem sie sich widmete.

Er mochte das nicht an sich, ganz und gar nicht. Greta weckte das Schlechteste in ihm.


Ein dickes Kind starrte Paul an. Es trug ein Podolski-Trikot und bohrte in der Nase. Die Mutter des dicken Kindes beobachtete ihr Smartphone. Paul merkte, wie der kleine Podolski ihn verunsicherte mit seinem Starren und Popeln. Er versuchte sich auf die Karte zu konzentrieren. Podolski sagte: »Mama, der Mann da hat gestern LSD genommen, dann hat er sich einen runtergeholt auf Schmutzfilme und ist dabei zu früh gekommen. Seine Freundin hat ihn verlassen.« Die Mutter antwortete: »Siehst du, Friedrich, das kommt davon, wenn man sein Studium nicht ernst nimmt.« Paul schaute vorsichtig hoch. Das Kind aß jetzt einen Popel und knabberte dann seinen Fingernagel ab. Die Mutter war immer noch mit ihrem Smartphone beschäftigt.

Wahrscheinlich war er gar nicht auf irgendetwas eifersüchtig gewesen, das Greta getan hatte. Eher: auf sie. Dass sie alles so leichtnahm oder wenigstens so kämpferisch, dass sie so neugierig war und so viel sehen wollte. Dass sie das Leben liebte und er bloß sie.

Schon als Paul auf die Liste mit den anderen Promotern geschaut hatte, war ihm ihr Name aufgefallen. Greta Ulmenthal. »Die sieht bestimmt gut aus«, hatte er gedacht.

Als er sie dann unter dem türkis-gelben Banner des o.b.-Standes auf dem Ringfest sah, wusste er sofort, dass sie diese Greta Ulmenthal sein musste. Sehr klug und wohlerzogen. Sehr großstädtisch und doch so, als hätte sie ihre Kindheit auf dem Land verbracht. Er stellte sich in ihre Nähe und sortierte die o.b.-Flyer. »Wer bist denn du?«, fragte sie ihn. So wie man kleine Kinder anspricht, die man niedlich findet. Sie hatte sich blitzartig vor ihn geschoben. Paul sagte: »Ich bin Controller. Das heißt: Ich schleppe Kisten.« Dann machte er ein Foto von ihr. Es war ein Teil der o.b.-Aktion »Sei ganz du«, dass zufriedene o.b.-Kundinnen mit einer Polaroid-Kamera fotografiert wurden. Es schien Paul eine gute Idee, ein Bild von Greta zu haben. Er besaß das Foto noch immer, in einem Album, in seiner Wohnung, in die er jetzt nicht mehr hineindurfte. Greta mit dem o.b.-T-Shirt, das o und das b durch ihre Brüste in 3-D gesetzt, sie hält eine Packung Tampons in die Kamera und lacht ein unangemessen lebensbejahendes Lachen, hinter ihr ein Papp-Aufsteller mit einem jungen Mädchen, das in ein Laken gehüllt ist. Unter dem Mädchen steht: »A Woman is born«.

Als Greta sich das Polaroid-Foto ansah, das er in seiner Hand hielt, konnte er ihr Gesicht ganz aus der Nähe betrachten. Ihre Nase mit genau vier Sommersprossen, drei rechts, eine links, den hellblonden Flaum auf ihren Wangen, ihre makellosen, leicht übergroßen Schneidezähne, mit denen sie auf ihren Lippen kaute, die gebräunte Haut und drei kleine Narben, die aussahen wie ein Smiley mit schiefem Mund, am Kinn.

Pauls Eltern hatten in ihrer Schallplattensammlung eine Kompilation (von der jeder in der Familie behauptete, von ihm sei sie nicht) aus den späten Siebzigern, auf deren Cover ein lachendes schwedisches Model in einem dieser breit geschnittenen sonnenblumenfarbenen Bikinis abgebildet war. So sah Greta aus. Paul hatte dieses Cover geliebt.

Vor dem o.b.-Stand hatte ihn ein kleiner dicker Junge angestubst und gefragt, ob er auch einen Tampon haben dürfe. Er habe Nasenbluten. Paul drückte ihm ein Give-Away in die Hand.

«Wollen wir eine Pause machen?«, fragte Greta. Paul nickte.

Sie setzten sich auf die Kisten, die er controllen sollte, ließen die anderen die Tampons verteilen (»Ihr kommt klar, oder?«), er gab ihr eine JP Special, sie gab ihm Feuer. »Lebst du in Köln?«, fragte sie. »Nein, in Bonn.« – »Na, das ist ja ein Mist, ich in Berlin.« Sie haute ihm aufs Knie und bewegte ihr Gesicht für einen Moment so nah an seines heran, dass ihre Stirn an den Schirm seiner Sei-ganz-du-Kappe stieß.

»Und bleibst du heute Nacht noch in Köln?«, fragte sie. Paul zuckte mit den Schultern. »Ich werde wohl zu meinen Eltern fahren, die leben in Aachen.« – »Och. Hast du denn nicht hier irgendwelche Leute, ich übernachte bei Freunden, dann könnten wir heute noch was machen, Ellen Alien legt im Noodles Noodles & Noodles auf.« – »Leidest du unter einem Wortwiederholungszwang?« Sie prustete den Rauch aus: »Der Laden heißt so. Ist eine ehemalige Nudelfabrik oder so. Also?«

»Nee, ich kenne hier niemanden. Menschliche Kontakte sind sowieso überbewertet«, sagte er und versuchte zu klingen, als mache er einen Scherz.

Und dann erzählte er, dass er unbedingt zu seinen Eltern fahren müsse, weil sein Vater herzkrank sei, er erzählte einfach immer weiter, er hörte sich mit Grauen dabei zu, wie er sagte, *dass er selber Depressionen hätte.*

Er stand da wie ein verdammter Pflegefall.

Greta berührte seine Schulter und sagte: »Puh, bist du tapfer.« – »Na ja, tapfer«, sagte Paul. Dann saßen sie eine Weile schweigend da. Selbstverständlich ist es schön, wenn man miteinander schweigen kann. Aber Paul wollte so gern etwas Gutgelauntes, Cooles, Nicht-Depressives sagen. Und mit jeder Sekunde, in der er nichts sagte, wurde der von ihm geplante nächste Satz so dermaßen viel komplizierter, dass er schließlich die übliche Stellung von Subjekt und Prädikat vergaß.

Endlich sagte Greta etwas: »Ich hole gerade mal was zu trinken.« Sie ging, er schaute ihr hinterher und zog an seiner Zigarette und dachte, dass sie ging wie ein Junge. Ihre Hüfte schwang nicht. Nicht einmal die Kniegelenke schienen sich zu bewegen. »Das habe ich dann wohl verbockt«, murmelte er.

Ein Trupp pubertärer Ringfestbesucher blieb bei Paul stehen. »Hast du einen Tampon für mich, ich hab Nasenbluten«, fragte ein elend langer 13-Jähriger mit zu hübschem Mund. Die anderen lachten und bewegten sich mit dieser tumultartigen Art, die nur 13-Jährige auf Massenevents beherrschen. Pauls Kopf schmerzte wieder, und es gelang ihm, kinderfeindlich genug zu schauen, um in Ruhe gelassen zu werden.

Dann kam Greta doch zurück, eine Hand hinter dem Rücken. Sie gab ihm eine Dose von *Liptons Sparkling Ice Tea*, als würde sie ihm ein Geburtstagsgeschenk überreichen. Pauls Lieblingsgetränk. Er griff nach seinem Portemonnaie, aber sie wehrte mit einer generösen Ach-lass-mal-Geste ab.

Mit ihren gelenklosen Beinen setzte sie sich umständlich

neben ihn und sagte: »Marga *hat* mich vielleicht gerade angesehen. Die hat immer so eine BDM-Arbeitsethik.« – »Ach. Du kennst die auch?« – »Kaum. Sie hängt ihre Möpse raus und lässt sich von jedem ficken. Mehr weiß ich eigentlich nicht.« Sie lachte sehr vergnügt. Sie hatte Möpse gesagt. Und ficken. »Das ist bei Marga allerdings nur eine Basisinformation. Marga ist ein Hund in einer Katzenwelt.« – »Das ist lustig. Das trifft es genau.« Sie musterte Paul. »Was machst du denn außer Controllen?«, fragte sie. Sie saß im Schneidersitz, und ihr Knie berührte seins. »Ich studiere Jura.« – »Passt gar nicht zu dir.« – »Für diesen Satz sollte ich Geld nehmen.« – »Hörst du oft, oder? Wie alt bist du denn?« – »28.« – »Dann müsstest du bald fertig sein, mhm?« – »Ich schiebe das Examen ziemlich vor mir her.« – »Ich sollte dich in meine Obhut nehmen. Ich schreibe gerade meine Magisterarbeit darüber, wie es Unternehmen am besten anstellen, in Entwicklungsländern ihre Fabriken anzusiedeln. Entwicklungshilfe klappt nämlich nur, wenn alle Beteiligten etwas davon haben.« Sie setzte sich aufrechter hin. »Du glaubst gar nicht, wie verfilzt gerade in den Sub-Sahara-Ländern die Strukturen sind. Und wie langsam alles geht. Mit chronischem Aufschiebeverhalten kenne ich mich also aus. Und zwar im großen Umfang. Da bekomme ich einen Jurastudenten auch in den Griff.« Sie schaute ihn weiter an. Er war sich nicht ganz sicher, ob sie ihm gerade gesagt hatte, dass er ein Penner war, oder ob sie ihm einen Heiratsantrag gemacht hatte.

So hat es angefangen. Magie, Bestimmung, Schicksal, alle himmlischen Kräfte haben zusammengewirkt und Paul und Greta zueinandergeführt. Wer die beiden in den darauffolgenden Monaten und Jahren erlebte, der hätte niemals gedacht, dass es einmal so enden würde. Niemand hätte vorhersehen können, dass es überhaupt einmal enden würde.

Außer vielleicht John Gottman. Der behauptet, in der Lage zu sein, den Weg, den Beziehungen gehen, prognostizieren zu können. Der Psychologe will mit über neunzigprozentiger Sicherheit eine Aussage darüber treffen, ob Paare zusammenbleiben oder sich innerhalb der nächsten Jahre scheiden lassen. Er setzt dafür die Paare ins Labor und filmt sie, während sie über ihre Beziehung sprechen. Worauf Gottman dabei besonders achtet, sind sogenannte Microexpressions, nur für einen winzigen Moment auftauchende Gesichtsausdrücke, die verraten, was die beiden wirklich denken, während sie miteinander sprechen. Beginnt dabei einer der Partner das Gespräch anklagend, verächtlich oder überhaupt negativ, dann ist das Gespräch in 96 Prozent der Fälle zum Scheitern verurteilt. Es können allerdings auch die nettesten Gespräche verheerende Muster aufweisen.

Gottmann hat die »vier apokalyptischen Reiter«, wie er sie nennt, ausgemacht, die einer Beziehung den Garaus machen. Diese Unheilsbringer sind »criticism, contempt, defensiveness, stonewalling«, was man ungefähr mit

Kritik
Verachtung
Verteidigungshaltung
Blockade

übersetzen kann.

Die Kritik sei von der einfachen Beschwerde zu unterscheiden. Unter Kritik versteht Gottman das Kritisieren des Charakters, während eine Beschwerde sich auf bestimmtes Handeln oder auf Unterlassungen bezieht. Es sind die berühmten »Du machst immer/du machst nie«-Sätze, die den Pfad von der Beschwerde zur Kritik ebnen. Gerade ging es noch um ein dreckig hinterlassenes Waschbecken, im nächsten Moment findet man sich wieder in einer Diskussion darüber, was für ein verdammt schlampiger Typ man ist, der wahrscheinlich aus einer langen Ahnenreihe von schlampigen Typen stammt.

Zeichen der Verachtung sind etwa Sarkasmus, Zynismus, Augenverdrehen, Spott, höhnisches Grinsen und dergleichen. Verachtung ist Gift für die Liebe, Gottman bezeichnet sie als den schlimmsten der apokalyptischen Reiter. Verachtung ist das Gegenteil von Sympathie, und ohne Sympathie geht es eben nicht. Noch mal die vier Eckpunkte der Liebe nach Richard J. Sternberg und Volkmar Sigusch: Leidenschaft, Intimität, Verpflichtung und Vertrauen. Man muss einander mögen.

Die Verteidigungshaltung, häufig eine Reaktion auf die Verachtung des anderen, verhindert, dass die Probleme in der Beziehung konstruktiv angegangen werden können.

Bei der Blockade schließlich stellt man den Partner innerlich auf stumm, man hört ihm nicht mehr zu, man lässt alles an sich abperlen. Es gibt keine Reaktion mehr auf den anderen.

Nun kann es Elemente dieser Umgangsformen in jeder Beziehung geben. Nicht jedes Augenrollen führt automatisch zum Beziehungsaus. Aber die guten Aspekte müssen überwiegen: Malcolm Gladwell, der für sein Buch »Blink« mit Gottman gesprochen hat, berichtet, das Verhältnis von positiven und negativen Gefühlen müsse mindestens 5:1 sein, damit ein Paar sich nicht scheiden lässt. Wenn ein Tag schlecht war, dann sollten in der Regel also die restlichen Tage der Woche nett sein.

Nachdem Gottman das Gespräch eines Paars untersucht hat, führt er als zweiten Schritt ein Interview darüber, wie die beiden Partner ihre gemeinsame Vergangenheit beurteilen. Gottman hat festgestellt, dass die für eine Beziehung gefährlichen Muster schon auftauchen, wenn er ein Paar von seiner ersten Begegnung berichten lässt.

Und da sehen wir bei Paul und Greta auch etwas, das sich dann durch die ganze Beziehung hindurchgezogen hat: Sie hat ihn gemanagt. Mia dagegen hat Roman von Anfang an für alles verantwortlich gemacht: »Du bist hier, aber du bist nicht da, einfach nicht da. Und ich brauche dich doch!« Sowohl Roman als auch Paul sind als Partner im Grunde eine gute Wahl. Sie lieben Mia und Greta um ihrer selbst willen, nicht einfach als willkürliche Ansammlungen von Eigenschaften. Und doch könnte es also sein, dass zwischen den Paaren schon zu Beginn ganz spezifische Probleme angelegt waren.

Greta hat ja nicht etwa Schluss gemacht, als Pauls Karriere zu scheitern drohte. Sie hat ihn im Gegenteil genau so kennengelernt: als Scheiternden. Sie ist gegangen, als es Paul gerade gutging, er hatte sich eingerichtet.

Wenn es aber immer schon so gewesen ist zwischen den beiden Paaren: Warum ist es denn nun auf einmal so problematisch?

Robert Pfaller spricht in »Wofür es sich zu leben lohnt« von einem »Beleuchtungswechsel«. »Es ist nicht so, dass man zuerst begeistert war von der Klugheit der Person und erst später bemerken musste, dass sie unfähig ist, pünktlich zu sein.« Man entdeckt nicht plötzlich irgendeine Eigenschaft, die einen stört. Vielmehr wird eine zunächst positiv wahrgenommene Eigenschaft auf einmal unerträglich. »Erst ist die geliebte Person wundervoll verständnisvoll, dann unerträglich besitzergreifend; oder erst großartig autonom, dann schrecklich flatterhaft; oder erst zauberhaft liebenswert, dann unerträglich infantil.« Und aus dem eben noch Klugen wird plötzlich der Obergescheite.

Auch die So-fing-unsere-Liebe-an-Geschichten können auf einmal umgedeutet werden. Der Soziologe Peter Fuchs bringt in »Liebe, Sex und solche Sachen: Zur Konstruktion moderner Intimsysteme« eine Kennenlerngeschichte aus dem Imbissbereich: »Damals, weißt du noch, als ich dich an der Pommesbude stehen sah … so hungrig, so hilflos. Der Senf kleckerte auf deine Weste und du hattest so einen unendlich traurigen Blick.« Hier kann es einen nachträglichen Beleuchtungswechsel geben, mit dem dasselbe Ereignis »als der Anfang eines Endes« konstruiert wird. Auf einmal hätte man es ja »wissen müssen«, die Gier, alles voller Fett, die Rücksichtslosigkeit, der »Senf flog nach allen Seiten«. Das Ereignis ist nicht mehr niedlich, sondern eklig.

Mias Wutausbruch kann süß beim Zusammenkommen gewesen sein und heute hysterisch wirken, Pauls Verstrahltheit auf der Tampon-Promotion ein Vorbote seines heute als solches empfundenen Versagens sein.

Max Frisch schreibt in seinem Tagebuch: »Freundschaften gibt es, die jahrelang darauf bestanden haben, dass man sich von dem anderen bewundert wähnte, eine Art von Versicherung, die man wiederum mit Bewunderung zahlte: ein offenes Wort, und weg ist sie.«

Kann es mit Liebe genauso gehen? Ist das bei Greta und Paul passiert? Fühlte Greta sich plötzlich getäuscht über das Ausmaß der Verehrung, das Paul für sie empfand, oder über etwas anderes?

Kann denn Liebe überhaupt so abrupt verschwinden, oder

ist so ein Ende nicht vielleicht der Beleg dafür, dass es sich von Anfang an nicht um Liebe gehandelt hat? War Liebe nicht eher recht stabil?

Dass es einen Beleuchtungswechsel gegeben haben muss, liegt auf der Hand – aber was hat ihn wohl ausgelöst?

Wenn also die apokalyptischen Reiter im Zusammenhang mit dem Beleuchtungswechsel stehen, wie lässt sich dieser Vorgang im alltäglichen Miteinander erkennen? Vermutlich wären die Dialoge aus dem Leben verschiedener Pärchen ein sinnvolles Material, um diese Frage zu klären. Ich habe in meinem Bekanntenkreis Dialoge aus der Hölle gesammelt. Hier vier Beispiele.

## Dialoge aus der Hölle, Teil 1

»Wo ist der Pömpel?«

»Der was?«

»Na, dieses Ding zum … Ploppen.«

»Weiß nicht, ob wir den beim Umzug mitgenommen haben.«

»Wie: du weißt nicht?«

»Also ich hab den sicher nicht eingesteckt.«

»Warum hast du den denn nicht eingesteckt?«

»Na, wenn der an die Sachen kommt!«

»Dann tust du halt eine Tüte drum, aber man schmeißt doch den Pömpel nicht weg!«

»…«

»Und außerdem gehört der doch mir, also: Der gehört doch wenigstens zur Hälfte mir, da kannst du den doch nicht einfach wegschmeißen!«

»Ich hab den ja nicht weggeschmissen, ich hab den nur nicht mitgenommen.«

»Nun werd mal nicht akademisch, schau dir das an, wo ist jetzt der Pömpel? Du kannst doch nicht einfach so meine Sachen wegschmeißen!«

»Mach ich nicht mehr.«

»Weißt du, wenn du dauernd mit anderen Leuten vögeln würdest, und ich bekäme das raus, dann wäre es mit ›Mach ich nicht mehr‹ auch nicht getan!«

»…«

»Das ist jetzt eine Beziehung, das ist ernst. In einer Beziehung kann man nicht einfach so einen Pömpel wegschmeißen.«

»Ich habe ihn nicht weggeschmissen.«

## Dialoge aus der Hölle, Teil 2

»Ich habe dich so noch nie gesehen.«

»So bin ich aber eben auch.«

»Ist ja okay.«

»Eben nicht.«

»Komm mal her.«

»Es ist nicht immer alles mit In-den-Arm-Nehmen getan.«

»Ich will doch nur …«

»Lass mich doch mal kommen, lass mich doch mal, lass mich.«

»Hey, Kleines.«

»Wenn du noch einmal Kleines sagst, dann bring ich dich um.«

»Ich habe dich so noch nie gesehen.«

»Dann schau halt weg.«

»Ist ja okay.«

## Dialoge aus der Hölle, Teil 3

»Früher warst du anders.«

»Hab ich zugenommen?«

»Das mein ich nicht.«

»Also hab ich zugenommen?«

»Nein, ich mein, darum geht es nicht, du warst: leidenschaftlicher.«

»Das ist doch Quatsch, ich war am Anfang doch total unsicher …«

»Ja nee, aber mit anderen hast du mehr gemacht.«

»Hör doch auf, du bist doch meine längste Beziehung, ist doch klar, dass ich mit niemandem so viel gemacht hab.«

»Aber mit dem einen Typen am Strand im Urlaub.«

»Wir haben doch schon ganz oft am Strand.«

»Ja schon, aber da waren wir zusammen. Den hattest du gerade erst kennengelernt, und danach hast du ihn nie wiedergesehen. Du hattest niemals einen One-Night-Stand mit mir!«

(Frei nach The Last Psychiatrist, »Why is Mel Gibson so angry«.)

## Dialoge aus der Hölle, Teil 4

»Warum hast du denn nichts gesagt?«

»Bitte? Ich hab nichts gesagt? Vielleicht hättest du einfach mal hinhören sollen!«

»Ach komm, dein berühmtes ›Ich leide eben still‹. Soll ich mir einen verdammten Seismographen einbauen?«

»Du kannst für deine nächste Freundin ja einen bestellen.«

Der erste Dialog aus der Hölle ist im Grunde noch harmloser Alltagshorror – allerdings mit einer überflüssigen Note von Generalisierung. Der zweite kommt noch ganz putzig daher, enthält jedoch schon eine gute Dosis Immer-alles-Gift. »Es ist nicht immer alles damit getan« heißt: Immer versuchst du auf die falsche Art, mich zu trösten.

Die Früher-warst-du-anders-Routine nimmt im dritten Dialog eine interessante Abzweigung in den Wahnsinn. Hier liegt das ganze Grauen der männlichen sexuellen Unsicherheit mit einem Mal offen zutage: »Mit mir schläft sie nur, weil sie mich liebt, aber mit anderen hat sie geschlafen, weil sie richtig scharf war.« Wer so denkt, der kann nicht glücklich werden.

Beim vierten Dialog würde ich auch ohne eine genauere Untersuchung der Mikroemotionen sagen: Hass auf beiden Seiten.

Um Entgleisungen wie diesen entgegenzuwirken, hat Dale Carnegie schon 1936 in »Seven Rules For Making Your Home Life Happier« einige nützliche Tipps zu Papier gebracht, Abwehrmaßnahmen gegen apokalyptische Reiter:

»Nörgel nicht.

Versuch nicht, aus deinem Partner einen neuen Menschen zu machen.

Kritisiere nicht.

Sei ehrlich anerkennend.

Mach kleine Aufmerksamkeiten.

Sei zuvorkommend.«

Bei Punkt 2 muss man natürlich sofort an Paul und Greta denken. Ist es nicht gerade die Basis ihrer Beziehung, dass Greta aus Paul einen neuen Menschen macht? Aber woher hat sie diesen Fimmel?

# Die sonnige Seite (Tag 2)

*Indeed, the pair bond is so stable that a surviving member of the pair will not accept a new mate even if the other member of the bond is lost.*
BRANDON J. ARAGONA AND ZUOXIN WANG, »DOPAMINE REGULATION OF SOCIAL CHOICE IN A MONOGAMOUS RODENT SPECIES«

Gretas größte Leistung war es, die Dinge von der sonnigen Seite aus betrachten zu können. Sie stand vor Konrads leerem Kühlschrank und sagte sich, dass ein Diättag jetzt vielleicht sowieso besser sei. Konrad kam in die Küche und drückte sich von hinten an sie, und sie ignorierte den Moment des Erschreckens: Es war nicht Paul.

Sie kannte Konrad jetzt seit knapp drei Monaten. Er war ihr Gegenpart bei einem großen Unternehmen, mit dem ihre Agentur irgendetwas plante, gegen das in den kommenden Jahren viele Unterschriftenaktionen, Lichterketten und Sitzstreiks organisiert werden würden, weshalb zwischen ihnen von Anfang an eine komplizenhafte Atmosphäre geherrscht hatte. Greta war nicht gewissenlos genug, um nicht zu merken, dass sie an einem Verbrechen mitwirkte, und gerade gewissenlos genug, um daraus eine gar nicht so wahnsinnig stille Freude zu ziehen.

»Ich mache nicht was mit Medien, ich mache was mit Atomstrom«, sagte Greta manchmal, wenn sie eine langweilige Small-Talk-Runde auf Trab bringen wollte. Sie machte keinen Hehl daraus, dass sie auf der dunklen Seite der Macht stand. »Wir betreuen die Außendarstellung von Pharmaunternehmen und Energiekonzernen, und wenn eine Handelskette dabei erwischt worden ist, dass sie Gammelfleisch vertreibt oder dass unterbezahlte Kinder in Dritte-Welt-Ländern in ihrem Namen halb verhungerten Schafen das Fell vom noch zuckenden Leib gezogen haben, dann sind wir die ersten Ansprechpartner.« Sie hatte diese Art der Vorwärtsverteidigung von ihrem Chef gelernt, sie hatte sich sogar die genaue Formulierung eingeprägt, und es funktionierte jedes Mal. Nie hatte sie das Gefühl, dass jemand empört war, jeder hatte tiefstes Verständnis. Besonders die Männer.

Wenn man heute ein Buch schreibt, dann muss man die Figuren nicht beschreiben, es reicht, dass man sagt: Sieht so ähnlich aus wie der und der Schauspieler. Ist man ein besonders serviceorientierter Autor, dann fügt man einen Link zur Bildersuche von Google hinzu oder zu einem YouTube-Video, in dem die Ähnlichkeit besonders frappierend ist. Bei Greta würde diese Methode scheitern, weil das, was Greta ausmacht, eine Bildersuche nicht zeigen kann.

Greta hat etwas Gütiges in ihrem Wesen, das ihr eine merkwürdige Unbeweglichkeit gibt. Sie wirkt beinahe huldvoll. Beschreibt man jemanden mit einem Wort, das es heute nicht mehr gibt, dann liegt nahe, dass derjenige im Heute so seine Schwierigkeiten hat, und tatsächlich gibt es eine Reihe von Aktivitäten, bei denen man sich Greta nicht vorstellen kann.

Auf dem Klo sitzen.

Nervös sein.

Fußballschauen in der Fanmeile.

Dschungelcampparty.

In der Straßenbahn singen.

Betrunken an der Bar hängen.

Geschlechtsverkehr.

Der letzte Punkt ist etwas ungerecht, weil Greta mit absoluter Sicherheit durchaus der Sexualität zugetan ist. Man kann sich bloß nicht vorstellen, dass sie schwitzt oder unanständig ist.

Auch wenn man das sofort glauben würde, ist Greta nicht reich geboren. Sie war als Kind arm und tatsächlich sogar unansehnlich. Sieht man alte Fotos von Greta, hat es den Anschein, als sei sie grauhaarig zur Welt gekommen. Es könnten Bilder einer Kindheit im Ruhrgebiet oder in Glasgow sein, aber ganz so dramatisch war es auch wieder nicht.

Gretas Eltern stammten aus wohlhabenden Familien, konnten aber mit Geld nicht umgehen und mit ihrem Leben nichts anfangen, weswegen es in der Familie Ulmenthal immer um Selbsterfahrung ging. Selbsterfahrung ist teurer als man denkt, das Geld, das Greta hätte zur Verfügung stehen sollen, ging für Yogalehrer, Indienreisen, Instinkttöpfern und Karmatanzen drauf.

Als Greta elf war, ging das Weihnachtsgeld des Großvaters allerdings ausnahmsweise einmal nicht an einen Schneeflüsterer oder eine Seidenatmerin (beide Kurse waren schon ausgebucht), sondern an Greta. Sie bekam ein Fahrrad. Ihr erstes Rad.

Sie war furchtbar stolz, glücklich und frei, fuhr den ganzen Tag mit dem Rad herum, zeigte es den Nachbarskindern und ihrer besten Freundin und den Eltern ihrer besten Freundin und dem Pommesbudenbesitzer (bei dem sie kaum jemals etwas gegessen, aber oft genug die Ware bestaunt hatte). Als abends Freunde ihrer Eltern zu Besuch kamen, stand sie extra noch einmal auf und führte ihnen im Hof ihr erstes Kunststück vor. Am nächsten Tag war das Rad weg. Sie weinte nicht, aber tagelang hoffte sie, das Rad würde wieder auftauchen. Aber sie sah das Rad nie wieder und bekam auch nie wieder ein neues.

In den folgenden Jahren geschahen zwei Wunder: Statt für Esoterik Geld auszugeben, gelang es Gretas Eltern, mit Esoterik Geld zu verdienen, und zwar eine erstaunliche Menge. Und Greta wurde schön.

Modelscouts sprachen sie an, und sie wehrte verwirrt ab; Jungs starrten sie an, und sie senkte errötend den Blick; Mädchen fragten nach Pflegetipps, und sie erzählte aufrichtig, dass sie sich morgens die Zähne putzte und außerdem ihr Haar bürstete.

Sie war nun ein schönes, reiches Mädchen mit dem Gemüt eines armen, unansehnlichen Mädchens, und weil sie also wusste, wie die Welt sich anfühlt, wenn man mager und hutzelig ist und die Eltern vergessen haben, Essen zu besorgen, wollte sie von nun an alles richtig machen. Sie wollte nie wieder arm oder hässlich oder beides sein.

Ihr ins Maßlose gestiegener Marktwert brachte es mit sich, dass sie eine riesige Auswahl an Jungs hatte. Die Schönen, die Klugen, die Reichen, die Coolen. Sie alle wollten Greta, und sie alle hatten Angst vor Greta: die Schönen vor ihrer Klugheit, die Klugen vor ihrer Schönheit, die Reichen vor ihrer Güte und die Coolen vor der ganzen Greta.

Greta suchte also einen Mann, der schön war und klug, reich und cool.

Man würde nicht glauben, wie tierlieb Steglitzer Notarssöhne sein können, wenn sie mit Greta den Zoo besuchen dürfen, wie nachdenklich Szene-DJs Fragen des Asylrechts bewerten, wenn Greta an ihrem Mischpult steht, wie teuer die Getränke sind, die Calvin-Klein-Models Greta ausgeben – und das war genau das, was Greta nicht bedacht hatte.

Ihre Eltern waren, wenn auch sprunghaft und selbstvergessen, immer offen und ehrlich gewesen, ihre Klassenkameraden hatten früher jeden neuen Pickel auf ihrer Stirn mit lautem Hallo begrüßt und sie für jedes einzelne unpassende Kleidungsstück lauthals ausgelacht, und deshalb hatte Greta immer gedacht, dass Menschen sagen, was sie denken; dass man Menschen trauen kann.

So streng ihr Auswahlprozess war, so war er doch durch diesen Mangel an Realitätssinn mit einem Makel behaftet, der sich nicht so leicht ausmerzen ließ. Sie wurde von Steglitzer Notarssöhnen, Szene-DJs und Calvin-Klein-Models enttäuscht, was ihr den Neid der Mädchen einbrachte, sonst aber nichts.

Dann lernte sie Ferdinand kennen, den Sohn eines Schweizer Staranwalts. Der Vater rettete in seiner Freizeit indigene Völker, der Sohn las Homer im Original und war so schön, dass Homer ihm augenblicklich ein Epos mittlerer Größe gedichtet hätte.

Wenn Greta und Ferdinand eine Bar betraten, dann tranken die Männer mehr Alkohol, und die Mädchen schoben die Erdnuss-Tellerchen weg. Wenn sie mit Freunden unterwegs waren, hofften die Freunde, einer der beiden würde einmal etwas Dummes sagen oder wenigstens rülpsen. Wenn Greta ein Referat vorbereitete, trat Ferdinand von hinten an sie heran und drückte seinen Schwanz an ihren Hinterkopf.

Sie hatten von Anfang an gevögelt, als würde am nächsten Tag die Welt untergehen. Morgens drückte sich Ferdinand unter der Bettdecke an sie, beim Frühstück schaute sein halb erigierter Schwanz aus dem Pyjama, und auf dem Weg zur Uni legte er ihre Hand auf die Beule zwischen seinen Beinen.

Einmal hatte Greta, es muss zu Beginn ihres Studiums gewesen sein, sie hatte jedenfalls noch nicht lange in ihrer neuen Wohnung gelebt, Granola mit Schokoladenbrei gegessen. Die Kekse von Granola (»Köstliche Milchschokolade und Gebäck aus ausgewähltem Weizen«) hatte sie schon als Kind auf dem Sofa in ihrem Zimmer einen nach dem anderen weggefuttert, den Schokoladenbrei hatte sie gerade erst entdeckt. Was lag näher, als Schokoladenbrei zuzubereiten und das Gebäck aus ausgewähltem Weizen samt des köstlichen Überzugs aus Milchschokolade hineinzutunken? Greta tunkte also und aß und tunkte und aß, und dann wurde ihr so übel, dass sie auf die Toilette rannte und kotzte, wie sie schon ewig nicht mehr gekotzt hatte, sie kotzte ausgewählten Weizen und köstliche Milchschokolade, und sogar den Brei meinte sie noch durchzuschmecken.

Von dem Tag an konnte sie nie wieder Granola essen und nie wieder Schokoladenbrei. Wenn sie die Kekse im Supermarkt bloß sah, spürte sie ein Kribbeln im Hals.

Und nach anderthalb Jahren ging es ihr so mit Ferdinand. Wenn sie seinen Schwanz nur sah, hätte sie sich am liebsten luftdicht verpackt, immer häufiger bat sie ihn: »Können wir nur so liegen?«, und es wunderte sie nicht, dass sie eines Tages auf seinem Computer eine Pornosammlung fand, die Charlie Sheen als einen Mönch erscheinen ließ.

Greta lernte an diesem Tag, wie gut es tun kann, nicht ganz gerechtem Zorn freien Lauf zu lassen. Ferdinand muss es vorgekommen sein, als schleife ihn eine Rachegöttin zum Scheiterhaufen. Man muss es ihr lassen: Greta sieht vorzüglich aus, wenn sie einen Laptop gegen die Wand schleudert.

Sie nahm den Pornovorfall zum Anlass, sich von Ferdinand zu trennen. Es ist nur ein Zufall, dass Paul wenige Stunden, nachdem er beim Anblick eines Ladebalkens ejakuliert hatte, von Greta verlassen wurde. Denn mit Paul war alles ganz anders.

Der Grund dafür, dass Männer auf Greta reagierten wie Motten auf Feuerwerk, war nicht allein ihr Aussehen. Greta behandelte jeden Fremden wie einen lange vermissten Freund. Wie oft hatte Paul, dem Körperkontakt generell suspekt war, sich über Gretas berühmtes Armtätscheln lustig gemacht, bei dem sie zunächst mit ihren schlanken Fingern die Schultern des zu Tätschelnden kaum merklich berührte, ganz federnd und leicht, bis der andere sich an das Gewicht der Hand gewöhnt hatte und Greta zu einem kräftiger werdenden Reiben ansetzte, das schließlich in eine Art einarmige Umarmung mündete.

»Du bist eine fleischgewordene Gruppentherapie, Greta, du solltest ein Buch schreiben: Nähe herstellen mit den Fingern.«

Paul war manchmal so ein Arsch. Sie drehte sich um und küsste Konrad.

Nun ist es in langjährigen Beziehungen so, dass man sich nicht nur für Dinge beschimpfen lassen muss, die man tut, es spielen sich auch intime Rituale ein. Ob man sich beispielsweise dem Partner nähert, bevor man sich die Zähne morgens geputzt hat. Konrad hatte sich in dieser Frage eindeutig für Ja entschieden.

Greta hätte jetzt gern ganz schnell einen anderen Geschmack in den Mund bekommen, aber: Es gab ja nichts. »Wollen wir frühstücken gehen?«, fragte sie, und Konrad sagte: »Keine Zeit, meine Schöne, ich muss ins Büro. Und ich bin ziemlich sicher: du auch.«

Er lächelte sie an, und Greta fand, dass ihm sein Lächeln etwas anzüglich geraten war, aber das hatte sie ja von Anfang an gefunden.

Sie hatte sich daran gewöhnt, dass Männer sie wollten, und zwar nicht sexuell, das hätte ja ungefähr jede Frau von sich behaupten können, Männer wollten sie *heiraten*. Paul natürlich nicht, der wollte ja nie irgendwas, der war immer so zufrieden mit dem, was war, dass es sie völlig aus der Haut fahren ließ.

»Wenn die Evolution nur das Modell Paul hervorgebracht hätte, dann würden wir nicht etwa immer noch in Höhlen leben, wir würden immer noch unter einem Baum sitzen und darauf warten, dass eine Banane herunterfällt. Wir könnten nicht einmal aufrecht gehen, Paul!«, hatte sie ihm vor den Latz geknallt, als sie sich im Flur fast den Hals gebrochen hatte, weil sich dort die Pfandflaschen stapelten. Und Paul hatte gesagt, dass, wenn aufrechter Gang etwas mit Charakter zu tun hätte, sie und ihre Firma zu den Kriechtieren gehören würden. Daraufhin war das teuerste Stück Geschirr, das die beiden hatten, zu Bruch gegangen. Greta hatte später behauptet, es sei ihr versehentlich aus den Fingern geglitten.

Sie hätte in den ersten Tagen nicht sagen können, ob ihr Komplize Konrad sie wirklich heiraten wollte oder nicht, was sie etwas verunsicherte. Nur eine Winzigkeit. Er schien etwas weniger innere Distanz zu dem Job zu haben, er war zynischer und härter als sie, er war schnell im Kopf, und man konnte sich nicht vorstellen, dass ihn etwas in Aufregung versetzen würde oder er jemals zu schwitzen begann. Sie stand überhaupt nicht auf solche Männer, hatte diese Art Mann bisher aber auch gar nicht kennengelernt, sie kannte Männer wie Konrad bloß aus amerikanischen Filmen, wo sie entweder die Bösen waren oder die, denen im Laufe des Films bewusst wurde, dass es wichtigere Dinge gab als Geld und Erfolg. Konrad befand sich entweder am Anfang des Films, oder das

Leben war gar kein Film. So oder so dachte sie zu oft über Konrad nach, ohne zu einem Ergebnis zu kommen.

Als er sie mit dem wie immer zu anzüglichen Lächeln zu sich einlud, da setzte sie die Komplizenschaft fort, ohne weiter nachzudenken. Sie erzählte Paul, sie würde bei ihren Eltern schlafen, weil es etwas zu feiern gäbe, und sie konnte sich darauf verlassen, dass Paul ohnehin nicht würde mitkommen wollen. Sie hatte sich ohne einen Moment des Zögerns entschlossen, Paul zu betrügen, und es wollte ihr nicht gelingen, die sonnige Seite davon zu betrachten. Im Aufzug weinte sie, und als sie in ihr Büro kam, stand dort schon ihr Chef und sagte: »Frau Ulmenthal, tragen Sie Kontaktlinsen?«

Als er draußen war, schrieb sie Paul, dass sie nichts von ihm hören wolle und er das bitte respektieren solle. Für jedes Mal, das sie, während sie die SMS schrieb, dachte, dass sie ihn sofort sehen und küssen müsse, um endlich wieder einen normalen Geschmack in den Mund zu bekommen, setzte sie ein Ausrufezeichen dazu.

## Was soll mich denn bloß anziehen?

*»Gib mir die Hand,*
*Wir wollen einander verwachsen«*
GEORG HEYM, »DEINE WIMPERN, DIE LANGEN ...«

Beim Einkaufen dachte ich darüber nach, warum Greta sich wohl für Paul entschieden hatte. Für ihn selbst war das immer ein Rätsel geblieben.

Erst hatte es dieses manische Casting gegeben, und am Ende war Paul dabei herausgekommen. Warum war das so?

Menschen bewerten ihre Partner als überdurchschnittlich attraktiv. 98 frischvermählte Paare wurden gebeten, die Attraktivität ihrer Partner zu beurteilen. 67 Prozent der Ehefrauen und 85 Prozent der Ehemänner fanden, dass ihr Gegenstück über dem Durchschnitt liegt. Eine Jury aus acht Richtern bestätigte das hingegen gerade einmal für 21 Prozent der Probanden. Die Forscher David T. Lykken und Auken Tellegen vermuten daher in der Analyse der Untersuchung, dass es wohl eher »Ich will sie, also ist sie schön« als »Sie ist schön, also will ich sie« heißen müsste. Das Begehren geht also dem Schönfinden voraus.

Was aber macht begehrenswert?

Der Psychologe Steven Pinker kommt in »How the Mind Works« zu dem Schluss, dass des Rätsels Lösung die romantische Liebe sei: Wie sonst könne man sicher sein, dass der Partner, mit dem man die Zukunft zu planen versucht, nicht in dem Moment das Weite suchen wird, wenn es für ihn rational erscheint? »Eine Antwort ist: Such dir keinen Partner, der dich aus rationalen Gründen wollte. Such einen Partner, der sich an dich bindet, weil du du bist.«

Diese Bindung könne am besten durch ein Gefühl erreicht werden, das nicht durch den objektiven Wert des Partners hervorgerufen wurde, sondern durch ein Gefühl, zu dem der andere sich nicht entschieden hat. Ein Gefühl, das der andere vielleicht gar nicht hätte haben wollen, aber auch das hat er für sich nicht entscheiden können.

»Ein Gefühl, das garantiert keine Heuchelei sein kann, weil es physiologische Nebenwirkungen wie Herzrasen, Schlaflosigkeit und Appetitlosigkeit hat«, so Pinker.

Lykken und Tellegen fanden auch heraus, dass Testpersonen den eineiigen Zwilling ihres Ehepartners nicht attraktiv fanden (umgekehrt fand der Zwilling auch die Partnerwahl seines Zwillings nicht nachvollziehbar). Sie konstatierten, die Anziehung sei offenbar ganz zufällig und kaum vorhersehbar. Wenn die romantische Liebe zugeschlagen habe, schließt Pinker, dann lege sie sich eben auf eine *bestimmte Person* fest, nicht auf *eine bestimmte Art von Person.*

Magnus Hirschfeld, Pionier der Sexualwissenschaft, schrieb 1926 in »Geschlechtskunde«: »Der Geschlechtstrieb sucht einen Typus, die Liebe ein Individuum.«

Der normale Mensch ist eben nicht Dieter Bohlen. Nicht: Hauptsache Plastikbusen und dunkelbraune Extensions, sondern: Hauptsache du.

Nicht nur das Begehren geht dem Schönfinden voraus, in einem an Absurdität kaum zu überbietenden Schritt geht die Liebe der Liebe voraus. Ein Blick, ein Wort, und wenn etwas zurückkommt, setzt sich etwas in Bewegung, das einen schließlich blind für alle anderen Menschen sein lässt, selbst wenn die genauso aussehen wie der, von dem wir auf diese entzückende Weise besessen sind.

Attraktion plus Resonanz gleich Bäng! Lykken und Tellegen schlagen vor, es sei ein Prozess wie die Prägung bei jungen Enten (das hatte übrigens auch schon Konrad Lorenz so gesehen: »Es gibt noch einen anderen Vorgang der Objektfixierung (…) nämlich das Sich-Verlieben, dessen Plötzlichkeit der englische Ausdruck ›falling in love‹ so treffend ausdrückt.«). Man ist in einer sensiblen Phase, gerade getrennt oder zum ersten Mal in einem Alter, in dem Liebe interessant wird, man sieht jemanden und dann: siehe oben.

Was die Attraktion ausmacht, weshalb überhaupt eine Anziehung zustande kommt, das ist noch immer ein Geheimnis.

Vielleicht hat Greta ja tatsächlich sofort gemerkt, dass Paul sie für das lieben könnte, was sie ist. In dem Moment, als Paul vor dem o.b.-Stand ein Foto von ihr gemacht hat. Gleichzeitig hatte Greta natürlich das Problem, das Millionäre oder Prinzen im Film (zum Beispiel »Der Prinz aus Zamunda«) haben: Woher kann man wissen, dass man um seiner selbst willen geliebt wird, wenn man ganz offensichtlich auch aus rationalen Gründen eine gute Partie ist?

Ich habe keine Ahnung, ob es empirisch belegbar ist, doch es spricht viel dafür, dass schöne Frauen an besonders große Arschlöcher geraten. Aber Greta ist eben auch klug. Und so hat sie sich Paul genommen. Schließlich gibt es wohl kaum jemanden, der so aufrichtig ist wie Paul. Vor allem aber war Paul offenbar eine perfekte Grundlage, ein außerordentlich gut sortierter Basisbausatz. Denn wenn man von allen Produkten auf dem Markt immer wieder enttäuscht wird, selbst von den besten, dann gilt: Do it yourself. Darum also will Greta aus Paul einen neuen Menschen machen. Weil ein fertiger Mensch sie verletzen könnte.

Als ich nach Hause kam, klingelte das Telefon. »Das klingelt schon seit Stunden«, sagte meine Freundin. »Ich will nicht rangehen, es könnte K. sein«. Unbekannter Teilnehmer. Ich ging ran.

»Alter, Scheiße, ich brauche Hilfe. Ich weiß echt nicht mehr, wer ich bin.«

# Lassen Sie mich, ich bin durch –
# Findet Jimo (Tag 2)

»Why do I fall in love with every woman I see
who shows me the least bit of attention?«
JOEL IN »ETERNAL SUNSHINE OF THE SPOTLESS MIND«

Wenn Jimo nackt gewesen wäre, dann hätte das seine Lage noch komplizierter gemacht. Allerdings hätte er sich dann nicht fragen müssen, warum er die Boxershorts eines fremden Mannes trug. Er war wach geworden, weil ein übermütiger Vogel ihn für tot gehalten und begonnen hatte, ein exotisch aussehendes Insekt auf Jimos Bauch zu essen. Der Vogel hüpfte nun empört in einem sicheren Abstand herum, er beschwerte sich ganz offensichtlich darüber, dass seine Essensunterlage mit den Armen ruderte.

Jimo hörte auf, mit den Armen zu rudern, und richtete sich auf. Er lag nicht weit vom Ufer eines Sees entfernt, es war warm, nichts sprach gegen einen Badetag, außer dem Umstand, dass es kein Badetag war. Irgendetwas Wichtiges war heute. Und er hatte ja nicht einmal ein Badetuch.

Er versuchte sich zu erinnern.

*Zwei Tage vorher*

Auf dem Klo liefen über einen Lautsprecher Dialoge aus »The Big Lebowski« auf Spanisch, und an der Bar sah Jimo, wie ein vielleicht zwanzigjähriger Junge den Kellner ansprach, dann sein T-Shirt hochrollte und ein recht großes Big-Lebowski-Tattoo auf seinem Oberarm freilegte. Der Kellner tat angemessen erstaunt, und der Junge schaute mit genau der Art von verkniffenem Stolz, die ein eigentlich viel kleinerer Junge an den Tag legt, wenn er von einem größeren Jungen beim Fußball dafür gelobt wird, dass er ein Tor des Gegners verhindert hat.

»Es ist wie mit den ganzen Schwulen, die sich jetzt einen Bart wachsen lassen«, dachte Jimo. »Gar nicht so leicht, männlich auszusehen.«

Miranda kam zu ihm an die Bar, und er zeigte auf den Jungen mit der Tätowierung, der mittlerweile vom Kellner fotografiert wurde. »Welcher Ort könnte – auf der ganzen Welt! – besser für ihn geeignet sein als eine Big-Lebowski-Themenbar?«

Miranda lächelte.

Wegen Miranda war er hier. Ob er wohl irgendwo schon einmal nicht wegen eines Mädchens gewesen war? Jimo war für jeden, den er kannte, der Mann, der alle Frauen bekam, nur für ihn selbst war er der Mann, den alle Frauen bekamen.

Jimo bestellte einen doppelten Wodka und trank ihn in einem Schluck. Miranda schaute ihn fragend an, und er bestellte ihr einen Weißwein und sich noch einen doppelten Wodka.

»Es ist möglich, dass das Universum nur eine zweidimensionale Projektion ist«, sagte Jimo. »Das sagen führende Physiker, die selbst nicht verstehen, was das bedeutet. Übrigens haben sich die Physiker der UBS, der United Bank of Switzerland, also die haben Physiker dort, weil ihre Formeln so kompliziert sind, um den Faktor 200 vertan, als es darum ging, die möglichen Verluste der UBS zu errechnen. Am Ende verlor die Bank 20 Milliarden Euro. Die Herren unserer Welt sind Banker, oder lass es mich weniger politisch sagen: Die Grundlage unserer Welt, das sind die Banken, die Grundlage unserer Erkenntnis, das ist die Wissenschaft. Die Gehirne hinter beiden Einrichtungen sind Physiker. Und die verstehen die Welt nicht mehr. Man sollte die Welt also nicht zu nüchtern betrachten.« Er stieß mit seinem leeren Glas Mirandas Glas an. Miranda lächelte immer noch.

»Hast du ›Boardwalk Empire‹ gesehen?«

Miranda nickte nicht.

»Da gibt es diesen Jungen, der im Ersten Weltkrieg war und jetzt ins Gangstergeschäft einsteigen will. Ich habe Dinge gesehen, ich habe Dinge getan, sagt er. Das ist seine Qualifikation: dass er traumatisiert ist. So sollte man heutzutage zu einem Bewerbungsgespräch gehen. Deutlich machen, dass man ein Wrack ist. «

Jimo wusste, dass nur noch Paul ihm hätte folgen können und vor allem: hätte folgen wollen, aber für einen Moment war ihm das einfach mal egal.

Jimo hockte sich auf einen Stein, der Vogel hörte nicht auf, sich zu beschweren. Bewerbungsgespräch, dachte Jimo. Dann sprang er auf, schrie und trat gegen einen Baumstumpf.

Er hatte einen Termin mit einem Agenten. Sein erstes Buch war ein Desaster gewesen, der Verlag hatte ihn schlecht behandelt, Jimo hatte die Abgabe immer weiter aufgeschoben, er hatte die Deadline gerissen, das Buch, das dann schließlich mit dem dritten Lektor entstanden war, hatte sich nicht verkauft, und Jimo brauchte unbedingt einen Agenten.

Er brauchte jemanden, der für ihn mit diesen Verlagsleuten reden konnte, und er brauchte einen Vorschuss, dringend. Aber keiner wollte ihn, er galt als schwierig und hatte einen Flop gelandet, aber jetzt hatte er diesen Kontakt zu Tobias Sippel, und der sollte der Beste sein. Sippel hatte am Telefon gesagt, dass Jimo wirklich ausgezeichnet schreiben könne, aber er habe sich zur Regel gemacht, da müsse er ganz offen sprechen, dass er Klienten habe, keine Patienten. Man höre so einiges, Berlin sei schließlich ein Dorf, und ohne Jimo zu nahe treten zu wollen: Er habe keine Lust, mit jemandem zusammenzuarbeiten, dem er hinterherlaufen müsse. Wenn er einem Verlag jemanden vermittele, dann müsse er für den auch als Mensch geradestehen. »Sie sind gut, aber tun Sie uns den gefallen: Benehmen Sie sich nicht wie ein Genie. Es sind nicht die Sechziger.« Jimo dachte: »Was für ein Arschloch«, aber auch: »Der Arsch hat recht.« Und außerdem hatte der Arsch gerade erst einem absoluten Ochsen, der immer auf Jimos Lesungen rumhing, einen Vorschuss von 100 000 Euro vermittelt. Jimo schaute sich um. Der wichtigste Termin des Jahres, des Jahrzehnts, seines Lebens, und er war hier, ja: Wo verdammt war denn hier?

Man kann als gesunder junger Mann in einer Großstadt nicht verloren gehen, heißt es, schon gar nicht in Deutschland. Deutschland ist ein übersichtliches und großzügig beschildertes Land, aber Jimo sah nur Bäume, keine Schilder, ziemlich viel See – und einen Vogel, der es jetzt ernsthaft auf ihn abgesehen hatte. Er trat ungeschickt nach dem Vieh und fiel hin. Jimo schaute in den Himmel und überlegte, ob er die Uhrzeit am Stand der Sonne ablesen könne.

Nö.

*Zwei Tage vorher*

Miranda hatte in der Lebowski-Bar eine Runde von so erlesenen Vollidioten versammelt, wie man sie so wohl nur in größeren Städten hinbekommt. Jimo hatte die Theorie, dass die meisten Leute sich bemühen, Freundeskreise herzustellen, in denen sie selbst positiv herausragen. Wenn das hier Mirandas Freundeskreis war, musste sie einiges zu verbergen haben. Die Zusammensetzung schien völlig zufällig zu sein, ein Arzt war dabei, ein Pärchen aus der Hölle, zwei Jungs, die wohl Computerzeugs studierten, eine Architekturstudentin und ein Ringer oder Aktionskünstler. Der Ringer oder Aktionskünstler wollte, dass Jimo am nächsten Tag mit ihm und einigen anderen Irren hinter einem geöffneten Kombi herfuhr, in dessen hinterem Teil ein Fernseher untergebracht war. Sie sollten radfahrend ein Fußballspiel anschauen. Irgendetwas sollte so bewiesen werden. Jimo sagte zu.

Es tat Jimo leid, dass er so gut smalltalken konnte. Es fiel ihm nicht schwer, mit jedem beliebigen Menschen einige Minuten zu plaudern, weswegen er fürs Radio auch so gut geeignet gewesen war. Er brachte die Leute zum Reden, und deswegen hörte er mehr als die meisten Menschen.

Der weibliche Teil des Pärchens aus der Hölle, eine Matrone mit schütterem Haar, sagte die ganze Zeit Sachen wie »Zum Bleistift« und »Ungegrüßt lässt schicken« und lachte darüber wie ein Seemann. Jimos ehemaliger Chef, der, der ihn in einer halbfeierlichen Zeremonie auf den Namen Jimo getauft hatte, weil sein echter Name nicht radiotauglich gewesen sein soll, hatte immer gesagt: »Jedes Mal, wenn jemand eine Floskel sagt oder einen schlechten Witz macht, werden irgendwo auf der Welt einem Schmetterling die Flügel ausgerissen.«

Jimo stellte sich Massengräber mit flügellosen Schmetterlingen vor, für die dieses Mondkalb verantwortlich war. Ihr Partner, der sich als Dominik vorgestellt hatte und Domi genannt werden wollte, war einen Kopf kleiner als sie und wog höchstens die Hälfte. Er sah aus, als würde er nach Pipi riechen. Glücklicherweise rückte er nicht näher an Jimo heran, er streichelte unablässig sein Kalb, als sei es schon eine Kuh, die er zum Milchgeben bewegen müsse.

Der Typ strich seine gelben langen dünnen Haare hinters Ohr und erzählte weiter vom Schreiben. Das gehörte nämlich zu Jimos nicht enden wollender Glückssträhne hinzu: Je größer der Idiot, desto sicherer schrieb er. Dieser hier schien eine Menge zu schreiben, und vor allem las er wohl dauernd, immer wieder erwähnte er Lesungen, auf denen zwischen ihm und dem Publikum etwas Besonderes passiert sei, irgendeine Vollidiotenmagie vermutlich. Im Netz sei das ja anders, Deutsche hätte ja Schwierigkeiten damit, affirmativ zu kommentieren.

Jimo kramte in seinem Kopf rum, was noch mal affirmativ hieß. Egal.

Domi wollte jedenfalls was werden, ein Genie war er schon, er zitierte jedenfalls unablässig Badiou oder was er dafür hielt. Jimo sollte ihm einen Kontakt herstellen, denn Jimo, das hatte der Typ gleich gemerkt, konnte nützlich sein.

Nützlich, dachte Jimo. In Tierfilmen hatte es früher immer geheißen, jede Tierart sei wichtig. Aber er konnte sich jetzt beim besten Willen nicht erklären, wofür eigentlich Kaninchen gut sein sollten. Klar, um Futter zu sein für Adler, aber dann gäbe es halt keine Adler. Davon ging ja nicht die Welt unter.

Er fragte den Typen, wofür denn wohl Kaninchen gut seien, und der Typ sagte mit gespielter Empörung, die natürlich nicht gespielt war: »Ich versuche hier Hilfe von dir zu bekommen, und du redest von Kaninchen!«

»Klappt ja wie 'n Klappstuhl«, rief sein Kalb und schlug sich auf die Schenkel.

Jimo entschuldigte sich und ging zur Bar.

Als sie endlich allein waren, holte Miranda ihr Smartphone heraus. »Hast du gesehen, was ich heute gepostet habe?«, fragte sie. »Hm?«, fragte Jimo.

»Hier, schau!«, rief sie. Sie gluckste.

Auf ihrem Facebook-Profil war das Video einer Katze, die ihr Junges umarmte.

Süß, dachte Jimo. Er wäre jetzt gern drei Jahre alt gewesen, dann wäre das bestimmt ein ganz nettes Treffen geworden.

»Du bist nicht oft bei Facebook, oder?«, fragte Miranda. Jimo meinte einen misstrauischen Unterton rauszuhören. Vielleicht glaubte sie, er habe etwas zu verbergen. Diese zwanzigjährigen Mädchen benahmen sich oft, als seien sie von der Sittenpolizei.

»Ich finde«, dozierte Miranda, »du solltest mein Profil anschauen. Eigentlich lernst du so mehr über mich, als wenn wir reden. Und am allerbesten«, jetzt schlug sie mit ihrer Hand auf ihre Stirn und riss dabei die Augen auf, Miranda war wirklich expressiv wie ein Stummfilm, »schaust du dir mein altes Myspace-Profil an. Das benutze ich seit zwei Jahren nicht mehr, und es ist ganz anders als mein Facebook-Profil. Da siehst du dann genau, wie ich mich verändert habe, das ist bestimmt total spannend.«

Jimo hatte sich vor Jahren angewöhnt, auf ersten Dates ein Pokerface zu bewahren, egal was komme. Er war richtig gut darin geworden, Quatsch einfach durchzuwinken, jeden Quatsch.

»Ich bin so ein Genie«, sagte Miranda. »Ich sollte Psychologie studieren. Psychologie 2.0.« Aus einem bestimmt total genialen Grund sagte sie Pyschologie. Sie hibbelte die ganze

Zeit mit dem Hintern hin und her, und Jimo schaute zwischen Hintern und Hals – eben das: hin und her. Sie merkte nicht, wie er sie ansah, oder vielleicht merkte sie es auch, die jungen Frauen waren heute alle so unverdorben und exhibitionistisch zugleich. Er verharrte kurz an ihrem Hals. Sie hatte einen dieser Pullis an, bei dem eine Schulter freigelegt wurde. Er würde wirklich gern mit ihr schlafen, sie hatte ein wunderschönes Schlüsselbein. Schlüsselbeine waren seine Schwäche. Und fast alles andere.

»Nun schau«, sagte Miranda. Sie hielt ihm ihr Telefon unter die Nase und scrollte für ihn durch eine Galerie mit Fotos von ihr. Miranda vor ihrem Badezimmerspiegel, noch mal Miranda vor ihrem Badezimmerspiegel, Miranda am Strand, Miranda mit einer Freundin, Miranda mit noch einer Freundin, Miranda mit ihrer besten Freundin, Miranda mit ihrer allerallerbesten Freundin, Miranda mit ihrer allerliebsten Freundin, Miranda in London, Miranda in Barcelona, Miranda in Schwarz-Weiß, Mirandas Bauch, Mirandas Hals, Mirandas Seitenansicht.

»Ich habe total schöne Knie«, sagte Jimo. »Zu Hause habe ich eine ganze Kiste voll mit Fotos, auf denen man mein rechtes Knie sieht. Sonst nichts. Es ist wunderschön und füllt jedes Bild vorzüglich aus.«

Miranda puhlte mit dem Finger in ihrem Ohr und hatte die Augen etwas weiter aufgerissen.

Hatte sie Sarkasmus gewittert? Sofort bemühte Jimo sich um Wiedergutmachung.

»Du bist wirklich außergewöhnlich hübsch«, sagte er.

Sie lachte: »Danke.«

Etwas enttäuscht sah sie aus.

»Wie findest du die Bilder denn fotografisch?«, fragte sie.

Im Duell mit einem nur mittelmäßig begabten Pokerspieler hätte Jimo jetzt verloren, aber Miranda merkte nichts.

Jimo stand auf, wankte kurz, ging an die Bar und kaufte vier Tequila.

»Vergiß die Zitronen«, sagte er zum Barkeeper. »Ab jetzt kommt nur noch rein, was Bum macht.«

Dann setzte er sich zu Miranda, kippte einen Tequila nach dem anderen mit einem kurzen Kopf-in-den-Nacken und sagte: »Deine Fotos sind wirklich fantastisch. Du solltest an die UdK.«

Das war das Letzte, an das er sich erinnern konnte.

Jimos Kopf tat so weh, dass er den Schmerz nicht spürte. Der Schmerz lauerte irgendwo im Hintergrund, er war als Drohung präsent. Später, viel später, wenn Jimo nüchtern werden würde, dann käme er über ihn. Solange konnte der Schmerz noch warten.

Jimo lief weiter durch den Wald, und auf einmal ploppte wieder dieses furchtbare Wort in seinem Kopf auf: Affenpenisse. Es verfolgte ihn wie eine Art akustisches Tourette seit damals. Seit ein paar Monaten hatte er die Sache erfolgreich verdrängt, jetzt war sie wieder da. Mit Affenpenissen hatte der ganze Scheiß, in dem er jetzt steckte, angefangen.

*Sechs Monate zuvor*

»Weckt mich, wenn die Erde wieder rund ist, ihr Affenpenisse«, hatte der Mann gerufen, der auf einer Bank vor dem Restaurant lag, in dem Jimo sich mit Lala treffen wollte. Er hatte es gleich noch einmal gerufen und laut gelacht. Jimo verkrampfte sich. Wahnsinn machte ihm Angst.

Jimo hatte vor gar nicht so vielen Dingen Angst, er war weniger ängstlich, als die meisten Leute es von ihm gedacht hätten, die ja immer glaubten, Schriftsteller seien alle Hypochonder, er war möglicherweise sogar weniger ängstlich, als es die meisten anderen Leute tatsächlich *waren*: Krankheiten machten ihm keine Angst, Gespenster, Höhen, Fahrstühle und Wespen nicht, und wenn Paul eine große Spinne bei sich im Zimmer gehabt hatte, wurde Jimo gerufen. Aber jetzt, als der Mann mit der Brot-für-die-Welt-Kappe diesen seltsamen Satz rief, schaltete sein Körper in den Alarmmodus. Er hatte wieder einen dieser Zustände.

»Ich habe diesen Zustand«, hatte er seinem Therapeuten gesagt und ihm dann erklärt, was ihm seit einigen Wochen gelegentlich passierte. Dass er sich dann minutenlang so fühlte, als habe ihn jemand erschreckt, dass es ihm vorkam, als sei die Umgebung seltsam. Er war dann aufgeregt und gleichzeitig unendlich müde, sein Kopf fühlte sich zu leicht an. Er hatte Schwierigkeiten, das seinem Therapeuten zu erklären. »Es ist, als würde ich die Welt zu unmittelbar erleben.«

Lala sagte zum Kellner: »Zwei Personen«, und er fragte sich zum zehntausendsten Mal, wer angefangen haben mochte, sie Lala zu nennen. Am Anfang, als er noch nicht total verknallt in sie gewesen war (wenn er über Lala nachdachte, war sein Vokabular immer das eines Teenagers in den Achtzigerjahren), hatte er noch gesagt, dass das der beknackteste Name sei, den er je gehört hatte, aber sie hatte darauf bestanden, so genannt zu werden, weil ihr richtiger Name ihr nicht gefiel.

Ihm fiel jetzt tatsächlich für einen Moment ihr richtiger Name nicht ein. Die Musik war viel zu laut und viel zu sehr italienische Volksmusik, und die Hand des Kellners war völlig übertrieben pelzig. Die Wahrscheinlichkeit, dass NICHT eines seiner Zillionen Fellhaare den Weg in Jimos Pasta finden würde, war null. Jimos Hirnhaut fror.

»Ich würde gern den Auslösern auf die Spur kommen«, sagte er seinem Therapeuten. »Es passiert häufig, wenn irgendwo laute Musik gespielt wird. Ich höre dann die Gespräche an den Tischen und die Musik, ich höre alles und nichts, die Frau in der entferntesten Ecke des Cafés sitzt auf meiner Schulter und schreit mir ins Ohr, aber meine eigenen Gedanken, die laufen nicht mehr in Kreisen, die schießen nur noch nach vorn. Die höre ich nicht mehr.« »In Kreisen?«, fragte sein Therapeut. »Na, normalerweise denkt man doch etwas und kommt wieder zum Ausgangspunkt zurück«, antwortete Jimo. »Ich verliere dann den Ausgangspunkt. Ich versuche nur noch, die Musik auszublenden und mir nichts anmerken zu lassen.« – »Ist Ihnen das, was Sie *Zustand* nennen, peinlich?«, fragte sein Therapeut.

Lala sagte, er sähe blass aus. Er rieb seine Hände. Auf einmal bekam er das Wort Spinnenleder nicht mehr aus dem Kopf. Lala durfte nichts merken, und Jimo versuchte zu lächeln. So übertrieben geil Lala auch war, von einem Samariter hatte sie nichts an sich. Hätte Jimo ihr am Anfang gesagt: »Na du, ich bin übrigens nervenkrank«, dann hätte sie ihre unglaublich genau richtig runtergerockte Prada-Handtasche genommen, ihre sodomitischen Wimpern zu einem blutrünstigen Blick geformt und sich verabschiedet. Lala hatte schon einen ziemlich beschissenen Charakter, nach klassischen Maßstäben. Nach den Maßstäben eines jeden Menschen, der sie noch nicht nackt gesehen hatte.

Sein Therapeut, der sehr mütterlich aussah, hatte ihn gefragt, ob ihn etwas bedrückte, und er hatte geantwortet: »Der Tod meines Großvaters.« Dann hatte sein Therapeut gefragt: »Warum?«, und er hatte gesagt, dass es dafür keinen Grund gebe außer dem offensichtlichen. »Jüngere Elefanten trauern um die alten Kühe, weil die wissen, wo die Wasserlöcher sind, und es für die jüngeren Elefanten also eine Gefahr bedeutet, wenn die alte Kuh stirbt.« Um dem nächsten Satz mehr Gewicht zu verleihen, hatte er sich gerade hingesetzt. »*Ich weiß*, wo meine Wasserlöcher sind. Ich bin traurig, *weil er tot ist*, das ist für mich Grund genug.«

Der Kellner brachte die Suppe, und Jimo scannte die Suppenoberfläche nach Kellnerkörperhaaren. Mit seinem Nacken stimmte etwas nicht, und sein Magen schmerzte. Lala sagte gerade irgendetwas Einstimmendes, sie sprach in einer Tonlage, mit der Menschen, die nicht gerade versuchen, Körperhaare, Brot-für-die-Welt-Typen, Handybrüllen, diese gottlose Volksmusik, das gesamte Grundrauschen dieser verranzten Kaschemme, die von den Verbrechern der Berliner Szene-Magazine gehypet wurde wie flüssiges Koks, Menschen, die versuchen, diese Dinge IRGENDWIE so auseinanderzuhalten, dass ihr Hirn nicht zu Mus wird ... Sie sprach also in einer Tonlage, mit der normale, gesunde Menschen ausdrücken, dass das, was folgen sollte, wichtig war, enorm wichtig. Diese Tonlage erkannte Jimo. Frauen sprachen in ihr, wenn sie einen darauf vorbereiten wollten, dass sie einen Knoten in der Brust haben oder zusammenziehen wollen. Diese Liga von Tonlage war es. Er musste sich zusammenreißen.

»Schwitzt du, wenn du diesen Zustand hast?«, hatte Paul gefragt. »Nein.« – »Na, dann.« – »Andere merken da gar nichts von.« – »Wenn du nicht schwitzt, dann ist es doch auch nicht so schlimm.« – »Was hast du denn bloß mit dem Schwitzen?« – »Na stell dir vor, du hättest das, und dann würdest du auch noch schwitzen. Das wäre doch schlimmer.«

Er legte seine rechte Hand fest auf den Tisch. Das war eine Art Trick, die sein Therapeut ihm empfohlen hatte. Er sollte sich nur auf die Hand auf dem Tisch konzentrieren und alles andere ausblenden. Er fühlte seine Hand, den Tisch, sein Herzschlag pendelte sich ein. Lala legte ihre Hand auf seine. Er zuckte panisch zurück. Die Berührung hatte einige Sprengsätze in seinem Kopf gezündet. Er entschuldigte sich und ging auf die Toilette. Jemand, der mit Spikes über mit Nitroglyzerin gefüllte Luftballons gehen musste, hätte sich nicht vorsichtiger bewegen können. Jimo hatte das Gefühl, gegen jeden Tisch zu stoßen. Es würde einen Skandal geben, wenn er jetzt die Decke vom Tisch dieses Rentnerpaars herunterrieß. Die Rentnerfrau schaute durch ihn hindurch, und er fand, dass sie recht hatte. Dann war er endlich auf dem Klo und starrte in die skurril verdreckte Kloschüssel. Der Kellner musste vor ihm hier gewesen sein. Er lehnte sich an die Toilettentür und versuchte zu furzen. Es ging wirklich gar nichts mehr. Er wartete.

Als er zurück kam, war Lala nicht mehr da. Er griff zu seinem Handy, aber dann überlegte er es sich anders. Er zahlte mechanisch die Rechnung und gab dem Kellner viel zu viel Trinkgeld. Er ging raus. Der Mann mit der Brot-für-die-Welt-Kappe hing wie eine Tatort-Leiche auf seiner Bank und schlief. Jimo setzte sich zu ihm und achtete darauf, ihn nicht zu wecken. Es ging ihm wieder besser.

Lange hatte das Gefühl nicht angehalten. Jetzt stand er hier in diesem Wald in der Unterhose eines fremden Mannes und dachte, das wäre endgültig der Tiefpunkt. Womit er sich ziemlich irrte.

Nachdem er stundenlang oder doch wenigstens sehr lange immer durstiger geworden und weitergelaufen war, stieß er endlich auf eine Straße. Er gab es auf, seine Blöße zu bedecken, und wartete an der nächsten Bushaltestelle, als sei es völlig in Ordnung, dass ein Mann Mitte dreißig in einer Unterhose, auf der ALF so abgedruckt war, dass der Eingriff und somit sein Schwanz mit der Nase des Außerirdischen deckungsgleich waren, auf den Bus wartete. Mütter zogen ihre Kinder näher an sich heran, und Jimo hätte jetzt sehr gern geraucht oder eine Jacke gehabt.

Der Busfahrer ignorierte höflich, dass Jimo offensichtlich schwarz fuhr, er musste auch bloß drei oder viel Mal umsteigen, bis er zu Hause war, mittlerweile ganz zufrieden mit seiner Nacktheit. Tobias Sippel, der Superagent, war jetzt ganz fern. Es war aussichtslos und erst einmal gut so. Jimo hockte sich vor seine Haustür und hoffte, dass sein Nachbar bald käme mit einem Schlüssel.

»Aber er kam nicht«, sagte Jimo. Wir hatten uns sofort nach seinem Anruf im österreichischen Restaurant unten bei mir im Haus getroffen, er hatte in seinem Gulasch rumgepopelt, und dann waren wir hoch zu mir gegangen. Er zündete sich mindestens die zehnte Zigarette an. Zum mindestens zehnten Mal bot er mir eine an. »Ich weiß nicht mehr, wie lange ich dagesessen habe in dieser beschissenen Unterhose, ich hatte nichts zu trinken und nichts zu rauchen, und ich saß da den ganzen Tag und konnte einfach viel zu viel nachdenken. Nicht dieses ›Ah, ich bin ein freier Mann und lasse meine Gedanken schweifen‹, nicht diese Art von Nachdenken. Nein, dunkler Scheiß, ich war an einem wirklich finsteren Ort, ich habe eine Scheißangst bekommen, ich dachte, ich könnte da einfach verrecken, vor meiner eigenen Haustür, die Türkenkinder haben mich ausgelacht und später, als es dunkler wurde, dann auch die Türkendealer, und ich habe die ganze Zeit an Lala gedacht, aber nicht daran, dass sie ein Scheißmensch ist, was sie wahrscheinlich ist, sondern daran, dass sie der letzte

Mensch ist, der mich geliebt hat. Irgendwann in der Nacht ist dann mein Nachbar gekommen, ich war wirklich glücklich, ihn zu sehen, so weinerlich glücklich, er hat mich in meine Wohnung gelassen, ich war vor Durst ganz wackelig auf den Beinen, aber ich bin sofort zum Rechner gestürzt, weil ich mir irgendwie angefangen hatte einzubilden, Lala hätte mir vielleicht geschrieben. Ich dachte echt, lach jetzt nicht, dass sie das vielleicht gemerkt haben könnte, wie es mir geht, dass ich in Gefahr bin. Ich fahre also den Rechner hoch, geh in meinen Posteingang, und da ist eine einzige Mail:

»Haste mal Bock, zwei, drei Artikel von mir zu lesen und mir zu sagen: Domi, mach weiter, oder eben: Domi, lass bleiben, mach was Vernünftiges? Ich mein, du hast bestimmt dreitausend solcher Anfragen täglich, und die meisten sind nix. Wie meine wahrscheinlich auch, but why shouldn't I try …«

»Und da hab ich's verloren, ich hab den Rechner vom Tisch gefegt, das ganze nächste Buch dadrin, was mir natürlich erst später aufgegangen ist, ich habe mir an der Wand fast die Hand gebrochen und dann ein paar Tage bloß an die Decke gestarrt. Ok, gekokst habe ich auch noch 'ne Menge, ich hatte ein bisschen was da. Und dann habe ich dich angerufen. Also: Nicht, dass du dich jetzt unter Druck gesetzt fühlst. Paul war nicht da, und sonst, na ja. Du weißt, wie es ist.«

Wir redeten über Lala, also: Er redete über Lala.

»Das ist wie mit so 'nem alten Porsche aus den Siebzigern. So 'nem schweren geilen Teil, so 'nem Jungstraum. Es gibt nichts Besseres, kein anderes Auto ist so besonders, so sexy, in keiner anderen Karre fühlst du dich so frei. Aber auf Dauer geht's nicht. Die Nebenkosten fressen dich auf. Irgendwann merkst du, dass du nur noch in der Werkstatt bist, dass die ganze Freiheit nur in deinem Kopf stattfindet. Du stellst dir vor, wie der Fahrtwind an dir vorbeirauscht, aber dafür, dass du dir das vorstellst, brauchst du halt keinen Porsche. Irgendwann merkst du, das Ding muss weg.«

Er zündete eine Zigarette am Stummel der letzten an und sagte: »Weißt du, in New York merkt man an jeder Stelle, dass die Stadt gigantisch ist. Berlin könnte an manchen Ecken auch Osnabrück sein, aber in New York siehst du den Himmel nur, wenn du den Nacken ganz weit nach hinten beugst. So war es bei uns auch: Jeder Moment war riesig. Riesiger Sex, riesige Geschenke, riesige Einkaufsbummel. Als in New York die Türme eingestürzt sind, ist genau das Riesige, Perfekte, Himmelstürmende zur Falle geworden. Weil es so grandios war, war es so bedrohlich, auf einmal war man eingesperrt. Es war klaustrophobieauslösend. Und genau das Riesige hat mir bei Lala auch immer Angst gemacht.« Er sah mich eindringlich an. »Angst. Ich habe mich so danach gesehnt, dass wir nur einmal zu Hause bleiben, dass ich Spaghetti koche oder eine Dose Ravioli aufwärme, dass wir doof vorm Fernseher hängen oder Knie an Knie auf dem Sofa sitzen und stumpf in der Zeitung blättern.«

Von vorn sah er immer noch aus wie ein Wolf, von der Seite schien es für einen Moment, als würde er sich in einen müden Hund verwandeln.


Was Jimo da beschrieb, der Übergang von gigantisch zu beklemmend, das war natürlich ein Beleuchtungswechsel. Ein Beleuchtungswechsel, der so massiv war, dass es ihm Angst machte. Er hatte sogar selbst eine Erklärung dafür (wenn vielleicht auch nicht die beste).

»Ich wusste halt immer, dass das nicht gutgehen konnte. In mir gibt es eine Art religiösen Rest, ein Erbbruchstück fehlgeleiteter Religionslehre aus der Grundschulzeit. Ich glaube nicht, dass mir etwas Gutes passieren kann.«

Er blies eine erstaunliche Menge Rauch aus. »Verstehst du das?«, fragte er. »Selbst wenn etwas Gutes aller Wahrscheinlichkeit nach ziemlich sicher passieren wird, halte ich es bestenfalls für *möglich*. Ich denke dann: Ja, könnte sein, aber wahrscheinlich ist es nicht. Selbst wenn ein Mädchen nackt vor mir liegt, geht in meinem Kopf der Gedanke herum, dass sie auch sofort wieder gehen könnte. Oder vor meinem ersten Buch: Da habe ich nie ernsthaft damit gerechnet, dass es gedruckt wird. Bücher werden IMMER gedruckt«, sagte er mit plötzlich lauterer Stimme. »Also: Wenn der Verlag sie gekauft hat, dann werden sie auch gedruckt, ist ja logisch, aber ich dachte immer: Na, wer weiß. Immer gibt es dieses Gefühl, das mir sagt: Ich kann mit dem ganzen Scheiß, den ich abgezogen habe, nicht durchkommen. Es würde gegen alle mosaischen Gesetze verstoßen, wenn ein Typ wie ich wirklich Glück haben würde. Es ist, als würde ich an Sünde glauben, dabei glaube ich doch eigentlich an nichts. Oder ich kann mir die Hölle vorstellen, aber nicht den Himmel. Was weiß ich.«

Ich sagte ein paar Sätze über Selbstbehauptungswillen und dass man sich selbst mehr mögen müsse, und er sagte: »Jaja, ich versuch schon manchmal, mich selbst zu umarmen und meine Vagina im Handspiegel anzuschauen.«

Er trank noch zwei Bier und erzählte Literaturkram, und dann fragte er, wie es eigentlich in der Bundesliga aussehe, er habe Paul so lange nicht mehr erreicht, und der sei da seine Informationsquelle.

»Na, weißt du das nicht?«, fragte ich.

»Was?«, fragte Jimo.

Ich erzählte Jimo, dass Greta Paul verlassen hatte und der jetzt bei Roman untergekommen sei, worauf Jimo aufsprang, also wirklich: aufsprang, seine Zigaretten griff und seine Schlüssel, sich verabschiedete und loslief. Also wirklich: lief.

Anschließend habe ich Jimo ein paar Wochen nicht gesehen, ich glaube, erst wieder bei der Beerdigung. Er fuhr noch am selben Abend zu Greta, und als dort niemand aufmachte, randalierte er so lange, bis ein Nachbar die Tür öffnete und ihm sagte, wo Greta jetzt zu erreichen sei. Er fuhr also zu Konrad, und als der aufmachte, schlug er ihn nieder, und dann brüllte er Greta an, dass sie gefälligst wieder zurückkommen solle. Aber damit greife ich jetzt eine Woche vor, so weit ist es noch nicht.

Ausgerechnet Jimo wäre es am leichtesten gefallen, sich ganz für eine Frau zu entscheiden und ihr treu zu bleiben. Weil er sich so sehr nach Stabilität sehnte, suchte er die ganze Zeit über danach. Und das Stabilste in seinem Leben waren Paul und Greta gewesen.

# <Liebe/> (Tag 2)

Falls es möglich ist, dass Füße ihr Gedächtnis verlieren, dann hatten Pauls Füße vergessen, wie es ist, wenn sie beide gleichzeitig in der Luft sind. Sie waren mehr als irritiert von dem, was geschah. Paul rannte.

Und es fühlte sich zutiefst falsch an. Aber er konnte nicht aufhören, etwas trieb ihn an den ganzen Rentnern vorbei, ließ ihn gar eine zwischen Rentner und Dackel gespannte Hundeleine überspringen, ließ ihn sich an Joggern vorbeidrängen, Ampeln ignorieren, den Schlüssel schon einen Block vor Romans Wohnung aus der Hosentasche fingern, zu lange brauchen, um die verdammte Haustür aufzuschließen, die Treppe hochjagen, nächste Tür auf, schneller!, »Mia!« rufen, »Mia, wo ist der Rechner?«, in jedes Zimmer reinstarren, endlich neben seiner Matratze einen Laptop finden, »Mia!, wie ist das Passwort?« rufen, Passwort, Roman, Mia tippen, kurz überlegen, wie Mia ihr erstes Kind nennen wollte, Balthasar eintippen, kurz Freude empfinden, dann auf

Facebook gehen, Greta Ulmenthal – Beziehungsstatus: In a relationship with Paul Klinghofer.

YEEEEAH.

Sie waren noch zusammen, für die Welt waren sie noch ein Paar.

Oder hatte sie bloß noch nicht dran gedacht, den Status zu ändern?

Paul sah, dass vier Freunde einen Kommentar von ihm gemocht hatten. Maxim hatte gefragt, was wohl am Ende des Internets käme, und Paul hatte geschrieben: »meins ist schon am ende angelangt. kannst ruhig vorblättern, achtung spoiler: bruce willis ist die ganze zeit tot.«

Vor zwei Tagen hatte er das geschrieben. Da hatte er noch eine Freundin gehabt. Jetzt hatte er Bauchschmerzen. Er sah, dass er eine Nachricht bekommen hatte. Er klickte. Lilly.

Lilly war seine Freundin vor Greta gewesen. Einen Moment lang dachte Paul, dass jetzt endgültig der Moment gekommen sein müsse, in dem er aufwachte.

Roman und er hatten gestern Nacht nicht bloß über Mario Götze geredet und gezappt, sie hatten auch Lilly und Defne Nachrichten auf Facebook geschrieben. Defne, Romans völlig absurdes Bondgirl, sah auf ihrem Profilfoto so unnatürlich scharf aus, dass Paul zum tausendsten Mal dachte, die ganze Bondgirl-Nummer sei ein ausgeklügelter Plan Romans, eine Erfindung, nur um der von den Brüdern zu sein, der die schärfste Frau gehabt hatte. Immer, wenn Paul ein Foto von dem Bondgirl sah, sagte er uiuiui und haute mit der Hand nervös auf sein Knie. Roman blieb ganz ruhig und runzelte nur leicht die Stirn. So eine coole Sau, sein Bruder. Lilly dagegen – Lilly hatte immer noch diese Benettonausstrahlung auf ihrem Profilbild.

Lilly schrieb:

»Paul, das ist ja eine Überraschung. Freut mich, dass es dir so gut geht. Das meinst du doch mit ›Ich rocke wie Götze‹, oder?

Bei mir läuft auch alles prima. Und ich rocke auch – und zwar gerade: eine Wiege!

Ich habe ein Baby mit Thorsten bekommen: Luis.

Liebst, Lilly

PS: Ich habe Riesentitten:)«

Lilly hatte ein Baby und Riesentitten. Paul wusste nicht so recht. Das typische Lilly-Gefühl halt, dachte Paul. Vielleicht war es eher das typische Paul-Gefühl. Ein bisschen freute Paul sich für sie, ein bisschen hätte er gern diesem Thorsten in sein beknacktes Gesicht geschlagen, dass er jetzt the new and improved big boobed Lilly an seiner Seite hatte.

Gretas Fehlen fühlte sich an, als hätte er ein Organ verloren. Das größte Organ ist die Haut, dachte er. So fühlte es sich an; als hätte man ihm die Haut abgezogen. Und jetzt vermisste er auch noch Lilly.

Man weiß ja nie so genau, ob man als Nachfolger lieber einen Supertypen hätte oder einen Idioten. Beides hat Vor- und Nachteile. Aber auf keinen Fall will man jemanden wie Thorsten an seine Exfreundin lassen. Thorsten wurde früher immer Nhagen genannt, weil er ständig ein selbst bedrucktes T-Shirt trug, auf dessen Rückseite nhagen! stand. Man musste ihn von vorn sehen, um zu verstehen, worum es ging – auf seiner Brust stand Wester. Nhagen war – paradoxerweise – erkennbar ein Nichts, er hatte ein Deutschland-Fähnchen auch dann am Auto, wenn gerade nicht Fußballweltmeisterschaft war. »Gerade dann ist es wichtig«, sagte er.

Paul kannte Thorsten natürlich über Lilly, solche Typen liefen ja nicht frei herum. Thorsten war der nützliche Trottel des Godesberger Freundeskreises gewesen. Thorsten war der

Chauffeur, der Noch-mal-zur-Tanke-Fahrer, die Schlepphilfe bei Umzügen. Paul hatte es hundsgemein gefunden, wie die zuckersüße Lilly den einbrauigen Thorsten um den Finger wickelte. Aber vielleicht war es in Wirklichkeit umgekehrt gewesen.

Paul ging in die Küche. Er hatte einen Riesenhunger. Eigentlich war er nie hungrig, wenn er unglücklich war, aber jetzt wurde die Appetitlosigkeit durch einen grollenden LSD-Hunger übertönt, er brauchte Nährmittel in seinem Körper. Mineralien, Proteine, Ballaststoffe. Im Kühlschrank waren nur Zutaten, keine Mahlzeiten. Paul öffnete nach und nach alle Schränke, überall bloß Knollen, Gewürze, Gemüse. Wie macht man was mit Ingwer? Was macht man mit Ingwer?

Als ich mit Anfang 20 im Anschluss an meinen Zivildienst nach Bonn zog, war es, als würde mein Leben sich in den Film »Kevin – Allein zu Haus« verwandeln. Bloß ohne Gangster, die kamen erst später.

Ich konnte vielleicht etwas mehr als dieser kleine Kevin, aber im Grunde stand ich unvorbereitet vor der Herausforderung, mein Leben allein organisieren zu müssen. Ich konnte Auto fahren und Videos leihen, ich konnte in Clubs gehen, und ich konnte Mirácoli zubereiten. Also waren das die einzigen Sachen, die ich machte.

Roman war damals schon wahnsinnig gut organisiert, er gab Dokumente innerhalb der Fristen bei den zuständigen Behörden ab, er fuhr vor dem Winter seinen Wagen in die Werkstatt, er besuchte Universitätsveranstaltungen, seine Jobs hatten eine Bedeutung, und seine Freizeit war nicht schlechter organisiert als ein Trainingslager der Nationalmannschaft.

Paul dagegen ging es so wie mir, er kam nach Bonn und wirkte wie ausgesetzt. Roman nahm ihn zunächst in seinen Tagesablauf mit auf, erledigte die notwendigen Behördengänge und organisierte Sport und Nahrungsaufnahme, aber bald wurde das Paul zu anstrengend, weshalb er mehr oder weniger von dem zu leben begann, was Jimo ihm übrig ließ.

Ab und an bekam eins von Jimos Mädchen einen Rappel, und dann wurde ein Tag lang Amok aufgeräumt, die Mülltüten rausgetragen, das Bongwasser gewechselt, die Abflüsse gereinigt, neue Birnen reingeschraubt, gestaubsaugt, gespült, und Paul versuchte, nicht allzu sehr im Weg zu stehen.

Paul stand in Romans Küche, fand nichts und merkte, wie schlecht er immer noch darin war, für sich zu sorgen. Seine Mutter, Roman, Jimo, Greta und nun wieder Roman. Er brauchte jemanden, der die Sachen machte oder wenigstens anschob. Er musste Termine absagen, wenigstens für die nächsten Tage, vielleicht sogar für die nächsten zwei Wochen. Hier konnte er ja nicht arbeiten. Er musste eine neue Wohnung besorgen, wobei: Wenn Greta es sich anders überlegte, dann würde er mit einem überflüssigen Mietvertrag dastehen. Er überlegte, ob er sie anrufen sollte, er könnte sie fragen, ob sie es ernst gemeint hatte. Er musste jetzt was essen.

Paul schaute auf die Uhr, und die Zeiger und Ziffern erschienen ihm wie einem Analphabeten die Buchstaben. Zeit war unverständlich geworden. Es war die Zeit nach Greta. Und es lag zu viel Tag vor ihm.

Er rief noch einmal vorsichtig nach Mia, aber sie antwortete nicht. Dann machte er sich auf den Weg zum Supermarkt.

Lilly hatte irgendwann beschlossen, ihm seien ihre Brüste zu klein. Paul kam es vor, als habe er irgendwelche magischen Brustbewunderungsrituale nicht angewandt, vielleicht hatte er die linke Brust mal zu wenig intensiv geküsst, jedenfalls hatte er sich oft lobend über ihre Brüste geäußert, die er schließlich auch völlig in Ordnung fand. Sie hatte ihren Freundinnen gesagt, er fände ihre Brüste zu klein, woraufhin ihn die Freundinnen leidenschaftlich hassten und ihr versicherten, ihre Brüste wären mindestens leicht überdurchschnittlich groß. Jetzt hatte sie Riesentitten und rieb ihm das beim ersten Kontakt nach Jahren unter die Nase.

Vitamine. Zwei Drittel der Artikel im Supermarkt waren Süßigkeiten. Paul kannte von allen den Werbeslogan. Er hatte in den Neunzigern wirklich zu viel ferngesehen. Morgens halb zehn, die zarteste Versuchung, das schmeckt so italienisch flott, der erste Bär, der backen kann, take a break, einmal gepoppt, quadratisch, praktisch, yesyesyesyesyes. Der Rest war ungenießbar. Paul nahm eine Packung Weight-Watchers-Asia-Zeugs und ging in die Apotheke. Er deckte sich mit Aspirin, Silikonohrstöpseln, Meersalz, ph-neutralem Duschgel, Vitamin-D-Kapseln, Vitamin-C-Lutschbonbons, Teebaumöl, Baldrian, Anti-Aging-Creme und einer Schlafmaske ein. Schon beim Bezahlen fühlte er sich besser.

Lilly war immer so normal gewesen, dass Paul sich neben ihr vorkam wie ein Psychopath. Lilly stammte aus Bad Godesberg, hatte eine Menge Freunde und fand das Leben prima. Sie studierte irgendwas auf Lehramt, vielleicht Religion oder Stricken, aber das spielte natürlich keine Rolle. Vor sich selbst und vor Paul behauptete sie, bald nach Berlin zu wollen, um dort Kunst zu studieren, doch sie und sogar Paul wussten, dass sie irgendwann ein Baby haben würde und dann noch eins, und dann könnte sie den ganzen Tag total süße Scheiße machen. Süße Windeln wechseln, süße Kätzchenpantöffelchen kaufen, agugugububbu und natürlich die süßen Söckchen mit dem Bremszeugs unten drunter. Dann wäre Lillys ganze Welt ein rosa Sofa mit Hello-Kitty-Kissen. Sie war selbst auch ziemlich süß, ungefähr so süß, dass man nicht wusste, ob man kotzen sollte oder sie sofort auszuziehen, so süß, dass Paul sich in einem nicht enden wollenden emotionalen Schwebezustand befand.

Eigentlich hatte sie ja Stil und sogar einen guten Musikgeschmack, die Hello-Kitty-Fantasien waren nur in seinem Kopf, hauptsächlich, weil sie so gern Trashfernsehen sah und dabei Pralinen aß. Paul hielt nichts von ironischem Fernsehen und auch nichts von ironischen Pralinen. Gerade Schokolade war bei ihm eine ernste Angelegenheit.

Lillys Eltern waren beide Lehrer, der Vater für evangelische Religion, die Mutter für Französisch. Die Mutter hatte mal so etwas wie eine wilde Phase gehabt, jedenfalls hatte sie im Gefängnis gesessen, als sie mit Lilly schwanger gewesen war, und Lilly hatte wohl, das hatte zumindest einmal eine Ärztin gesagt, im Mutterleib einen Schlaganfall gehabt. Deswegen war ihr Septum linguae, die Mittellinie der Zunge, schief. Wenn sie die Zunge rausstreckte, sah sie aus wie ein Comic-Hund.

Paul hielt es für ein charakterliches Defizit, Mannschaftssportarten im Verein zu betreiben, und Lilly dachte, wer Fußball schaue, der könne doch nichts gegen Vereine haben. »Aber wenn ich Fußball schaue, dann bin ich allein«, hatte Paul gesagt, »und das ist ein ziemlich anderer Zustand, als mit deinen Freunden Ball zu spielen. Das ist sogar ziemlich genau das Gegenteil, was das Lebensgefühl angeht.« Lilly hatte ihn nicht verstanden, was er ganz gut verstehen konnte, denn er konnte sich selbst nicht verstehen.

Er erinnerte sich noch gut daran, dass ein kleines Mädchen die gegenüberliegende Straßenseite entlanglief und die Pipi-Langstrumpf-Melodie sang, ein Mann mit sturem Blick die Melodie pfeifend aufnahm und Paul sie noch weitersummte, als er die Treppe hochging, um mit Lilly Schluss zu machen.

Alles hatte sich zuletzt in eine völlig falsche Richtung ent-wickelt, so sehr, dass Paul dieses eine Mal sogar die Hoffnung gehabt hatte, den Segen seines Therapeuten zu bekommen, aber der hatte nur gesagt: »Wenn Sie meinen, dass das das Richtige ist«, um dann mit diesem schmunzelnden Hasen-züchterblick, den Paul bis dahin nur bei seinem Therapeuten und noch nie bei Hasenzüchtern gesehen hatte, den Satz mit PünktchenPünktchenPünktchen zu Ende gehen zu lassen. Paul hatte schon lange den Eindruck, dass die Therapie nichts brachte, er wusste auch gar nicht, ob es überhaupt eine Thera-pie war oder nicht doch eher eine Art Krankenkassenbetrug, weil sein Therapeut und er eigentlich immer nur rumsaßen und er dann vom Kiffen erzählte, was er so selten machte, dass es seinen Therapeuten offensichtlich nicht interessierte, oder er erzählte von Jimo, bei dessen Frauengeschichten der Therapeut interessiert schmunzelte, aber weniger hasen-züchterartig als sonst, oder er erzählte von seinen Eltern, aber nur sehr oberflächlich, Paul wollte nicht zu privat werden in der Therapie.

Er hatte kein rechtes Ziel gehabt mit der Therapie, viel-leicht hatte er etwas lebendiger werden wollen oder wenigs-tens gedacht, es könne nicht falsch sein, etwas mehr am Leben zu hängen. Selbstmord hätte Paul natürlich zu drama-tisch und auch unbequem gefunden, aber es wäre ihm schon seit Jahren ziemlich egal gewesen, wenn ihm beeispielsweise etwas Schweres auf den Kopf gefallen wäre. Er ging an Bau-stellen immer recht beherzt vorbei, kümmerte sich nicht um Absperrungen und dachte, ein so plötzlicher und zufälliger Tod sei als Lösung durchaus völlig in Ordnung. Weil er kein rechtes Ziel hatte, erreichte die Therapie natürlich auch kein Ziel, aber sie war der einzige Termin, den er in der Woche wahrnahm, und weil er fand, dass es ihm ganz gut stand, hatte er sich angewöhnt zu reden, als sei er selbst Psychologe.

Paul klingelte, und Lilly ließ ihn herein, wie immer lief Air, was für sich genommen schon einer ihrer typischen passiv-aggressiven Akte war, wie er fand. Er bat sie, sich zu setzen. Kurz hatte er dieses Pulp-Fiction-Gefühl und summte das »Mache mir die Welt, wie sie mir gefällt« in seinem Kopf etwas triumphaler. Dann schaute er in ihren Friedrichshainer Barock-Spiegel, der besonders albern war, weil sie niemals in Friedrichshain leben, sondern immer ganz und gar Bonnerin bleiben würde, und augenblicklich war er wieder wütend. »Sag mir doch mal, warum du mir, wenn ich dich bitte, mir ein kleines bisschen die Haare zu stutzen, die Haare gleich abmähst, als wärst du ein australischer Schafscherer.« – »Ich habe doch nur ein kleines Stück.« – »Fang doch bitte nicht wieder damit an, ich bin doch nicht dein Lehrer, dem du erzählen kannst, du hättest die Hausaufgaben gemacht, ganz ehrlich, aber leider wären sie dir aus dem Schulranzen geklaut worden. Hier«, Paul zerrte an seinen unregelmäßig gekürzten Nackenhaaren, »die waren vorher so lang«, er hielt seine Hände etwa 20 Zentimeter auseinander, »und jetzt sind das nur noch Wehrmachtsstummel. Ich sehe aus wie Lord Helmchen!« Lilly wusste nicht, wer Lord Helmchen war, das sah Paul an ihrem fragenden Blick. »Wenn du jemandem die Haare schneidest und das nicht kannst, dann machst du das doch doppelt vorsichtig. Dann schneidest du ein winziges Stückchen, und dann nimmst du einen deiner zahlreichen Handspiegel und fragst, ob es so in Ordnung ist. Aber du machst doch nicht schnappschnapp und bist nach fünf Minuten fertig. Als du nach fünf Minuten ›fertig‹ gesagt hast, wusste ich schon, dass das ins Auge gegangen ist. Aber so ist es ja immer, wenn es um mich geht, dann muss alles ganz schnell gehen. Weil ich dir nichts bedeute. Weil du mich nicht liebst.« – »Du weißt doch, dass das Blödsinn ist«, sagte Lilly und leckte sich mit ihrer absurden Zunge über die Oberlippe.

Paul dachte an all die Witze, die er über ihre Zunge gemacht hatte, und hatte Schwierigkeiten, wütend zu bleiben. »Ich kann das nicht mehr«, sagte er deshalb schnell. Lilly sagte nichts.

»Ich kann nicht mehr mit jemandem zusammen sein, der mich nicht ernst nimmt. Frag mal deinen Therapeuten: So etwas ist ein Symptom. Das ist aggressive Scheiße.« Paul wusste, dass sie mit ihrem Therapeuten nicht über private Dinge sprach, sie erzählte eigentlich immer nur ihre Träume oder von ihrer Angst, zu fallen, und dann erweist sich der Boden als allzu nachgiebig. Eine blöde Angst, das hatte er ihr oft genug gesagt. Standardangst 14 a. Kinderkacke. Kommt nie vor und ist nur Ersatz für die dahinterstehende Grundangst, über die sie aber nie mit jemandem sprach, auch nicht mit ihm.

Paul sagte ihr, dass er demnächst seine Sachen holen würde und dass es besser wäre, wenn sie sich dann erst mal nicht mehr sehen würden und das Übliche.

Dann zog sie den Ärmel ihres gemütlichen Pullis lang und wickelte den Stoff um ihre winzigen Finger, und er fasste nach den Fingern, und sie zog seine Hand an ihr Gesicht, und das war warm und weich und genau richtig, und dann stand er auf und küsste sie unbeholfen, und dann schliefen sie auf dem Küchenboden miteinander.

Danach lag sie neben ihm, er zog sie an sich, aber sie machte sich steif. »So geht das nicht mehr«, sagte sie. Sie schaute ihn nicht an. »Immer dieser Streit um irgendwelche Belanglosigkeiten, und dann wird gefickt, und alles soll wieder gut sein.« Sie lag da ganz nackt, und plötzlich war sie so weit weg. Noch konnte er sie wenigstens sehen. Wenn sie jetzt aufstehen würde, dachte er, dann meinte sie es ernst. Aber sie blieb liegen. Sie nestelte in ihrer Hose, die neben ihr lag, nahm sich eine Zigarette und sagte zur Decke: »Du kotzt mich so an mit deiner unsicheren Eitelkeit und deinem Therapeuten-Geschwätz.« Mit einem Ruck stand sie auf und ging in Richtung Klo. »Verschwinde. Deinen Scheiß schicke ich dir.« Zehn Minuten lag er auf dem Küchenboden und blieb extra nackt. Dann fror er und zog sich an. Er klopfte an der Toilettentür. Er rief ihren Namen. Nichts. Er trat auf die Straße.

Wer will's von mir lernen? Alle groß und klein – trallalala.

Als er Lilly das letzte Mal sah, es war einige Wochen später im Blow Up, unterhielten sie sich ein paar Minuten lang. Paul erinnerte sich daran, wie unangenehm ihm diese angespannte Vertrautheit gewesen war. Dieses wissende Lächeln, als er noch einen Tequila bestellte, dieser Und-morgen-ist-dir-wieder-schlecht-Blick, aber eben nicht mehr verbunden mit dem Und-ich-kraul-dir-dann-den-Kopf-Blick. Wenn Paul als Kind Tierdokus gesehen hatte, dann fand er die allerschlimmste Szene immer die, wenn die Bären- oder Fuchsmamas ihre größer gewordenen Kinder vertrieben, weil die jetzt auf sich selbst gestellt leben sollten.

Wenn die sich danach im Wald wieder begegneten, dann war das bestimmt auch so.

»Ach, du auch hier, was machst 'n so? Schnecken jagen? Hm, ja, wenn's Spaß macht. Ich sag ja immer, der Kleine hat halt seinen eigenen Kopf. Und sonst? Schon was Neues gefunden? Neuer Bau, 'ne nette Freundin, eigene kleine Familie?«

Sie erwähnte, dass er ihr mal, als sie Kopfschmerzen hatte, Rolos geholt hatte, diese Schokodinger mit Karamellfüllung. Das sei wirklich nett gewesen, das Netteste, was er je für sie getan habe.

Paul dachte, dass sie das damals ganz ohne Sarkasmus gesagt hatte. Lilly war kein sarkastisches Mädchen. »Das Netteste, was ich für Lilly getan habe, war also: Rolos zu holen.« Er überlegte, ob das ein ungerechter Satz war. Nein, eigentlich nicht. Dann überlegte er, ob er damals ein Arsch gewesen war. Bevor er zu einem Ergebnis kam, sah er in einem Kiosk ein Päckchen Rolos. Er kaufte es, riss hastig das Papier auf und schlang die Rolos als kleines Türmchen in einem hinunter.

Trotzdem blieb er hungrig. Er trottete in Sanostolschritten zu Romans Wohnung. In der Küche saß Mia. Sie hatten sich nie viel zu sagen gehabt, und jetzt war sie auch noch wütend wegen der Störung gestern. Aber er tat ihr auch leid, und so versuchte sie, ein Gespräch in Gang zu bringen. Sie fragte, was denn genau passiert sei, und er erzählte es ihr, ohne das mit der Masturbationssession zu erwähnen.

»LSD, wow«, sagte Mia.

»Ja, wow«, sagte Paul. Wenn ein normaler Mensch wie Mia es aussprach, dann klang es wirklich heftig. LSD. Bei Bart hatte es einfach wie ein Riesenspaß geklungen. War es ja eigentlich auch gewesen.

Mia wollte wissen, was denn darauf hingedeutet habe, dass Greta unzufrieden gewesen sei, und Paul antwortete, dass er das auch nicht wisse.

Er piekste mit der Gabel einige Löcher in die Deckelfolie seines Weight-Watchers-Menüs.

Bewusster essen. Ausgewähltes Asia-Gemüse. Ballaststoffquelle. Er schaltete die Mikrowelle auf »Tellergerichte erwärmen«.

»Und was wird nun?«, fragte Mia.

Paul deutete ein Schulterzucken an. Für ihn existierte alles, was nicht im selben Augenblick stattfand, nicht. Er sagte gern Sachen zu, die sich Monate später ereignen sollten, in der vagen Hoffnung, dass es nie dazu kommen würde. Als würde die Möglichkeit bestehen, dass der nächste Tag, der nächste Sommer einfach ausfiel. Er hätte es sehr begrüßt, wenn die nächste Zeit einfach nicht stattgefunden hätte.

Paul stand auf und spülte das Plastikschüsselchen aus, ehe er es in den Plastikmüll warf. Er war eben doch Romans Bruder, dachte Mia. Roman war als Kind so auf dem Recylclingtrip gewesen, dass er mehrere Biene-Maja-Platten in eine Hülle gesteckt hatte, damit er die überzähligen Plattencover in den Papiermüll geben konnte.

Sie stand auf und nahm Paul in den Arm, und Paul war ganz überrascht und durch das LSD auch gar nicht bereit, jemanden in den Arm zu nehmen, also zuckte er erst zurück, aber Mias Griff war erstaunlich fest, und dann gab Paul nach und weinte wie ein kleines Kind, und Mia sagte: »Es wird schon alles wieder.«

# Bondgirl (Tag 2)

*»I had to choose between being able to live with myself, or to be happy.*
*And I chose the former.«*
MICHAEL SCOTT IN »THE OFFICE«

Zur selben Zeit, als Paul Lillys kurze Nachricht las, checkte
Roman minütlich seine Mails. Normalerweise war er ein
äußerst gewissenhafter Staatsdiener, der es vermied, Privates
in der Arbeitszeit zu erledigen, aber seitdem er sich in der
Nacht zuvor von Paul hatte dazu treiben lassen, Defne eine
Nachricht zu schreiben, war er unruhig. Defne hatte nie aufgehört, in seinem Kopf herumzugeistern, er wäre nur von
allein nicht auf die Idee gekommen, Kontakt zu ihr aufzunehmen. Defne war das große »Was wäre, wenn« in seinem
Leben.

Natürlich war mit den Jahren die Erinnerung an sie ver-
blasst, er hatte keine Sehnsucht nach ihr und auch ihren
Geruch nicht mehr in der Nase, es war nur, als gäbe es eine
kleine Höhle in seinem Körper, die man nicht öffnen durfte,
weil in dieser Höhle ein anderes Leben seinen Lauf genommen hatte, ein Leben, wie er es mit Defne gehabt hätte.

Ein Leben, das er nicht ertragen hätte und das er manchmal vermisste, wie man das Gefühl vermisst, niemals den Weltmeisterpokal in die Luft gestemmt zu haben.

Er klickte noch einmal auf Reload. »Defne Canavar sent you a message on Facebook.« Roman stand augenblicklich auf und ging zum Fenster. Er sagte sich, dass es keinen Grund gebe, aufgeregt zu sein. Nichts würde sich ändern. Er ging zurück zum Schreibtisch und setzte seine Lesebrille auf.

»roman, an dich habe ich gerade noch gedacht. und jetzt du schreibst! wie schade das damals war, die falsche zeit …

türkische männer sind ja anders, weiss nicht, wie ich sagen soll. aber erwachsener das schon. du warst ja noch ein baby irgendwie aber ein süsses;)

na merciii für deine netten worte

defne«

Ein süßes Baby. Das war wirklich die irrsinnigste Interpretation der Geschichte. Er hatte so oft von Defne erzählen müssen, dass sich längst so etwas wie eine kanonische Erzählung herausgebildet hatte, die allerdings nur in losem Zusammenhang mit der Wirklichkeit stand. In dieser Erzählung ging es um eine wunderschöne Frau und um den deutschen Staat und das Einwanderungsrecht. Dass das nicht die Wahrheit war, wusste er natürlich.

Es ist nicht allzu schwer, Roman zu mögen, wenn man ihn kennt, es ist allerdings nicht ganz leicht, Roman kennenzulernen, weil er nur mit Leuten spricht, die er schon kennt, was natürlich paradox ist, aber Roman ist eben schwierig. Möglich, dass Roman wegen des Bondgirls noch schwieriger geworden ist, vielleicht war sein Schwierigsein ihm aber damals auch beim Bondgirl nicht direkt dienlich. Ursache und Wirkung sind nicht immer klar auseinanderzuhalten, gestern erst habe ich gelesen, dass Leberkäse aus den Resten von Knackwurst hergestellt wird und Knackwurst: aus den Resten von Leberkäse.

Roman sieht das Leben grundsätzlich so, als habe jemand auf Vorspulen gedrückt. Gerade dann, wenn er besonders glücklich ist, ausgerechnet, wenn er so etwas wie Liebe empfindet, sieht er sich erst Falten und dann einen Schlaganfall bekommen. Er sieht vor sich, dass er das Mädchen, das er jetzt im Arm hält, irgendwann zum letzten Mal sehen wird. So oder so.

Das Bondgirl hatte ihn um Feuer gebeten, aber er hatte keins.

»Macht nichts«, hatte sie gesagt und war dann mit der Zigarette in der Hand neben ihm stehen geblieben.

Roman lag recht unsouverän in einem Liegestuhl, einen Moment lang überlegte er, die Bauchmuskeln anzuspannen, aber er hatte ja keine, beinahe vergessen.

Das Bondgirl war lächerlich schön, es gab da keine Note von feiner städtischer Ironie, eine zu große Brille etwa oder eine doofe Frisur, sie war schön wie aus einem Sechzigerjahrefilm.

Seit Tagen hatten Roman und sein Freund Torben sie schon am Strand gesehen, sie passte hier nicht hin, wenigstens das hatten sie gemeinsam mit ihr, denn selbstverständlich lehnten die beiden Freunde Massentourismus aus allerlei Gründen ab.

Aus einer im Nachhinein nicht mehr rekonstruierbaren Abfolge von Versäumnissen, schweren Fehlern und Dispoproblemen waren sie im Herzen des touristischen Grauens gelandet: Antalya, das dem Reiseführer zufolge nur so hieß, weil Attatürk sich in einem Brief, in dem er Antalya erwähnte, verschrieben hatte, woraufhin es umbenannt worden war. Roman hatte ein Land voll mit Bushoftürken und Drogenhändlertürken erwartet, er war davon ausgegangen, dass ihm an jeder Ecke Prügel oder Drogen angeboten würden und alle schlechtes Deutsch sprachen, mit vielen »Eys« und »Lans«. Es war dann irgendwie anders, aber trotzdem scheiße.

Die Türkei konnte sein, wie sie wollte, für Roman war sie scheußlich. Die ganze Stadt roch nach Karies, Kinder bettelten am Straßenrand, überall gab es zum Erbrechen hässliche Markenklamotten für drei Euro, und der Strand war vollgestopft mit reichen fetten Russen und ihren dünnen Frauen, die sich hochgehungert hatten.

»Schau: Er hat einen Club direkt an der Grenze zu Polen, sie hat da früher getanzt, und noch früher hat sie Blumen verkauft in der kleinen ukrainischen Stadt, aus der sie stammt und wo sie 50 Euro im Monat verdient hat. Jetzt ist sie wohlhabend, an ihrem Glück hindert sie nur ihr fetter Mann, ohne den sie nicht wohlhabend wäre.« Torben machte ständig Kurzanalysen der Leute am Strand, seit Tagen wiederholte er sich, nur die Details wechselten noch von Zeit zu Zeit. Mal war *er* Besitzer einer Schlachterei, in der Tschernobylschweine für den deutschen Markt gekeult wurden, und *sie* war abends mit dem Schlauch durch die Blutlachen gewatet, mal gehörte *ihm* eine mittelgroße Pornoseite, und *sie* war sein erfolgreichstes Webcammädchen. Roman hielt die Analysen für akkurat, aber öde. Nur zum Bondgirl fiel Torben nichts ein.

Und nun stand das Bondgirl also da, und Roman wusste nicht, wie er sie anschauen sollte, ohne anzüglich zu wirken. Frauen wie sie wurden von Männern, wie Roman keiner war, als Bildschirmhintergrund heruntergeladen.

Romans letzte Freundin war Melanie gewesen, ein kräftiges Mädchen mit kurzen Fingern und einer Afrika-Obsession, er hatte sie in einem Workshop für interkulturelle Studien kennengelernt, und beinahe wären sie zusammengezogen, wenn sie nicht einen Asylbewerber aus Liberia geheiratet hätte, erst nur, um ihm den Aufenthalt zu ermöglichen, aber dann doch ernsthaft. Roman hatte den Übergang nicht richtig mitbekommen, auf einmal eröffnete ihm Melanie, dass sich etwas ereignet habe, etwas, das größer sei als sie, und da Roman grundsätzlich abschaltete, wenn sie so pathetisch losschwurbelte, hatte er seine eigene Trennung verpasst. Aber irgendwie gab es da so ein Ding zwischen Afrikanern und kräftigen Europäerinnen mit Hang zum Ethnokopftuch, das hatte er schon verstanden.

Wenn also die ziemlich irdische Melanie ihn schon verlassen hatte, was sollte dann das Bondgirl von ihm wollen? Und doch stand sie da, es kam ihm vor, als spielte sie mit ihrem Haar.

Sie redeten dann nicht, wie Roman es gewohnt war, also *über* etwas, über Politik, über Gesellschaft, über das Verhältnis von Deutschen und Türken, sondern sie redeten wie Kinder oder Idioten, indem sie einfach immer das mit Worten belegten, was sie gerade machten.

»Ich geh mal ins Wasser.«

»Komm, wir spielen Ball.«

»Ich lass mich noch ein bisschen bräunen.«

»Ich creme mich erst noch ein.«

Stunden verbrachten sie so, und er erfuhr nichts über das Bondgirl. Nicht, weil sie etwas verschwiegen hätte, sondern weil er sich schlicht und ergreifend nicht fragen konnte, was sie beruflich machte. Oder hätte James Bond das etwa Honey Ryder gefragt? Als die Sonne langsam unterging, sagte sie, sie gehe jetzt mal ins Hotel, und er erwiderte, es sei sein letzter Tag. Sie bat ihn, seine Telefonnummer und Adresse aufzuschreiben, falls mal jemand schreiben wolle.

Falls mal jemand schreiben will. Er wiederholte den Satz einige Male, während er seinen Koffer packte, schaute grimmig in den schmutzigen Spiegel neben dem Bett und sagte halblaut: Na klar.

Die nächsten Wochen in Deutschland holte er sich wenigstens einmal am Tag einen runter auf die Fotos, die sie am letzten Tag gemacht hatten. Die Fotos waren das Einzige, das in seinem Leben noch lebendig war. Es schien ihm, als wäre die Luft durch Tapetenkleister ersetzt worden.

Auch wenn Roman immer unzufrieden war, war er doch keiner von den Leuten, die sich über alles aufregen. Er war so sicher, dass die Dinge schlecht endeten, dass er es für völlig sinnlos hielt, dagegen anzunörgeln. Roman war sehr gelassen in seinem Leid. Aber jetzt schimpfte er über das Wetter, über den elenden grauen Himmel, er beschwerte sich in der Mensa über die kalten Kartoffeln und beim Obsthändler über die steinharten Birnen.

Er saß gerade vor dem Fernseher und schrie den Nachrichtensprecher an, weil der schon nach sieben Minuten, was ein neuer Rekord war, zu den Sport- und Wetternews überging, als das Bondgirl anrief.

»Wie geht es dir?«

»Danke, gut.«

»Ich bin jetzt wieder in Ankara.«

»Ist es da schön?«

»Du kannst mich ja mal besuchen.«

»Also ich könnte tatsächlich.«

»Ich würde dir alles zeigen.«

Am nächsten Morgen wartete er ungeduldig vor dem Reisebüro, bis endlich eine übergewichtige Blondine den Laden öffnete.

Nach Ankara fliegen keine Touristen, nach Ankara fliegen nur Türken. Obwohl Roman gerade erst eine Seminararbeit über Integration geschrieben hatte und ein ausgewiesener Einwanderungsbefürworter war, konnte er den dicken Frauen mit ihren Trauerkloßgesichtern und den winzigen Männern mit ihren billigen Anzügen über den Strickwesten nichts abgewinnen. Jeder Passagier hatte mindestens drei Plastiktüten dabei, keinen Moment hätte Roman sich gewundert, wenn jemand eine Ziege über den Gang getrieben hätte.

»Ich würde dir alles zeigen.«

Er hatte mit Paul, Ben und Jimo diesen Satz hin und her gewendet, und herausgekommen war: Paul fand, er riskiere zu viel. Sie sei nur höflich gewesen, habe eine leere Geste gemacht, und nun werde er mit ihr eine Woche lang alle Sehenswürdigkeiten Ankaras besichtigen, zusammen mit ihrem Freund. Ben warnte ihn, er werde sich verlieben, und das habe einfach keinen Sinn, weil aus der Sache nichts werden könne. Jimo sagte, man solle nicht so viel Aufwand betreiben wegen einer Frau, er selbst würde Derartiges ständig tun, und niemand solle seinem Beispiel jemals folgen, in egal was.

Roman schwitzte bei der Ankunft. Er versuchte die Arme so anzuwinkeln, dass man die Schweißflecken unter seinen Armen nicht sehen konnte, was mit einem Koffer in der Hand nicht ganz leicht war.

Kaum war er durch den Zoll gewunken worden, kam sie ihm entgegen. Sie umarmte ihn, und er wand sich rasch heraus, weil er nicht wollte, dass sie ihn roch. Sie sagte, dass sie vorgehabt habe, so zu tun, als kenne sie ihn nicht, sie hätte gern sein erstauntes Gesicht gesehen. Aber er sah wohl nicht wie jemand aus, der einen Scherz vertragen konnte, dachte er, und wahrscheinlich hatte sie ganz recht damit.

Sie sagte: »Komm, wir nehmen ein Taxi«, und während der Fahrt sagte sie zu ungefähr jedem Gebäude einen kleinen Satz. Sein Opa Hermann hatte das auf Autofahrten auch immer so gemacht. Je älter er wurde, desto mehr hatte er dazu geneigt, einfach nur noch zu sagen, was er sah. »Bäckerei Hegemann: Berliner 65 Pfennige. Kiosk Pflaumer und Söhne. Mir mulle net, mir helpe met.« Roman machte das jetzt einfach auch. »Schau, ein Schuhputzer. Oh, Ralph Lauren. Guck mal, wie der überholt.« Das tat sehr gut.

Als sie ihn eben am Flughafen umarmt hatte, hatte er sie riechen können (sie ihn hoffentlich nicht!), und obwohl die Nase sich schnell an neue Gerüche gewöhnt und dann gar nichts mehr riecht, roch er sie immer noch. Es musste ein bondgirlspezifischer Geruch sein, ein niemals vergehender Duft aus Sonne, Meer und Ficken mit etwas Zitrone und heißem Wasser.

Nach ihr würde er unglücklich sein, das stand fest.

Sie hatte eine wunderschöne Wohnung, eine Filmwohnung. Sie erklärte ihm Möbelstück für Möbelstück die Einrichtung, und dann zeigte sie ihm diverse Fotoalben, die bewiesen, was keines Beweises mehr bedurft hätte: Das schönste Mädchen der Welt war schon als Kind schön gewesen, Kind einer schönen Mutter und eines schönen Vaters, Schwester einer schönen Schwester und eines schönen Bruders. Keine modischen Fehltritte. Seit zweiundzwanzig Jahren makellos. Im Kopf bereitete er eine Spitzfindigkeit vor, etwas Spott zum Runterkommen, aber es gelang ihm nicht, irgendetwas musste ihm auf dem Weg vom Flughafen abhanden gekommen sein.

Zwei Flaschen Wein tranken sie und schliefen zwischen Nacht und morgen nebeneinander ein, und als er aufwachte, küsste er sie, noch halb im Traum. Alles geschah wortlos, sie gingen ins Schlafzimmer, er kam viel zu schnell, aber er musste sich nicht erklären, sie machten einfach immer weiter. Gegen Mittag tranken sie etwas Weißwein und Mineralwasser in der Küche. Das gleißende Licht, das durch das kleine Fenster auf ihren Rücken schien, ließ den kaum sichtbaren

Flaum schimmern, der sich vom Po ihr Rückgrat entlang zu den Schulterblättern hinzog – wie eine. Oder doch eher.

Für Roman hatte die Welt immer nur aus Worten bestanden, und jetzt, da es keine Worte mehr gab, war er zum ersten Mal in der Wirklichkeit. Wenn eine Katze, die in einer Wohnung groß geworden ist und immer in einer Wohnung gelebt hat, zum ersten Mal die Welt hinter der Haustür sieht, dann erlebt sie nicht die Freiheit. Sie fürchtet sich zu Tode.

Die nächsten Tage vergingen im Sinnlichkeitsdelirium. Es gab keine Abstraktion mehr, die Welt bestand nur noch aus Fühlbarem. Roman war so heiß wie niemals zuvor, er bestand zu zwei Dritteln aus Wasser, und das spürte er in jedem Moment, alles war nur noch Feuchtigkeit und Hitze und Geruch und Farben. Nur ab und an drangen ein paar Fakten zu ihm durch: Sie studierte Germanistik, deswegen sprach sie so gut Deutsch. Sie würde nicht nach Deutschland ziehen können, weil ihre Mutter krank war.

Er hatte sich das nie gefragt: warum sie so gut Deutsch sprach (weil Bondgirls immer Deutsch sprechen). Und was sein würde (weil es immer schlecht sein würde).

Am letzten Tag hatte er so etwas wie einen Gedanken.

Sie hatten sich wieder einmal die Luft gegenseitig weggeatmet, der Raum war stickig und sein Hals sandig. Er ging ins Bad und trank das abgestanden schmeckende Wasser aus dem Hahn, ohne dass er sich anschließend weniger ausgetrocknet fühlte. Er trat auf den Balkon. Trotz der Hitze eilten Geschäftsmänner in dunklen Anzügen über die Bürgersteige. Er würde hier nicht leben können.

Sie weinte, als er ins Flugzeug stieg, bald würde sie ihn besuchen kommen. Sie gab ihm einen Brief.

Im Flugzeug dachte er, dass er sie nie kennengelernt hätte, wenn Melanie ihn nicht verlassen hätte. Einen Moment lang sah er die Zukunft offen vor sich liegen. Nicht alles musste immer schlecht enden. Manchmal wurden sogar aus schlechten Dingen gute. Er lächelte.

Dann dachte er: »Wenn ich jetzt abstürze, dann war es doch schlecht, dass Melanie gegangen ist.«

Er las ihren Brief, und die Buchstaben verwandelten sich in Tinte, das Papier in Holzfasern. Er klemmte den Brief zwischen die Kotztüte und die Sicherheitshinweise, und kurz glaubte er, eine Ziege zu sehen. Das Flugzeug ruckelte bedenklich. Jetzt war er wieder er selbst.

Als er am Flughafen ankam, kaufte er sich die taz. Die Welt war zuverlässig schlecht geblieben. Drei Mal ging er nicht ans Telefon, als sie ihn anrief, dann hörte er nie wieder von ihr.

Es gelingt nicht oft, aufzuhören, wenn es am schönsten ist. In einer Beziehung gelingt es nie. Na gut: Manchmal gelingt es, aber dann geht es einem wie Roman.

Der hat sich nämlich ein Gespenst eingefangen. Es liegt ja auf der Hand, warum das Bondgirl noch immer in seinen Gedanken herumgeistert – er hat mit ihr ausschließlich eine schöne Zeit erlebt.

Wie die chinesische Wasserfolter so eindrucksvoll beweist, entfalten die kleinen Dinge, die einen nerven, erst auf Dauer ihre zerstörerische Kraft.

Eine Woche in einem luxuriösen Apartment mit Sonnenschein draußen und Oralverkehr drinnen reicht nicht, um Erklärungen zu Möbeln und »Ich-mach-mal-gerade«-Sätze als das zu entlarven, was sie sind: nervtötend.

Ich habe den Brief gelesen, den das Bondgirl Roman zum Abschied gegeben hat. Man muss schon gerade sehr ordentlichen Sex gehabt haben, um darin mehr zu sehen als einen angekitschten Erguss mit der Tiefe eines YouTube-Kommentars. Oder, um es freundlicher zu sagen: Das Bondgirl hat vermutlich nicht gerade den begehbaren Schrank erfunden.

Roman mit einer Frau, die solche Briefe schrieb? Das wäre drei, vielleicht vier Wochen gut gegangen. Aber er hat es eben nie ausprobiert.

Mal geht es gut, mal geht es mittel, mal geht es schlecht: Aber immer scheint es dann schlecht zu gehen, wenn man aus Vernunftgründen aufhört.

Was nahelegt, dass es am Ende vielleicht gar nicht so vernünftig ist, seine Verliebtheit zu ignorieren.

Wieder im Miracolo. »›No man is rich enough to buy back his past‹, sagt Oscar Wilde«, sagte ich.

»Will ich ja auch gar nicht«, sagte Roman. »Gib mir mal den Käse.«

»Kennst du die Geschichte mit dem Geiger in der U-Bahn?«, fragte ich Roman.

»Nö.«

Ich erzählte ihm, dass einmal in der U-Bahn von Washington ein Geiger spielte. Kaum jemand blieb stehen, die allermeisten hasteten an ihm vorbei.

Der Geiger war der weltberühmte Joshua Bell und das Ganze ein Versuch: Würden die Leute in einer anderen Umgebung als der gewohnten merken, dass sie einen ganz besonderen Geiger hören? Ergebnis: nein. Sie bekamen nichts mit von den himmlischen Klängen.

»Man muss bereit sein für etwas Schönes, sonst bemerkt man es nicht«, sagte ich.

»Du solltest Glückskeksproduzent werden«, sagte Roman. Aber vielleicht hätte ich recht, schob er dann nach. Könnte schon sein, dass er bereits recht lange aufgehört habe, für etwas Schönes bereit zu sein.

»Vor allem würde ich gern mal wissen, warum du eine Lesebrille hast«, sagte ich. »WIE alt bist du denn? Tausend?«

Doch zwischen Manuela und ihm war es seit Beginn des Schuljahrs hoch hergegangen. Während der Sommerferien war er beim Friseur gewesen, und vielleicht lag es an dieser neuen Frisur, dass er nun im Mittelpunkt der Aufmerksamkeit einiger Mädchen stand. Die Unerreichbaren wollten natürlich immer noch nichts von ihm wissen, aber die noch etwas zu kindlichen, die mit dem Klammeratem und den Pickeln auf der Stirn, die, die von ihren Müttern noch Hosen, Jacken und Schuhe herausgelegt bekamen, die komplett aus Stoffen bestanden, die in das chemische Periodensystem erst 1982 aufgenommen worden waren, die mit den Nasen, den Fingern, den Kinnen; die, die auffielen und nicht so elegant unbenennbar, unbelegbar mit Schmähworten blieben wie die Unerreichbaren, der ganze sexuelle Mittelstand der 8c also kicherte, wenn er vorüberging.

Roman achtete darauf, so häufig wie möglich vorüberzugehen. Für jeden Gang durch die Klasse legte er sich eine Begründung zurecht, falls ihn jemand fragen sollte, aber niemand fragte: Die Mädchen kicherten, die Jungs hauten sich gegenseitig auf den Rücken.

Er verteilte seine Aufmerksamkeit so gerecht es ging, und doch wurde bald deutlich, dass er am unsichersten wegschaute, wenn er an Manuela vorüberging, dass ihr Kichern sich in ein fröhliches Wiehern verwandelte, wenn er den Blick senkte. Manuela war ein langes, schmales Mädchen mit langem dünnem Haar, das wie gebügelt an ihrem Kopf herunterhing. Sie war schlecht in Englisch, Mathe, Erdkunde, Physik und Bio, aber sie malte gut bis befriedigend und machte am Reck eine nicht allzu unglückliche Figur, bedachte man ihre Langgliedrigkeit.

La Boum war gerade im Fernsehen gelaufen, und für die 8c begann die Zeit des Klammerbluestanzens. An einem Samstag im September lud Marcel Goertens zu einer Party ein.

Das Anschwellen des Getuschels verhieß einiges für diesen Abend. Briefchen wurden in immer höherer Frequenz hin und her gereicht, die Jungs boxten Roman aufmunternd auf den Arm, sagten: »Heute machst du die klar«, oder »Klinghofer, du Sau«, und er nickte gelassen zurück.

Zu Beginn der Party lief drei Mal »Walk Like an Egyptian«, dann wurde Marcel Goertens vom Plattenspieler vertrieben, und ein dicker fremder Junge spielte »The Final Countdown«.

Niemand tanzte, außer Marcel, der sich wie ein Ägypter bewegte. Roman aß Erdnussflips und redete mit Michael Huhn über Tore und die Biolehrerin Frau Ratte. »Alle Biolehrer an der Schule haben Tiernamen«, fiel Roman plötzlich auf. »Herr Rappe, Frau Ratte und Frau Hundgeburth! Du wirst bestimmt auch mal Biolehrer!« Michael wurde rot. Sie hatten in Bio gerade »Die Sexualität des Menschen«, und Biolehrer klang inzwischen wie ein ziemlich versautes Wort. Biolehrer sagten den ganzen Tag Scheide und Glied und Samen und schämten sich kein bisschen.

Ein kollektives Quietschen. Die ersten Takte von »Reality«, der Kuschelhymne aus La Boum.

Roman hatte das Gefühl, dass alle ihn anstarrten. Er saß auf seinem Platz wie einbetoniert. Die ersten Paare fanden zusammen und standen nun aneinandergepresst auf der Tanzfläche. Danach noch ein Blues, die Paare pressten sich weiter aneinander, und Roman versuchte, nicht in Manuelas Richtung zu schauen. Endlich lief etwas Schnelleres, und Roman fing vorsichtig an, wieder normal zu atmen.

Ute Plum stellte sich vor ihn und sagte, Manuela würde, wenn er sie auffordern würde, beim nächsten Blues mit ihm tanzen. Roman nickte. Es folgten: »19«, »Geil« und zwei Sachen von Falco. Jetzt war alles reine Politik. Der große Bruder von Marcel Goertens und dessen Freunde wollten The Clash spielen, Marcel und alle anderen wollten weiter die

Möglichkeit haben, sich aneinanderzupressen.«Das ist doch Mist, diese Gitarrenkacke«, rief Marcel, und sein großer Bruder verdrehte ihm den Arm: »Das ist The Clash, du Mückenpimmel, wenn du noch einmal was dagegen sagst, dann gibt's aber was!«

Die 8c beobachtete mit Begeisterung, wie Marcel nun knallrot anlief und seinen Bruder in einem seiner gefürchteten maßlosen Wutanfälle mit sich zu Boden riss. Die Party war jetzt schon ein voller Erfolg. Mit einem lauten Kratzen wurde »Guten Morgen, liebe Sorgen« unterbrochen.

Einige Momente war nur das irrsinnige Schnaufen von Marcel zu hören, dann fing »With or without you« an. Roman forderte Manuela auf, sie gingen einige Schritte, und dann umarmte sie ihn. Ihr angebügeltes Haar roch nach Weingummi. Er fing an, mit ihrem Haar zu reden, erzählte, dass Michael Huhn vermutlich Biolehrer werden würde, und dann verfranste er sich in einem Monolog über die Sexualität des Menschen. Die Musik wurde leiser, und Manuela schob sich vorsichtig von ihm fort. Sie schaute ihn an, er konnte nicht zurückschauen. Wieder lief »Reality«, Manuela fragte: »Wollen wir weiter?«, und Roman öffnete die Arme ein Stück. Sie pressten sich aneinander, er widerstand dem Bedürfnis, reden zu wollen, roch an dem Weingummihaar, spürte die winzigen Brüste, die zerbrechlichen Schultern und für einen Moment die weiche Haut zwischen Wange und Ohrläppchen. Er wollte nie wieder loslassen.

Das nächste Lied war schneller, Marcels großer Bruder hatte sich wohl durchgesetzt, eine atemlose Stimme schrie: »London Calling«, Manuela und Roman blieben fest verhakt. Lied um Lied blieben sie so, er spürte, wie sie immer tiefer und ruhiger atmete, die anderen waren wie in Nebel gehüllt, vielleicht hatte auch tatsächlich Marcels großer Bruder die angekündigte Nebelmaschine angeschmissen. Aus dem Gewaber tauchte Michael Huhn auf, er wirkte, als sei er betrunken, obwohl es natürlich nur Limo und Saft gab, er haute Roman grinsend auf die Schulter und rief: »Mach mal!«

Manuela löste sich von ihm. Noch einmal schaute sie ihn an, und er schaute vorsichtig zurück. »Komm, wir gehen«, sagte sie, als wisse sie, wohin, und er fühlte sich wie Luke Skywalker. Er wäre überall mit hingegangen. Aber sie gingen bloß in die Waschküche nebenan.

Roman musste dasselbe getrunken haben wie Michael Huhn, er war verlangsamt und beschleunigt zugleich, seine Gedanken torkelten, während Manuela die Tür verschloss und sich dann mit ihrer Zunge seinem Mund näherte.

Er öffnete die Lippen. Die Zunge eines anderen Menschen mit der Zunge zu berühren ist kein Bedürfnis, mit dem man zur Welt kommt. Vor ein paar Wochen noch fand er die Vorstellung grauenhaft, jetzt wollte er es unbedingt.

Zum ersten Mal merkte Roman, dass ein Gesicht aus der Kuss-Nähe völlig anders aussah als sonst. Was an Details alles in so ein Gesicht passte – Muttermale, Härchen, Schminkepartikel, winzige Hautfetzen auf der Lippe. Die Lippen übrigens, die fühlten sich weich an, die Zunge dagegen bewegte sich fast brutal in seinem Mund, wie ein zahnmedizinisches Gerät.

Plötzlich wandte sich Manuela ab und sagte: »Nein.«

Roman war sich nicht sicher, worin das Problem bestand. Er hätte gern gesagt, dass sie einfach zwei Klassenkameraden waren und es halt an der Zeit war, dass sie mit dem Küssen anfingen, um sich irgendwann einmal der Sexualität des Menschen widmen zu können. Er wünschte, er hätte an ihre Nüchternheit appellieren können, aber sie stand da mit den Tränen in ihren großen Bambiaugen, und er war daran irgendwie schuld und wollte nicht noch schuldiger werden.

Noch an dem Abend erzählte Manuela allen, dass er nicht küssen konnte, und so blieb er die nächsten Jahre der Frosch-zungen-Roman.

Es half Roman nicht, zu wissen, dass er in der kurzen Zeit, in der Manuelas und seine Zungen sich berührt hatten, gar nicht so viel falsch gemacht haben konnte. Selbstbewusstsein funktioniert nur, wenn die anderen mitspielen. Roman wurde von nun an Frosch genannt oder Zunge, Krabbel-AIDS habe er, hieß es, die Mädchen kreischten, wenn er näher kam, aber es war nicht das gute Kreischen.

Manuela kam bald darauf mit Michael Huhn zusammen. Die Gerüchte rissen nicht ab, dass er ihre Brüste berührt hätte, aber das konnte Roman verkraften. Was gar nicht ging: Michael behandelte ihn jetzt wie einen Patienten. Niemals sagte er Frosch zu Roman, niemals boxte er ihn, Roman war jetzt jemand, mit dem man Mitleid haben musste.

# Der Liebestöter

*»Du hast gesagt, ich soll dir beim Abwaschen helfen,*
*und jetzt helfe ich dir – wo ist das Problem?«*
*»Ich möchte nicht, dass du mir beim Abwaschen hilfst –*
*ich möchte, dass du mir beim Abwaschen helfen willst!«*
VINCE VAUGHN UND JENNIFER ANISTON
IN »TRENNUNG MIT HINDERNISSEN«

»Das darfst du auf keinen Fall schreiben«, sagte Paul. »Aber ich glaube, ich weiß, woran es liegt. Ich bin nicht gut im Bett.«

Ich erwiderte lahm, dass es da ja keine Kategorien gäbe, aber er sagte:

»Doch, doch. ›Fantasievoll‹, sagen immer alle. Fantasievoll soll man sein. Mir fällt aber nichts Interessantes ein. Ich finde den Vorgang für sich genommen eigentlich ziemlich … also: da ist doch alles bei. Weißt du, was Vanilla ist?«

»Was mit Sex?«

»So nennen die SMler normalen Sex. Langweilig wie Vanilleeis. Ehrlich, Alter, ich bin Spaghetti Bolognese, ich bin Wiener Schnitzel. Und Greta ist, Greta ist. Nun sag schon mal irgendwas Delikates.«

»Fällt mir nichts ein, vielleicht mag sie doch Wiener Schnitzel.«

Er erzählte, dass Greta vor einigen Wochen den Wunsch geäußert habe, mal etwas Wilderes zu machen. Er sei immer so still im Bett, er könne doch mal aus sich herausgehen. Ein bisschen dirty. Nun war Paul aber immer schon schlecht darin gewesen, sich einen Text zu merken. Gedichte aufsagen muss früher eine echte Katastrophe für ihn gewesen sein, und so war sein Kopf, als es darauf ankam, leer. Ein paar Standards hatte er sich zurechtgelegt, dann hatte er improvisieren wollen, aber: nichts.

»Ich müsste nur ein klein wenig so sein wie Jimo«, sagte Paul. »Der hat mal gesagt, er sei beim Sex so dreckig, dass er sich danach selbst nicht mehr in die Augen schauen könne. Aber mir fiel nichts ein. Ich war total: nett. Ich mag Greta ja auch, ich will überhaupt nicht mit ihr schimpfen!«

Greta spornte ihn an, was es nicht besser machte, sie sprach ihm mehr oder weniger vor, was er nachsprechen sollte, aber das konnte ja nicht der Sinn der Sache sein. Sie rüttelte ihn, sie kratzte ihn, sie beschimpfte ihn, und er schwankte zwischen freundlich und verrucht guckend, und schließlich sagte er: »Du bist genauso eine Schlampe wie deine Mutter.«

Ich hatte ernsthafte Sorgen, für Monate nicht mehr lachen zu können. Als ich mich wieder beruhigt hatte, schaute Paul immer noch vorwurfsvoll und sagte: »Gar nicht lustig. Ich hatte richtig Ärger an dem Abend.«

Als schwerste Prüfung für seine Liebe zu Greta empfand Paul die Ulmenthals, Gretas Familie. Am schlimmsten waren für ihn die lange angekündigten und mehrfach zu bestätigenden Abendessen. »Ihr denkt doch an Mittwochabend?« – »Mittwochabend steht, oder?« – »Soll ich für Mittwochabend noch diesen Wein kaufen, den du so magst?«

Am verabredeten Abend fuhren sie dann zu der unglaub-

lich prächtigen Villa der Ulmenthals in Steglitz. Man hätte –
und sollte das vermutlich auch – glauben können, dass sich
das Haus seit Urzeiten in Familienbesitz befand. Tatsächlich
war Gretas Vater erst reich geworden, als Greta kurz vor
der Pubertät stand. Oskar Ulmenthal beherrschte den Welt-
markt für homöopathische Medikamente und allerlei esoterischen Kram, den die Leute wie verrückt kauften. Oskar und
Paul gaben sich ohne einander in die Augen zu schauen die
Hand. Obwohl er Paul so offensichtlich verabscheute, war er
davon besessen, Paul zu missionieren. Wie er selbst sollte
Paul daran glauben, dass seine Bioresonanz-Geräte in der
Lage waren, Krankheiten zu heilen, indem sie die Schwingungen im Patientenkörper verändern. Paul sollte daran glauben,
dass Wasser durch Heilsteine zu einem potenten Medika-
ment wurde. Paul sollte daran glauben, dass wir nach dem
Tod als Energiefelder weiterexistieren.

In der Küche schaute Gretas Vater Paul in die Augen und
sagte: »Ich habe gestern eine wunderschöne Geschichte gelesen. Zwei Embryonen unterhalten sich darüber, ob es ein
Leben nach dem Uterus gibt.«

Paul drückte den Nagel seines Daumens tief in das Fleisch
seines Zeigefingers. »Der eine Embryo ist davon überzeugt,
dass außerhalb der Mutter nichts sein könne. Wenn da etwas
wäre, dann hätten wir hier doch etwas davon mitbekommen.«

Oskar dehnte die Geschichte unendlich aus, obwohl Paul
natürlich sofort verstanden hatte, worauf er hinauswollte.
Paul hatte nie offen zu erkennen gegeben, dass er nicht an den
ganzen Hokuspokus glaube. Aber mit dem geübten Blick des
Missionars hatte Oskar Pauls Zweifel erkannt und quälte ihn
nun bei jedem Treffen mit seinen Geschichten. Schließlich
folgte zum hundertsten Mal die Erzählung, dass man Gretas
Blut nur aus sieben Metern Entfernung messen könne, weil
ihre Schwingungen so stark seien.

»Aus sieben Metern! Das musst du dir mal vorstellen«, sagte er. Dann rief er Greta dazu: »Ich habe was für euch.« Er ging zum Schrank und reichte ihr Gläser, auf denen *Love*, *Amore*, *Amour* und *Liebe* stand. »Die positive Kraft der Worte überträgt sich auf das Wasser«, erklärte er. »Du trinkst dann praktisch Liebe.« Während sie ins Esszimmer hinübergingen, schwärmte Oskar davon, dass er mit seinem Bioresonanz-gerät eine zuckerkranke Hündin geheilt habe, was ja Beweis genug sei, dass man von Placebo nicht sprechen könne. Paul wäre froh gewesen, ihn einen Scharlatan nennen zu können. Aber jeden Irrsinn, den Gretas Vater vertrieb, seien es Wün-schelruten, Feng-Shui-Ratgeber, Bücher über das Gedächtnis des Wassers oder über fühlende Steine, hatte er selbst erprobt. Er glaubte mit der ganzen Inbrunst seines verblödeten Her-zens an das, was er da tat.

Im Esszimmer saß bereits Gretas Großvater. Der grumme-lige alte Mann, dem man immer noch ansah, wie gut er ein-mal ausgesehen hatte, wohnte mit seiner Frau im Ober-geschoss der Villa.

»Der Herr Kollege«, sagte der alte Heinrich Ulmenthal, denn er war auch mal Rechtsanwalt gewesen. Paul grüßte ihn mit möglichst festem Händedruck, auf starke Hände legte Opa Heinrich wert.

Seine Frau jammerte nach *Immodium*. Seitdem sie ihren Darmkrebs überlebt hatte, war Josefine Ulmenthal *immodium-süchtig*.

»Du bekommst gleich dein *Immodium*, Mutter«, sagte Gre-tas Mutter Ellen. Sie war Innenarchitektin und hatte die Villa wirklich umwerfend dekoriert. Alles sah eben überhaupt nicht dekoriert aus. Wie zufällig passte die japanische Vase zum Rokoko-Schränkchen, und aus der kleinen Kommode, die gerade so weit geöffnet war, dass man es erkennen konnte, schauten hochgeistige Bücher heraus, Erstausgaben, Sammlerstücke. Ungelesen natürlich, denn Ellen Ulmenthal interessierte sich nur für Innenarchitekur und Oskar nur für Schwachsinn.

Jorge, der Hausmeister aus Kolumbien, der mit der Zeit Mädchen für alles geworden war, brachte die Suppe.

Oskar schenkte ihnen Gin Tonic ein, Paul sagte nicht »Stopp!«, denn er musste jetzt sehr schnell betrunken werden. Oskar hielt sein Glas hoch und trank es in einem Zug leer. »Oskar«, sagte Ellen. »Papa«, sagte Greta. »Was denn?«, fragte Papa Oskar.

Paul nippte an seinem Glas. Seine Augen tränten. Heinrich wollte gern über Innenpolitik reden, aber Ellen lenkte die Aufmerksamkeit auf die Suppe. Alle außer Heinrich lobten die Suppe, und Josefine brachte in Erinnerung, dass ihr *Immodium*-Fläschchen wahrscheinlich in ihrem Badezimmer sei. »Das Geheimnis der Suppe ist der pürierte Lauch«, unterbrach ihn Ellen.

»Ich werde den Chinesen chinesische Medizin verkaufen«, sagte Oskar. »Ich kann nämlich für Reinheit garantieren.« »Von Reinheit versteht der Chinese nichts«, antwortete Heinrich. »Man soll sich auf das besinnen, was man gut kann.« – »Und als Basis eine Mehlschwitze?«, fragte Greta mit Nachschmeckmiene, »und ein Hauch Muskat ist auch drin, oder?« Paul nahm noch einen Schluck. Nach zwei Stunden schaute er auf die Uhr, und es waren erst zwanzig Minuten vergangen.

Jorge kam herein und räumte die Suppenteller ab. »Ich bin noch gar nicht fertig«, protestierte Josefine, und Heinrich richtete genervt den Blick an die Decke. »Das kommt davon, dass du die ganze Zeit redest.« Josefine krampfte verbittert ihre Hand um den Suppenlöffel. Jorge ließ ihren Teller stehen, schaute zu Ellen, die die Augenbrauen hochgezogen hatte, und nahm ihn dann mit einer schnellen Bewegung doch mit.

»Und bringen Sie bitte mein *Immodium* mit«, schrie Josefine ihm hinterher.

Greta erzählte etwas von einer Fabrik für chirurgische Werkzeuge in Pakistan. »In Pakistan gibt es überhaupt keine Homöopathie«, sagte Oskar. Ellen sagte, der nächste Gang sei etwas ganz Besonderes. Paul bat um mehr Gin Tonic, und Greta sagte: »Paul.«

Als der Nachtisch unendlich viel später gegessen war, behauptete Paul, am nächsten Tag früh rauszumüssen. Heinrich sagte, dass der frühe Vogel den Wurm fange, und Paul ergänzte still: Early Worm gets eaten. Greta drückte der Reihe nach ihre Familie, rieb Oberarme, und Oskar gab Paul die Hand, ohne ihn anzuschauen. Dann sagte er: »Du musst jetzt langsam zu Potte kommen, Paul, werd mal erwachsen.« Paul lächelte ihn an und dankte ihm für den wunderbaren Abend.

Bis Kreuzberg schwieg Greta unüberhörbar, während Paul so tat, als müsse er sich wahnsinnig auf den Verkehr konzentrieren. Dann sagte sie: »Du hättest dich wenigstens für die Gläser bedanken können.« – »Ach komm«, antwortete Paul. »Ich habe mich doch für den ganzen Abend bedankt, da war doch der Dank für die Gläser schon mit drin.« – »Fang doch jetzt nicht mit so blöden juristischen Winkelzügen an. Du bekommst ein Geschenk, du bedankst dich. Das ist doch wohl normal.« Sie umklammerte fest den Karton mit den Gläsern auf ihrem Schoß. »Normal ist nicht unbedingt das Wort, das mir im Zusammenhang mit deiner Familie einfällt.« – »Was soll das denn heißen?« Greta klang – nein, nicht wütend –, sie klang: entsetzt. »Ach komm.« – »Sag nicht dauernd: ›Ach komm‹, was ist denn bitte an meiner Familie nicht normal?« – »Greta.« Sie standen am Mehringdamm an der Ampel, und er schaute sie an. Ganz blass war sie. »Dein Vater verkauft Wasser und behauptet, dass er damit Leute heilen könne. Und Hunde.« Greta schaute auf den Karton. »Du kannst mich gar nicht lieben.« – »Greta, wie könnte ich dich denn nicht lieben?« – »Jeden Menschen, den ich mag, findest du scheiße. Das ist meine Familie. Meine Familie, Paul.« – »Ich verstehe nicht, dass du so überrascht tust. Du magst doch meine Mutter auch nicht. Und von Roman fang ich besser gar nicht an.«

»Aber Ben!«

»Na, Kunststück, man kann Benchen überhaupt nicht nicht mögen.«

»Aber meine Eltern schon, oder was?«

»Du weißt doch, wie beschissen ich diesen esoterischen Hokuspokus finde.« – »Kannst du nicht einmal von deinem hohen Ross runterkommen und den Menschen, die ich liebe, einen klitzekleinen Sympathievorschuss geben? Kannst du nicht. Jeder Mensch hat irgendwelche Eigenschaften, bei denen man nicht Hurra schreit. Aber man kann sie doch trotzdem lieben. Und wenn der Mensch, den man irgend-wann vielleicht mal heiraten will, jemanden mag, dann kann man doch wenigstens versuchen, ihn auch zu mögen.« Sie waren zu Hause angekommen. Paul zog den Zündschlüssel ab, strich ihr eine Strähne aus dem Gesicht und sagte: »Ich verspreche dir, dass ich ab jetzt Vorschüsse geben werde.« – »Wirklich?« Greta schaute ihn an und lächelte tapfer. Dann umarmte sie ihn und flüsterte: »Ich habe manchmal Angst, dass du dich gar nicht mehr ändern kannst.«

Die wenigsten Menschen wissen, dass es von Robinson Cru-soe einen zweiten Teil gibt: Meet the Freitags. Robinson lernt die Eltern von Freitag kennen und kann nur mit Müh und Not auf eine dann hoffentlich wirklich einsame Insel fliehen. Die Liebe und die anderen, das ist ein Aspekt, an den man gar nicht so recht denkt, wenn man jemanden kennenlernt: Da hängt noch was dran.

»Du bist genau wie deine Mutter« ist ein Satz, der niemals nett gemeint ist. Zu diesen anderen, der Familie, den Freunden, den Kollegen, ja vielleicht sogar den Ex-Liebhabern, muss man sich irgendwie stellen. Und in dieser Stellungnahme ist man alles andere als frei.

Es kommt gar nicht darauf an, dass man seine Schwiegereltern tatsächlich von Herzen liebt. Das kann sogar gerade nicht angezeigt sein: Wenn etwa die Frau, die man liebt, ihren Vater hasst, wird man wohl kaum gut gelaunt ein wunderbares Verhältnis zu ihm pflegen.

Eher als ein eigenes Verhältnis zu den Eltern des Partners hat man doch ein geliehenes, wenigstens zu Beginn. Man übernimmt in mehr oder weniger blindem Vertrauen, was der Partner fühlt.

Paul allerdings glaubt angesichts seiner Vernunft einfach auf Gretas Eltern, die er für Spinner hält, herabblicken zu können, er glaubt sogar, seine Sicht sei so nachvollziehbar und natürlich, dass sogar Greta selbst es verstehen müsse.

Man muss niemanden lieben, das kann man schließlich nicht anknipsen. Wichtig ist aber, dass man die Gefühle seines Partners wenigstens zu teilen versucht, dass man eine Bewegung macht, um zu verstehen, warum der, den man liebt, einen anderen liebt.

Und darüber müsste man dann reden. Womit wir zu Pauls Ausgangsproblem zurückkommen, dass er sich für Greta ein paar schmutzige Sachen im Bett einfallen lassen sollte. Es gibt ganz offensichtlich Themenfelder, die dem Gespräch nicht zugänglich sind.

Bring mir doch mal Blumen mit, sei doch mal spontan im Bett, lieb mich doch ein wenig mehr – das Problem liegt auf der Hand: Selbst wenn den Wünschen entsprochen wird, dann ist die Erfüllung des Wunsches mit einem Makel behaftet. Dann hat man eben Blumen da stehen, aber es fühlt sich an, als habe man sie sich selbst geschenkt, dann kommt auf einmal Spontaneität ins Bett, aber sie folgt einem Plan, und man war an diesem Plan selbst unwiderruflich beteiligt.

Selbst heute ist es noch so, dass Eltern mit ihren Kindern ausschließlich die Gefahren der Sexualität besprechen. Sie weisen auf Krankheiten und auf die Möglichkeit hin, schwanger zu werden oder zu schwängern, aber dass Sexualität nicht nur Verderben und Probleme bringt, muss man im Verborgenen herausfinden. Es ist allerdings auch nicht so, dass jetzt einfach nur alle reden müssten: Kinder scheuen sich sehr, mit ihren Eltern über Sex zu reden, und werden sich in der Regel aus den Gesprächen herauswinden, Eltern scheuen sich ebenso, und selbst wenn wir es lernen würden, über Sex zu reden, bliebe das oben erwähnte Problem bestehen: Auf etwas nicht Gelingendes hinzuweisen macht es manchmal gerade unmöglich, dass es gelingt. Wie um alles in der Welt soll Paul auf Zuruf auf einmal ein ungeheuer fantasievoller Liebhaber werden?

Das Verhältnis zwischen Paul und den Ulmenthals wäre nun ein Thema gewesen, das dem Gespräch zugänglich gewesen wäre. Und wie wir noch sehen werden, hat es sich bitter gerächt, dass das Gespräch darüber gescheitert ist.

Fünf Minuten, bevor Paul und Greta an der Tür klingelten, das sei noch erwähnt, flitzte Oskar mit hochrotem Kopf durch das riesige Haus. »Ich kann die Gläser nicht finden!« Einen Tag, bevor die beiden klingelten, fragte Ellen, ob sie den beiden nicht etwas schenken sollten, und Oskar sagte, er habe da etwas ganz Besonderes: »Dann merkt Paul endlich, dass wir ihn als unseren Sohn sehen.«

Vier Tage, bevor die beiden klingelten, sagte Heinrich zu Ellen: »Soll ich dem Jungen vielleicht ein paar Tipps geben?« Und Ellen antwortete: »Wir haben uns überlegt, ob er nicht vielleicht in Pakistan Chefkoordinator oder Chefcontroller, irgendwas mit Chef im Titel und nicht zu viel Verantwortung werden kann. Dass er hoch erhobenen Hauptes raus kann aus der Juristerei.« Und Heinrich sagte: »Macht das mal, Jura ist auch nicht mehr dasselbe.«

Sieben Tage zuvor fragte Josephine: »Wo ist mein Immodium?«, und Oskar sagte zu sich, während er ihr die Windel wechselte: »Wir müssen Greta und Paul endlich mal wieder sehen. Und wir müssen den Jungen irgendwie unterstützen, ohne dass er sein Gesicht verliert.«

# Bach rauf, Bach runter

>*»Die Liebe ist so unproblematisch wie ein Fahrzeug.*
>*Problematisch sind nur die Lenker, die Fahrgäste und die Straße.«*
>FRANZ KAFKA

In den Siebzigerjahren startete in Deutschland die Sesamstraße. Jedes Kind saß jeden Abend um 18:30 Uhr aufgeregt vor dem Fernseher, um neue Lektionen für das Leben zu lernen. Die Sendung startete mit einem aufgeregten, kaum zu verstehenden Kinderchor, der die Zeile sang:

»Tausend tolle Sachen, die gibt es überall zu sehen.«

Die folgende Zeile verstand Roman als: »Manchmal muss man groß sein, um sie zu verstehen.« Mia saß zur selben Zeit vor dem Fernseher und verstand: »Manchmal muss man mogeln, um sie zu verstehen.«

Roman und Mia hielten sich tapfer an das, was sie zu verstehen geglaubt hatten. Roman setzte alles daran, erwachsen zu werden, Mia trat Herausforderungen mogelnd entgegen.

Tatsächlich sang der Chor: »Manchmal muss man fragen, um sie zu verstehen.«

Zu der Zeit, als es mit Roman ernster wurde, jobbte Mia als menschliche Dekoration in einem Varieté und kiffte zwischendurch mit den Clowns. Sie hatte ihr Biologie-Studium während ihrer Jonathan-Zeit auf Eis gelegt und war eigentlich wieder bereit, etwas mehr Ernst in ihr Leben zu bringen. Mit Roman ließ es sich gut ernst werden, für Ernsthaftigkeit war er wie gemacht. Die Wahrscheinlichkeit, dass Roman irgendwann in einem Varieté als menschliche Dekoration arbeiten und zwischendurch mit den Clowns kiffen würde, lag bei stabilen null Prozent.

Sie hatte versprochen, weniger zu kiffen, roch nach der Arbeit aber immer nach Gras. Er mochte es nicht, Leute beim Lügen zu erwischen, und Mia log in allen Angelegenheiten routinemäßig. Sie hatte auch kein Problem damit, das zu begründen: »Wenn man immer nur mit Irren zu tun hat, kommt man mit der Wahrheit nicht weiter. Mein Lieber: Du bist ein deutsches Mittelschichtskind, bei dir ist das Irrste, was dir je passiert ist, dass deiner Mutter die Kartoffeln angebrannt sind. *Natürlich* bist du seriös!«

Roman sah das ein, also stellte er seinen Verstand auf Sparflamme, wenn er mit ihr sprach, und nahm alles so leicht, als sei er ein bekiffter Clown.

Erstaunlicherweise klappte das ganz gut. Er nannte sie »Fräulein Wunder«, sie ihn »Dr. Ernst«, und vielleicht dachte er, es würde als Spaß durchgehen, als er um ihre Hand anhielt. Oder dachte er, sie werde es als einen seiner Seriositätsversuche abtun, eine dieser Verhaltensweisen, die sie immer als seine »Bausparvertragstendenz« bezeichnete?

»Bausparvertragstendenz!«, rief sie, als er sagte, er müsse sie jetzt mal als Zweitfahrer für den Volvo bei der Versicherung melden, »Bausparvertragstendenz!«, rief sie, wenn er zu Karstadt fahren wollte, um ein paar zusammenpassende Teller und Tassen zu kaufen.

Aber als er um ihre Hand anhielt, da sah er Mia, wie er sie noch nie gesehen hatte, er hatte diesen Gesichtsausdruck bisher überhaupt bloß im Film gesehen, er wusste nicht mehr, in welchem, aber es war eine Mischung aus unbändiger Freude und Fassungslosigkeit. Ihre Augen schimmerten und strahlten zugleich, ihr Mund öffnete sich ein winziges Stück, und ihr ganzes Gesicht schien eine Spur heller als sonst zu leuchten. »Ein Regenbogengesicht hat sie«, dachte Roman.

Er hätte sich von da an eher in Stücke schlagen lassen, als jemals auch nur zu erwähnen, dass es eigentlich ja auch ohne die Hochzeit gegangen wäre.


Roman hat Mia das erste Mal in einer Mail gesagt, dass er sie liebt. Mia hat die Mail damals ausgedruckt und bewahrt sie noch heute in ihrer Schreibtischschublade auf. Sie waren ein paar Monate zusammen, Mia hatte ihr Studium wieder aufgenommen und war auf eine Konferenz gefahren. Abends schrieb sie Roman, dass sie sich fett fühle.

Seine Antwort: »Mia, gestern habe ich in einer Zeitung Kate Moss nackt am Strand gesehen. Ohne die ganzen Designerfummel auf ihrem Körper ist sie nackter, als ein nicht zu Tode fotografierter Mensch es je sein könnte. Mia, du dagegen mit deinem Ballerinengang, die du am Strand dahingegossen sitzt wie die Installation eines noch zu Unrecht unbekannten bulgarischen Jungkünstlers, die an ihr Gemüt nur französische Literatur des vergangenen und vorvergangenen Jahrhunderts lässt, du bist mit einer Waage nicht zu fassen.

Das letzte Mal war dein Gewicht interessant, als dein Vater aus dem Kreißsaal stürmte und der versammelten internationalen Presse entgegenschrie: ›3500 Gramm!‹

Mit jedem zusätzlichen Kilo, du dich vermutlich bald nur noch rollend fortbewegende Frontfrau der Zerbrechlichkeit, du Erinnerung an den Untergang Roms, mit jedem Gramm mehr unter deiner Haut geht es mir wie Hillary Clinton, die auf der Titelseite der ›News of the World‹ einst über ihr dreibeiniges Alien-Baby schwärmte: ›More to love!‹

Mehr zu lieben. Wenn das geht.

Roman«

»Ich habe das übrigens mal nachgeschaut mit diesem Schilddrüsen-Dings, diesem äh …«, sagte ich.

»Hashimoto«, sagte Roman.

»Du hast ja wahrscheinlich auch gelesen, dass es da einen Zusammenhang gibt zwischen Hungern und Unfruchtbarkeit.«

»Klar habe ich das gelesen.«

»Nun.«

»Was?«

»Na ja, du könntest natürlich theoretisch den Spieß auch umdrehen. Du könntest ihr die Schuld geben.«

»Bist du komplett wahnsinnig? Ich dachte, du wärst Liebesonkel?«

»Ich sage das ja nicht als Dr. Sommer, ich sage das als dein Freund.«

»Gut, mein Freund. Ich werde nicht die Tatsache, dass Mia mal krank war, gegen sie verwenden. Damit bekommen wir auch nicht den Druck aus der Sache.«

»Wahrscheinlich hast du recht. Ist auch spät. Tut mir leid«, sagte ich.

Roman machte ein Geräusch, mit dem man Katzen vertreibt, und rief: »Ksch, Darth Vader, ab ins Körbchen!«

Apropos Katze: So hatte Mia Roman das erste Mal gesagt, dass sie ihn liebt: Er hatte immer etwas Schnupfen gehabt, wenn er bei ihr war, sodass allmählich der Verdacht aufkam, dass er auf den Kater Eduard allergisch sein könnte. Sie hatte gesagt, dass sie Roman dann leider ins Tierheim geben müsse, und er hatte gelacht, aber ein wenig auch gedacht, dass sie wahrscheinlich wirklich den Kater lieber habe als ihn.

An einem Sonntagabend, als sie statt den Tatort zu schauen miteinander geschlafen hatten und aus dem Wohnzimmer gerade die Abspannmelodie herüberklang, hatte er gefragt: »Würdest du mich wirklich abgeben, wenn ich eine Katzenhaarallergie hätte?«, und Mia hatte gesagt: »Natürlich nicht. Dann würden wir uns halt ein Krokodil nehmen.«

Mia hatte es nicht so mit dem Ich-liebe-dich-Sagen. Mias Vater war gestorben, als sie acht war. Er war ein stiller, ernsthafter Mann gewesen, der einen stillen, ernsthaften Hautkrebs entwickelt hatte, ohne dass er je an einem Strand gelegen hätte oder unter einer Sonnenbank. Ein einziges Mal hatte er seiner Tochter gesagt, dass er sie liebe. Da wusste sie, dass er bald sterben würde.


Nach der Hochzeit von Roman und Mia sagte sie ihm häufiger als je zuvor, dass sie ihn liebte. Es war, als hätte sie alles hinter sich gelassen und sei zum ersten Mal frei von Vergangenheit. Bei den beiden hing der Himmel voller Geigen. Und das ist recht wörtlich zu verstehen. Weil sie keine Zeit hatten für Flitterwochen, sich aber einig waren, dass irgendetwas passieren sollte, zogen sie als Frischverheiratete in eine hellere, größere Wohnung mit Balkon, Badewanne und Holzdielen.

Über ihnen wohnte eine Wohngemeinschaft von drei finanziell recht gut gepamperten Jungs, die irgendwann angefangen hatten, sich zu hassen. Die Jungs gingen allesamt keiner geregelten Arbeit nach und waren künstlerisch ambitioniert. Weil sie sich so sehr hassten, konnte keiner von ihnen es ertragen, wenn er den anderen auf seinem Instrument hörte. Wenn einer Geige übte, was erstaunlich oft und zu erstaunlich wagemutigen Zeiten stattfand, holten die anderen unweigerlich zum Gegenschlag aus: Einer geigte zurück, der dritte sang. Die Geigereien variierten leicht, der Gesang blieb immer gleich: »I believe I can fly«.

Als Mia Roman, der es von klein auf gewohnt war, Lärm auszublenden, zum ersten Mal darauf aufmerksam machte, dass über ihnen ein Geigenmassaker stattfand, hielt Roman die Geräusche, die er von dort hörte, für eine Ausnahme, eine Irregularität der Natur.

Er beruhigte Mia und sagte: »Das wird nicht wieder vorkommen.«

Mia hatte seit der Hochzeit große Freude daran, von Roman als »mein Mann« zu reden. Sie sagte auch gern »mein lieber Mann«, wenn sie ihn direkt ansprach. »Wollen wir morgen ins Kino gehen, mein lieber Mann?«, oder: »Mein lieber Mann, bringst du mir Orangen mit?«

Als also das nächste Mal erst die erste Geige, dann die zweite Geige ertönte und wenig später »I believe I can fly« einsetzte, rief sie Roman im Büro an und sagte: »Mein lieber Mann, hör dir das mal an.« Sie hielt den Hörer Richtung Decke, und Roman war erstaunt, dieser Irregularität der Natur tatsächlich ein zweites Mal zu begegnen.

Roman fragte Mia, ob sie der Lärm denn sehr störe, und sie antwortete: »Mein lieber Herr Scholli, was glaubst denn du?«

Mia hatte, obwohl sie leidenschaftlich gern rumänische Sprichwörter übersetzte und ihrer Umgebung auf diese Weise das Leben erklärte, kein Glück mit deutschen Redensarten.

»Sitz ich im falschen Kino oder was? Du HÖRST das doch, wie soll mich das denn nicht stören?«

»Ist okay, Mia, ich kümmere mich später darum.«

Am Abend klingelte Roman bei der WG, und ein junger Mann Mitte zwanzig mit schütterem Haar und durchgeistigtem Kinnbart öffnete die Tür.

»Ich bin der neue Nachbar von unten«, sagte Roman.

Der junge Mann strich sich durch den Bart.

»Roman ist mein Name. Roman Klinghofer. Also, du kannst gerne Roman sagen. Ich darf doch Du sagen?«

Der junge Mann fragte: »Brauchst du Eier?«

»Wie? Also nein, ich, ich hab, sag mal, sind deine Mitbewohner auch da, ihr seid doch eine WG, oder? Ich müsste mal mit der ganzen Mannschaft sprechen.«

Als Roman die Geschichte damals erzählte, haute Paul an dieser Stelle auf den Tisch: »Roman wechselt immer in so einen seltsam-jovialen Kapitänsmodus, wenn er mit Leuten schimpfen muss. Das ist fantastisch.«

»Ja, ja«, sagte Roman, »jetzt lass mich erst mal weitererzählen.«

»Weiß nicht, ob die anderen da sind«, sagte der junge Mann.

»Könntest du denn vielleicht mal schauen?«, fragte Roman.

»Worum geht's denn?«

»Um die Geigen. Und um den Gesang.«

»Die Geigen, das bin nicht ich.«

»Dann bist du also R. Kelly?«, fragte Roman.

»Hui!«, rief Paul an dieser Stelle. »Ich dachte, du hörst nur Musik von Leuten, die tot sind.«

»Mia hatte mir gesagt, dass dieses Lied von R. Kelly ist. Die kennt ja eine Menge. Aber lass mich mal weitererzählen.«

Roman erklärte also dem jungen Mann, dass seine Frau, also Mia, sie hätten gerade erst geheiratet, dass Mia sich gerade zwischen zwei Jobs befinde, aber trotzdem arbeiten müsse, wie das eben heute so sei, also von zu Hause aus arbeiten, und da sei sie eben etwas empfindlich, was Lärm anginge.

»Lärm?«, fragte der junge Mann.

»Na ja, also das eben, was bei uns ankommt, vielleicht klingt das bei euch hier oben ja toll, bloß bei uns eben, da ist es, äh, Lärm.«

»War's das?«, fragte der junge Mann.

»Klar. Also: Schöne Grüße an deine Genossen, und wenn ihr also etwas die Zeiten, also das wäre schon echt gut, gerade im Moment. Halt, nö?«

»Dann passt ja alles.«

»Dann passt ja alles« wurde in den kommenden Jahren zum geflügelten Wort bei Roman, Paul, Ben, Jimo und mir, was natürlich niemand ahnen konnte, am wenigsten der junge Mann, der zu diesem Zeitpunkt noch keine Ahnung hatte, wie sehr er Roman unterschätzte.

Am nächsten Tag rief Mia Roman im Büro an.

»Was hast du dem denn gestern gesagt?«, fragte sie.

»Dem Nachbarn?«, fragte Roman.

»Nein, dem Sportminister. Klar dem Nachbarn. Du hast doch mit dem Sänger gesprochen. Der singt jetzt noch lauter. Und mindestens eine Geige geigt. Mann, geigt die! Ich drehe durch, Roman, ich muss mich konzentrieren!«

Am Abend erklärte Roman Mia, neue Gepflogenheiten müssten sich erst einmal einspielen, Übungseinheiten müssten koordiniert, Probezeiten in Terminkalendern berichtigt werden. Mia fragte Roman, ob er eigentlich noch ganz dicht sei, ob er ernsthaft glaube, diese apokalyptischen Arschbürsten hätten einen Terminkalender für ihren Terror, und ob er wirklich so deutsch sei oder bloß ein überangepasster Buschmann, der sich weiß angemalt hatte.

Roman bestand darauf, der WG die Gelegenheit zu geben, sich erst einmal an die neue Situation zu gewöhnen, woraufhin Mia darauf bestand, Roman die Gelegenheit zu geben, auf dem Sofa zu schlafen.

Die folgenden Wochen verliefen angespannt. Roman zuckte beim leisesten Geräusch von oben zusammen, Mia erfand jeden Tag neue Schimpfwörter, deren Wiedergabe das sofortige Verbot dieses Buchs nach sich ziehen würde, und die WG über ihnen hielt nun manchmal Ritterturniere ab, wusch die Ritterrüstungen und die Morgensterne dann nachts in der Badewanne, jagte aus purer Freude Neufundländer mit Pfeil und Bogen über die Holzdielen. »I believe I can touch the sky.«

Zwei Mal ging Roman in dieser Zeit nach oben, meistens als Reaktion darauf, dass Mia Witze über sein Deutschsein gemacht hatte, er war höflich und verständnisvoll, und der Backenbart lächelte durch ihn hindurch und fragte, ob er Eier brauche.

An einem Sonntagmorgen um sieben Uhr zehn kratzte dann etwas über den Boden, das Kratzen wurde lauter, schwoll zu einem nachdrücklichen Schaben an, es hätte ein Bär sein können, der sich eine Höhle in den Holzboden grub. Roman blinzelte und sah, dass Mias Augen geöffnet waren.

»I used to think that I could not go on
And life was nothing but an awful song.«

Wenn man von jemandem sagt, dass er aus dem Bett springt, dann ist das üblicherweise eine Übertreibung, denn ein untrainierter Mensch hat natürlich Schwierigkeiten, aus der liegenden Haltung seinen Körper gezielt in eine Richtung zu katapultieren. Roman hatte diese Schwierigkeiten nicht. Ehe Mia auch nur ihren Oberkörper aufgerichtet hatte, wummerte Roman schon oben an die Tür, und was dann folgte, das weiß ich nicht. Roman ist es peinlich, darüber zu reden, Mia übertreibt wahrscheinlich, aber sinngemäß muss es irgendwie um Geigenbögen und Augenhöhlen und sonstige Körperöffnungen gegangen sein, das berühmte Sex-Video von R. Kelly spielte auch noch eine Rolle, besonders die darin praktizierte Sexualspielart. Abschließend soll Roman gesagt haben, wenn sich ab jetzt auch bloß eine Maus in der WG einen runterhole, dann sollten die Herren Künstler schön ihre Hände unter den Mäusepimmel halten, denn wenn er auch nur das Geräusch auf den Boden tropfenden Mäusespermas höre, werde er ab jetzt die Polizei rufen. »Damit die eure verdammten Schädel vom Boden wischt.«

Roman hatte gut aufgepasst, wenn Mia geflucht hatte, und so gesehen hatten die beiden die Situation im Teamwork gelöst. Kurze Zeit später zogen zwei der Jungs aus, zurück blieb der Backenbart, der sich von nun an unten an der Treppe die Schuhe auszog.

Mia bewunderte Roman noch etwas mehr als zuvor, und alles hätte gut sein können, wenn die beiden nicht etwas dabei verloren hätten: Mia nannte Roman nie wieder »mein lieber Mann«. Es war einfach abhanden gekommen, wie ein Schlüssel oder ein Zettel, aber es war ein Schlüssel gewesen zu einer Tür, die nun nicht mehr aufging, ein Zettel, auf dem etwas gestanden hatte, von dem sie nun nicht mehr wussten, was es war.

In großen Teilen hatte ich die Geschichte natürlich mitbekommen, nur von dem Ergebnis erzählte Roman mir jetzt zum ersten Mal. Meine Freundin sagte, das sei doch Unsinn, Verliebtheit höre doch nicht auf wegen geigender Nachbarn, und Roman antwortete, vielleicht sei es wie mit dem Hahn, der denke, dass die Sonne aufgeht, weil er kräht.

»Kann sein, dass es deswegen war, vielleicht auch nicht. Auf jeden Fall hat sie es seit damals nicht mehr gesagt.«

Stress kann selbstverständlich etwas verändern in der Beziehung, ein schreiendes Baby hat noch so ziemlich jedem Paar den Sex versaut, und die Geiger (ich habe sie nie selbst gehört) sollen durchaus in der Babyliga gespielt haben, was Dauer und Unerträglichkeit des Lärms angeht. Aber das Gegeige war doch längst vorbei. Hätte sich da die Verliebtheit nicht wieder einstellen können?

# Jump The Shark (Tag 7)

*»Jeder fünfte Mord geschieht in einer Ehe.«*
GODWIN LÄMMERMANN,
»HOCHZEITSNACHT UND TRAUALTAR«

Greta wollte möglichst schnell wieder raus. Aus irgendeinem Grund, den sie nicht verstand, fühlte sich das hier noch falscher an, als mit Konrad zu schlafen. Aber sie brauchte ein paar Sachen, und wenn sie die Wohnung weiter meiden wollte, dann brauchte sie so viele, dass ihr jemand beim Tragen helfen musste.

Sie wollte Konrad niemandem vorstellen, also stand der jetzt allein mit ihr in ihrer Wohnung und schaute sich die gerahmten Fotos an der Wand an. Er nahm eins von Paul in die Hand und schaute es sich aus der Nähe an.

«Er sieht schwach aus. Wusstest du, dass man am Kinn erkennen kann, ob ein Mann Führungsqualitäten besitzt?« Konrad rieb sein imposantes Kinn.

»Er ist auf dem Bild acht Jahre alt«, sagte Greta.

»Aber das ist es ja. Alles in den Genen festgeschrieben. Man hätte diesem kleinen Jungen schon sagen können, dass einmal ein höherrangiges Männchen kommen und ihm die

Frau wegnehmen würde.« Konrad hörte nicht auf, sich das Kinn zu reiben.

»Weibchen meinst du«, sagte Greta.

Greta war einmal drei, vier Sitzungen lang bei einer uralten Psychoanalytikerin gewesen, die auch noch aus Wien stammte und mit einem Akzent sprach, den nicht einmal absichtlich historisierende Touristenführer noch benutzt hätten, um ihr Trinkgeld zu verbessern. Die Psychoanalytikerin hatte ihr, während sie ununterbrochen in ihrer Melange rührte, gesagt, dass Greta die Neigung habe, sich selbst zu bestrafen.

Greta hatte das für Analytikergeschwätz gehalten. Jetzt fragte sie sich zum ersten Mal, ob die alte Frau Nikolic vielleicht recht gehabt hatte.

War Konrad eine Strafe? Wenn ja: für was?

Sie konnte nicht mehr sagen, ob das, was in ihrem Bauch passierte, wenn sie mit Konrad zusammen war, Kribbeln oder Rumoren war. Paul hatte ihr irgendwann erzählt, dass er früher in Bonn manchmal so bekifft gewesen war, dass er nicht mehr sagen konnte, ob er Durst hatte oder Hunger oder keins von beidem. Auch nicht, ob ihm kalt war oder warm. Er hatte keine Rückmeldung mehr von seinem Körper erhalten, und das hatte ihn, so sagte Paul, vollständig gelähmt.

Sie hatte ihn damals gefragt, wie ihm das denn überhaupt habe auffallen können. Ein bisschen hatte sie die Frage ernst gemeint. Jetzt fühlte sie sich selbst genauso. Keine Rückmeldung mehr. Das Gefühl in ihrer Vagina, wenn Konrad seine nervösen Stöße ausführte, das Gefühl auf ihren Lippen, wenn er seine daraufpresste – war es gut, tat es weh, war es eklig? Sie fühlte sich wie Paul, dachte sie. »Ich bin wie Paul geworden. Ich gehe von ihm weg, und jetzt bin ich wie er. Ich fühle nichts mehr, ich handele nicht mehr. Armer Paul«, dachte Greta und meinte: arme Greta.

»Greta ist die stärkste Frau der Welt, ich glaube, sie könnte jeden besiegen«, sagte Paul und goss sich Grappa nach. »Es gibt ja immer so Leute, da denkst du, die kann nichts aus der Ruhe bringen, und selbst wenn die mal aus der Haut fahren, dann ist es noch cool, und alle denken: Ja, genau, das ist jetzt aber echt mal das Richtige. Obama. Joschka Fischer. Otto Schily. Der Dings, der Jauch. Und Greta.«

»Dass du überhaupt schon wieder trinken kannst«, sagte Roman und nippte an seinem Apfelsaft.

»Wo ist eigentlich Ben?«, fragte ich. »Hat der auch Probleme?«

»Ich habe ewig nichts von Benchen gehört«, sagte Roman. »Und wenn man nichts von Benchen hört, dann geht es ihm in der Regel ganz gut.«

Wir saßen zum ersten Mal zu dritt im Miracolo. Sieben Tage waren seit Pauls LSD-Erlebnis vergangen, und Roman redete kaum. Vielleicht war es ihm unangenehm, vor Paul über seine Probleme zu reden, vielleicht wollte er aber auch Paul nicht ablenken, denn der bot plötzlich eine ganz unerwartete Perspektive auf Mia. Paul erzählte nämlich, dass Greta vor einigen Monaten Romans Vorgänger Jonathan auf dem Wohltätigkeits-Brunch einer Überwachungstechnik-Firma kennengelernt hatte. Der mittlerweile noch deutlich bekanntere Jonathan war dort vermutlich als intellektuelles Gegengewicht zu den Soapstars und Reality-TV-Gestalten eingeladen worden, die das Buffet leer fraßen, als ob es kein Morgen gäbe. Jonathan war charmant gewesen, hatte über zuckerfreie Ernährung geplaudert und über den Zusammenhang zwischen Kurzsichtigkeit und Intelligenz, und Greta hatte sich gefreut, ihn mal kennenzulernen, gewissermaßen den Ex-Freund ihrer Schwägerin, und das auch so gesagt.

Ein paar Wochen später waren Paul und Greta ihm in einer Bar in Mitte begegnet, und Jonathan hatte ohne viel Vorgeplauder erzählt, Mia sei »eine misanthrope Cockteaserin«.

Man kann in keiner Situation so viel Schlechtes über einen Menschen hören wie in dieser: wenn der Ex-Partner mit durch Weißwein gelöster Zunge und mit Gretas tröstender Hand auf dem Arm loslegt. Dann wirken die Nürnberger Prozesse wie der Bibelkreis einer Streichelgruppe.

»Es war total seltsam«, sagte Paul. »Als hätte Mia ihn gerade erst verlassen. Dabei ist das ja Jahre her. Aber hätte man ihn ohne Vorkenntnisse reden gehört, hätte man gedacht, dass da gerade mal eine Woche vergangen ist.«

Keine drei Mal hätten Mia und Jonathan noch miteinander geschlafen im letzten Jahr ihrer Beziehung. »Mia vertraut Verhütungsmitteln nicht«, hatte Jonathan gesagt. »Kein Verhütungsmittel ist stärker als ihre Angst vor Schwangerschaft. Nach jedem Geschlechtsverkehr – und sei er noch so langweilig – hat sie tagelang Bauchgrimmen und ein schlechtes Gewissen. Dabei nimmt sie die Pille, und ein Kondom musste ich auch jedes Mal benutzen. Mich hat wirklich gewundert, dass sie mich beim Blasen nicht noch gefragt hat, ob sich mein bösartiges Sperma vielleicht auch durch ihren Darm bohren könnte.«

»Ich kenne jemanden, der das mal gefragt worden ist«, hatte Paul zu Jonathan gesagt, der ihn daraufhin auf seine Insektenforscherart angestarrt hatte. »Ehrlich?«

»Klar, warum soll ich lügen?«

Jonathan war offensichtlich genervt von Paul, er nahm die Brille ab und hörte gar nicht mehr auf, an seinen Augen zu reiben. Greta warf Paul vorwurfsvolle Blicke zu, bis sie merkten, dass Jonathan weinte. Er sah nun verheult aus, ohne dass tatsächlich Tränen geflossen wären. Vielleicht hatte er auch bloß eine Allergie. »Ich habe sie auf Händen getragen, und das meine ich beinahe wörtlich, dieses Miststück war zu faul, auch nur zwei Schritte zu Fuß zu gehen, ich habe in diesem«, er nahm ein Stoff(!)taschentuch mit den gestickten Buchstaben JS aus seiner Hosentasche und schnäuzte sich unglaublich geräuschvoll die Nase, »in dieser verdammten, verlorenen Zeit mehr Geld für Taxis ausgegeben als in meinem ganzen Leben zuvor, dabei bin ich doch ein Naturmensch, ich liebe ausgedehnte Spaziergänge«, er schnäuzte sich erneut, »aber diese verwöhnte, frigide Kuh konnte ihre Plattfüße, die hatte sie wirklich, aber ich bin ja nicht oberflächlich, einfach nicht zum Gehen gebrauchen.«

Die Wirtin brachte unsere Gerichte, und ich schaute zwischen den Brüdern hin und her, aber man hätte glauben können, dass Paul Fußballergebnisse referiert habe. Da Roman nicht reagierte, erzählte Paul nun von dem Abend, zwei Tage bevor Greta ihn verlassen hatte. Ihrem letzten gemeinsamen Abendessen.

Gretas Haar hatte im Kerzenlicht in einem warmen Goldton geschimmert, Paul goss Wein ein und sagte: »Schon hart, dass Jonathan sagt, Mia sei eine misanthrope Cockteaserin.«
»Ich finde es beschissen, dass er so nachtritt. Wir wissen ja gut genug, warum sie ihn wirklich verlassen hat. Und da jetzt mit so Sachen zu kommen, sie hätte hässliche Füße und so – das ist doch eklig«, sagte Greta. »Aber im Ernst. Wie kann das sein, dass Mia ständig Angst davor hatte, schwanger zu werden? Jetzt will sie doch unbedingt eins. Und bei Jonathan hat sie trotz Pille immer auf Kondom bestanden?« Greta nahm sich etwas von dem Salat, dann sagte sie: »Roman und sie sind

eben schon lange ein Paar. Aber generell möchte sie niemandem zur Last fallen.« – »Weißt du das oder denkst du das?« – »Hat sie gesagt.«

Sie näherten sich einem Thema, über das sie sich immer schon gestritten hatten. Erzählten sie einander, was andere ihnen als Geheimnis anvertraut hatten? Pauls These: »Andere wissen, dass wir eine Einheit sind, deshalb darf alles, was einem von uns erzählt wird, an den anderen weitergegeben werden.« Gretas These: »Blödsinn.«

»Und wie erklärst du dir das? Das ist doch heftig, nach jedem Sex tagelang Angst.« – »Na, ich sag doch: Sie möchte niemandem zur Last …« Paul unterbrach Greta: »Aber so funktioniert doch die menschliche Psyche nicht.« – »Ah. Wie funktioniert denn die menschliche Psyche, Herr Jung?« – »Na, zunächst musst du ein Urtrauma haben, das dann durch bestimmte Situationen getriggert wird. Was soll das denn bei Mia sein? Ich weiß, das ist ein Klischee, aber das hat doch so groß«, er zeigte Schulterbreite an, »SEXUELLER MISSBRAUCH auf der Stirn pappen, dieses Verhalten.« – »Ach komm. Das Verhalten hat Missbrauch auf der Stirn pappen. Deine Bilder waren auch schon mal besser. Mia ist nicht sexuell missbraucht worden, und dein Essen wird kalt.« – »Ich will doch gar nicht sagen, dass sie missbraucht worden ist, aber eine sexuelle Störung basiert einfach nicht auf der Überlegung, jemand anderen nicht belasten zu wollen. Das ist so eine verkopfte Abart der Psychologie, die Mia sich zurechtgekrampft hat, um nicht an sich arbeiten zu müssen.«

»Paul.« Greta legte ihre Gabel zur Seite. »An sich arbeiten. Soll ich dir die Nummer von Rainer Langhans geben, damit du mit dem ein Wochenendseminar über sexuelle Störungen geben kannst? Oder willst du vielleicht die viele Zeit, die du hast, nutzen, um endlich mal über dich selbst nachzudenken?

Vielleicht denkst du sogar mal darüber nach, warum du ständig über andere nachdenkst, aber nie über dich.« – »Was bist du denn so aggressiv?«

»Bevor du jetzt ausgiebig darüber spekulierst, ob ich als Kind meinem Vater einen runterholen musste – ich arbeite. Ich hänge nicht rum und nenne das dann Arbeit. Ich versuche wie eine Bekloppte, eine schöne Zeit mit dir zu verbringen, obwohl ich keine Zeit habe. Ich besorge Kerzen, ich blöde Kuh fahre dafür extra nach Charlottenburg, weil es diese Kerzen nur da gibt, dabei würde es für dich wahrscheinlich auch eine Neonröhre tun. Und dann sitzen wir zusammen, und du faselst rum wie ein Späthippie. Dieses An-sich-arbeiten-Gelaber kotzt mich so sehr an, diese Dauergruppentherapie, die du hier veranstaltest. Auf einem Niveau, dass sich jedem echten Psychologen, also jemandem, der das studiert hat, ich wüsste nicht, dass du da einen Abschluss hast, die Fußnägel hochrollen. Ich hasse dieses Hippiegequatsche so sehr, ich hasse es so sehr, dass du den ganzen Tag rumhängst und dann auch noch unsere gemeinsame Zeit … ach fuck.« Greta hatte eine Träne im rechten Auge. Paul hätte sie gern getröstet, aber er sagte: »Weißt du, wie du klingst? Wie diese Unternehmensberater, die immer erzählen, wie wertvoll ihnen Familienzeit ist und dass sie diese Quality Time mit ihren Kindern dann möglichst intensiv erleben wollen.« – »Kommst du eigentlich jemals davon runter, dass du als Kind Momo gelesen hast? Wirst du dich irgendwann noch mal weiterentwickeln? Nicht jeder, der seine Zeit organisiert, ist ein zigarrerauchender«, ihre Stimme schnappte kurz über, »Zeitdieb. Ich bin kein Zeitdieb. DU bist ein Tagedieb.« – »Tagedieb, hast du das Wort von deinem Nazigroßvater?« – »Paul?« – »Ja?« – »Fick dich, geh zu deiner Psychopathenpornosammlung, von der du nicht zu denken brauchst, dass ich sie nicht entdeckt habe, und fick dich den ganzen Tag selber, fick dich, bis du in

Ohnmacht fällst, und wenn du wieder aufwachst, dann frag dich doch, ob du genug an deinem Schwanz gearbeitet hast. Und wenn nicht, dann fick dich weiter.« Sie richtete während dieser Ansprache die ganze Zeit das Messer auf Paul. Dann warf sie das Messer auf ihren Teller und rannte ins Schlafzimmer.

Paul wärmte sein Essen in der Mikrowelle auf und schaute die ersten sechs Folgen der zweiten Staffel von »Men of a Certain Age«, bis seine Augen schmerzten. Um vier Uhr kroch er zu Greta ins Bett. Sie sah sogar im Schlaf noch wütend aus.

»Also das mit dem Missbrauch ist wirklich großer Unsinn«, sagte Roman.

Paul war es sichtlich unangenehm, was er da ausgeplaudert hatte. Roman hatte einen Zug um die Mundwinkel, den ich seit bestimmt fünfundzwanzig Jahren nicht mehr gesehen hatte.

So hatte sein Mund gezuckt, wenn er sich in eine Prügelei auf dem Schulhof begeben hatte. Er war nicht viel größer als die anderen gewesen, er war nicht aggressiv, aber er war von autoritärer Stärke. Die anderen machten Spaßkämpfchen, Roman machte ernst. Kurze, trockene Kämpfe. Einen Moment lang fürchtete ich, er könnte Paul schlagen.

»Jonathan ist so ein …«, er unterbrach sich. »Davon ist nichts wahr. Kein Wort. Und Mia hat wunderschöne Füße. Verdammt, ich weiß gar nicht, warum ich jetzt über die Füße meiner Frau rede. Vielleicht sollten wir das alles lassen.«

Paul sah aus, als wollte er sich unter seinem Mokkatässchen verstecken.

»Leute. Es tut mir leid, wirklich. Ich wollte sowieso gehen, ich muss noch – Wohnung und so, ihr wisst, wie es ist. Quatscht ihr ruhig noch was.«

»Äh, Moment«, sagte ich, »ich dachte, du wärst nicht so der Pornotyp.«

Paul zog seine Schultern dramatisch an die Ohren: »Sooo der Pornotyp bin ich ja auch nicht.«

Ich verwarf die Idee, dass es Greta wie bei Ferdinand um Pornos gegangen war. Sie hatte die Sammlung ja erstens schon vor dem Streit entdeckt, und außerdem passte es für sie ja bei Ferdinand ins Bild, dass es ihm nur um Sex ging, Paul hatte sie nie so bedrängt.

Hier schien es um ein anderes, auch recht zeittypisches Phänomen zu gehen. Vielleicht möchte Greta deshalb nicht von Mias Problemen erzählen, weil sie selbst in ihrer Beziehung schon so viel von sich erzählt hat. Greta hat möglicherweise von der Beziehungsanalyse an sich die Nase voll.

Das Problem von Paul und Greta liegt ganz offensichtlich nicht im Schweigen. Wir haben es hier nicht gerade mit zwei Weltkriegssoldaten zu tun, die vor ihrem Partner noch die größten Verletzungen verbergen wollen. Nein, Paul kennt Gretas vollständige Familiengeschichte, als sei er dabei gewesen, und Greta kennt Pauls.

Was eigentlich toll ist, aber eine neue Gefahr birgt – das ständige Analysieren und Psychologisieren.

Kein Wunder, dass du so bist, deine Mutter hat dir ja schließlich früher auch immer das und das verboten.

Schnell befindet sich so eine Beziehung in der ständigen Introspektive. Und wer sich immerzu beobachtet, der kommt nicht mehr voran.

Es ist also nicht alles geritzt, bloß weil man ehrlich miteinander ist. Es reicht nicht, nur irgendeine Maßnahme zu ergreifen, und schon laufen die Dinge wie geschmiert.

Alles, was wir anders (und ich denke auch: richtiger) machen als unsere Vorgängergenerationen, bringt neue Problemstellungen mit sich.

Im Worst-Case-Szenario nutzt man die Informationen, die einem der andere anvertraut hat, um ihn zu verletzen. Das muss gar nichts wahnsinniges Spezielles sein. Zum Beispiel wird Gretas Großvater, von dem Paul weiß, dass er als junger Mann in der NSDAP war, im Streit zum »Nazigroßvater«. Das ist ein ziemliches Klischee, jeder könnte blind so ein Wort raushauen, aber bei jedem anderen würde es sich lediglich um eine Mutmaßung handeln. Paul jedoch *weiß*, dass das Verhältnis von Gretas Vater zu seinem Vater wegen dieser frühen Verblendung sehr schwierig war, er weiß, dass es eine Phase gab, als Greta glühend links war und sie deshalb nicht mit ihrem Großvater sprach, wofür sie sich heute sehr schämt. Mit diesem hingeworfenen Klischeewort vom »Nazigroßvater« piekst Paul ganz genau dorthin, wo es wehtut.

Nun saß ich also mit Roman allein im Miracolo. Wir bestellten Kräuterschnaps, und ich fragte Roman, ob er und Mia auch so heftig streiten würden.

»Na, du kennst ja Mia«, sagte Roman widerwillig.

»Aber du?«, fragte ich. »Streitest du dich auch mal zurück?«

# Urlaub

*»Es ist besser wonen im wüsten Lande / Denn bey eim zenckischen vnd zornigen Weibe.«*
SPRÜCHE 21: 19 – 29

Ob ein Paar sich im Urlaub besser oder schlechter versteht, ist ein ganz guter Test dafür, ob es nur durch den alltäglichen Stress belastet ist oder im Gegenteil gerade dann ein Problem

# Krabbel-AIDS

*»I had a perfectly happy childhood during which I was very unhappy.«*
JOSS WHEDON, DREHBUCHAUTOR

»Nein«, sagte Manuela. »Es geht nicht. Ich empfinde nichts.«
Sie hatte Tränen in den Augen.

Tränen! Roman wollte sagen, dass er doch auch nichts empfand, dass das doch völlig in Ordnung sei, erst einmal einfach nichts zu empfinden, dass sie sich nicht einmal küssen müssten.

Er war schließlich nicht so einer wie der perverse Sascha Serteling aus der Klasse seines kleinen Bruders. Sascha Serteling war gerade einmal zwölf und betatschte regelmäßig Busen von manchmal sogar vierzehnjährigen Mädchen. Alle bewunderten/hassten Sascha Serteling dafür, Roman verachtete ihn. Brüstebetatschen fand er wenig ritterlich.

Die Achtziger, sagen Nostalgiker, seien herrliche Zeiten gewesen. Alles so frei und echt und handgemacht. Romans Achtziger waren anders. Die bestanden in der ersten Hälfte aus Al Bano und Romina Power beim Großen Preis und in der zweiten aus sexuellen Demütigungen. Nein: aus unsexuellen Demütigungen.

miteinander hat, wenn es durch nichts voneinander abgelenkt wird.

Mein schwermütiges Kaninchen Kramer hatte sich in meine Katze Emily verliebt und war dadurch ein besser gelauntes Hoppeltier geworden. Doch auch zwischen den beiden ging es nach dem Happy End noch weiter.

Die Interessengebiete eines Kaninchens sind weniger breit gefächert als die einer Katze. Während Katzen sich mit schwingenden Objekten beschäftigen, Experten im Aufspüren und Erkunden von Wasserquellen sind und in ihrer Freizeit gern Menschen verachten, bestehen die Freuden eines Kaninchens aus Geschlechtsverkehr und der stabilen Seitenlage. Diese beiden Hobbys sind für Kaninchen allerdings eine ernste Angelegenheit. Besonders der Akt ist für Kaninchen nicht einfach ein schnöder Befruchtungsvorgang, der zwischen Abendessen und Toilettengang eingestreut wird. Würden Kaninchen lesen können, würden sie ausschließlich erotische Literatur konsumieren, besäßen sie einen DVD-Player, liefe dort alles ab »Love and other Drugs« aufwärts und sonst nichts.

Kaninchen sind Erotomanen und Katzen weltfremde Schöngeister. Kein Wunder, dass es irgendwann zwischen Emily und Kramer zu Zerwürfnissen kam.

Die Spannungen erreichten ihren Höhepunkt, als meine Freundin und ich im vergangenen Jahr für drei Wochen in den Urlaub fuhren.

Wir statteten Greta, Paul, Ben und Julia jeweils mit einem eigenen Schlüssel und genauen Instruktionen aus, wir gaben sogar Anweisungen, wie sie miteinander kommunizieren und welche Abstimmungsverfahren sie nutzen sollten, um sicherzustellen, dass Kramer, der gerne simuliert, er habe noch nichts gegessen, nicht dreimal am Tag gefüttert wird.

Das war natürlich nur eine Show, die wir abzogen, um von dem Umstand abzulenken, dass Greta die Pflege der beiden völlig allein übernehmen würde. Sie war die Einzige von den vieren, die – bei aller Zuneigung für die anderen – genug Verstand, Präzision, geistige Klarheit und Zuversicht mitbrachte, um diese Aufgabe zu erfüllen.

Nimmt man die romantische Brille ab, dann kann Kramers Verehrung für Emily etwas anstrengend sein. Wir achten daher normalerweise darauf, dass sie ab und zu auch mal getrennt sind.

Aber es lief etwas schief, Gretas Mutter brauchte Hilfe, weil Opa Hermann gestürzt war, und so mussten also Paul, Ben und Julia die Pflege der Tiere übernehmen, was nicht gut gehen konnte.

Als wir wiederkamen, fanden wir eine völlig verstörte Katze vor, die sich seit Wochen auf der Flucht befand vor einem alles vollköttelnden Kaninchen, das nicht von ihr lassen wollte.

Von da an war das Verhältnis der beiden nicht mehr wie früher. Emily leckte Kramer nicht mehr das Fell, sondern huschte fort, sobald sie ihn sah, Kramer litt unter der Zurückweisung und verbrachte ganze Tage in Emilys Katzenklo.

Manchmal stand er eine Viertelstunde vor dem alten Bauernschrank, in dem Emily sich eine Höhle eingerichtet hatte und in den er es mit seinen kurzen Beinen nicht schaffte. Von Zeit zu Zeit meinte ich aus der Küche, wo Kramer seinen Käfig hat, Blues-Lieder zu hören.

Wir verlegten also Emilys Näpfchen in den Flur, scheuchten Kramer weg, wenn er sie beim Essen stören wollte, und nach ein paar Monaten saß sie wieder bei ihm im Käfig.

Nähe und Freiheit schließen sich eben nicht aus, sie bedingen einander. Durch klaustrophobische Enge wird Nähe bloß simuliert, oder würde jemand sagen, dass der Entführer von Natascha Kampusch und sie ein intimes Verhältnis hatten? Nähe bedeutet immer auch, Freiräume zu lassen, dem anderen die Möglichkeit zu geben, ein anderer zu sein und zu bleiben. Nähe bedeutet, da zu sein. Wobei dieser Punkt . für diesen Punkt . da ist, während dieser Punkt : den anderen erdrückt.

Wo waren wir? Ach ja, bei der Frage, ob Roman sich auch mal mit Mia streitet.

Roman erzählte, dass Mia ihn eines Tages gefragt habe, ob sie nicht in der Türkei Urlaub machen wollten. Er sei mal da gewesen, hatte er ihr geantwortet, eigentlich ein ganz schönes Land.

Sie waren damals noch nicht verheiratet, und entgegen seiner Gewohnheit buchten sie einen Last-Minute-Urlaub. Mia war fasziniert von den niedrigen Preisen, was Roman still unter Migranten-Geiz verbuchte, aber er meinte das nicht einmal im Stillen böse.

Die Rahmenbedingungen waren nicht die schlechtesten für eine emotionale Ausnahmesituation. Ihr Hotel lag günstig direkt zwischen drei Diskotheken und einer Moschee, sodass sie bis vier Uhr von türkischer Popmusik wach gehalten und morgens vom Muezzin geweckt wurden. Die beiden neigten schon nach zwei Tagen zu einer unbestimmten Gereiztheit, was sich darin äußerte, dass sie sich gegenseitig vorwarfen, für den Urlaub verantwortlich zu sein. Er ließ nun auf einmal doch durchscheinen, dass er ihren Geiz verantwortlich machte für die Wahl des Hotels, sie wiederum hielt seine generelle Prolligkeit für den Grund, dass sie nicht in der

Toskana Kirchen besichtigten oder in Barcelona der Performance anerkannter Szenegrößen lauschten.

Wie kam sie eigentlich immer darauf, ihm das zu unterstellen?

Immer war er angeblich zu kleinbürgerlich, zu deutsch, zu Kartoffeln mit Schnitzel, zu Strandkorb, zu Fußball, zu Stefan Raab.

Hätte er auch nur einmal darauf hingewiesen, dass sie nicht gerade als Geschmacksikone aufgewachsen war, sondern in einer Zweieinhalbzimmerwohnung in Nürnberg, wo sie immer bloß Ausländerpullis getragen und Michael Jackson-Kassetten gehört hatte, sie hätte ihm den Schädel eingeschlagen.

Er ließ es bleiben, er verharrte wie immer in einem Nichtangriffspakt, den er mit sich selbst geschlossen haben musste. Nun, als Exfreundin eines renommierten Schriftstellers, war sie kulturell ohnehin über jeden Zweifel erhaben. Während Roman von »Western von Gestern«, »Dick und Doof« und dem filmischen Frühwerk Thomas Gottschalks auf die westliche Konsumgesellschaft vorbereitet worden war und kulturelle Erzeugnisse dieser Art immer noch völlig in Ordnung fand, las Mia heute ausschließlich Bücher von bereits verstorbenen Lyrikern.

»In dem Urlaub waren wir wie dieser Klitschko und Hayden Panettiere aus Heros, sie sah aus wie ein Cheerleader, war aber unzerstörbar, ich hatte das Gemüt einer Milchschnitte, mein Kinn war aus Glas und meine Rechte unterentwickelt.«

»Du solltest für Harald Schmidt Witze schreiben, der ist auch immer so umständlich«, sagte ich.

Natürlich wusste Mia nichts von dem Bondgirl, Roman hatte nie von ihr erzählt, und doch war es, als läge Konkurrenz in der Luft, als könne Mia sie riechen. Überall waren Türkinnen mit ihrem schimmernden Haar und ihren aufreizenden Ärschen, ihren zu stark geschminkten Gesichtern und ihren nuttigen Lippen.

Nachdem sie sich darüber gestritten hatten, wie sie zum Strand kommen sollten (rechts an der Bettenburg vorbei oder links?), nachdem sie über fünfzehn Runden gegangen waren, um zu klären, wie sie dann dort liegen würden (im Sand oder im Liegestuhl?), nachdem sie sich mit Messern beworfen hatten, weil sie sich nicht einigen konnten, was für ein Getränk sie zum Fettbuffet gern hätten (wässrigen Wein oder abgestandenes Wasser?) – und das alles jeden Tag –, eskalierte die Situation, als Roman einer minderjährigen Türkin einen Blick zuwarf. Es war am Pool, er hatte Freundschaft mit einem Rudel alkoholkranker Rentner aus Gütersloh geschlossen, von denen einer unausgesetzt an seinem eitrigen Zeh popelte und die Ergebnisse seiner Popelarbeit am Rand des Bassins abwischte. Mia und Roman waren beide volltrunken, weil sie sich ausnahmsweise einig gewesen waren: dass nämlich Alkohol immer eine Lösung darstellt.

Mia nutzte gern, dass Roman sich schämte, wenn andere von ihren Streits mitbekamen. Sie brauchte dann nur ganz leicht mit ihrer Stimme hochzugehen, und schon konnte sie sehen, wie Roman sich verkrampfte, sich nervös umsah und eine ganz und gar dämpfende Körperhaltung einnahm.

In Friedenszeiten bezeichneten sie es beide gern als ihr rumänisches Temperament, dabei war klar, dass in Rumänien kein Stein mehr auf dem anderen stehen würde, wenn sie dort alle so wie Mia wären.

»Sie ist einfach eine Rohnatur«, sagte Roman.

Ich reichte ihm das Telefon. »Du rufst da jetzt sofort an bei der Schmidt-Show. Rohnatur! So ein Kracher.«

Roman blies Luft durch die Nase: »Ich sah also aus dem Augenwinkel ihren zornesroten Kopf herantoben, die Sonnenmilchflasche verfehlte nur knapp meine lebenswichtigen Organe, ich hielt im Aufstehen die Balance und fiel nicht in den Pool und floh ins Hotelzimmer. Mit Tatsachen war diesem Ein-Personen-Lynchmob, der nun an der Tür randalierte, nicht beizukommen. Ich schrie möglichst leise durchs Schlüsselloch, dass ich doch gar nicht geguckt und mir das Mädchen auch gar nicht gefallen hätte, viel zu jung und überhaupt: Türken, da weiß man ja nie, was die Eltern dazu sagen. Dann dachte ich, sie hätte den Feuerlöscher gegen die Tür geworfen. Ich machte vorsichtshalber auf. Als sämtliche Einrichtungsgegenstände geworfen waren und jeder Mensch, den ich kannte, mit Dreck überzogen und ich ernsthaft beleidigt worden war, also wirklich ernsthaft, da sagte ich so ruhig es eben ging: So wahr mir Gott helfe, ich werde dich vom Balkon herunterstürzen, und jeder Richter in der Türkei wird mir dafür einen Orden verleihen.«

Er schaute, wie ich reagierte, und ich achtete darauf, mir nichts anmerken zu lassen.

»Und da war sie ruhig«, sagte Roman. »Es war zum ersten Mal Ruhe. Ich habe mich tausendmal dafür entschuldigt seitdem, aber trotzdem: Damals hat es geklappt, in dem Moment war es genau das Richtige.«

»Kennst du den Ausdruck ›Jump the Shark‹?«, fragte ich. »Der geht auf irgendeine Fernsehserie zurück, in der der Hauptdarsteller mit Wasserskiern über einen Hai springt. Ab da soll die Serie immer schlechter geworden sein, und so hat sich der Ausdruck ›Jump the Shark‹ etabliert als Begriff für den Wendepunkt, ab dem eine Serie an Qualität verliert.«

Was das Verhältnis der Zuschauer zu einer Serie, die ihren Jump-the-Shark-Moment hatte, angeht: Auch das ist ein

Beleuchtungswechsel. Was gerade noch gewagt war, ist jetzt an den Haaren herbeigezogen, was charmant war, ist gefällig. Aber was ist mit einer Serie, die ihren Zenit überschritten hat, und die Zuschauer schauen trotzdem weiter?

»Habt ihr denn in dem Urlaub noch miteinander geschlafen?«, fragte ich.

»Jeden Tag. Die Stimmung war eben nicht so lähmend, wie das jetzt vielleicht geklungen hat, die Luft hat regelrecht gebrannt. Eigentlich hat sie den ganzen Tag geschrien.« Er machte eine recht vorsichtig anzügliche Geste: »So oder so.«

»Vielleicht ist es ja ein gutes Zeichen, dass ihr weniger miteinander schlaft«, sagte ich. »In der Süddeutschen stand mal, weniger Sex könne ein Zeichen für eine stabilere Beziehung sein. Man vögele die ganze Zeit aus Unsicherheit, und wenn man dann beruhigt ist und einander vertraut, dann kann man das lassen.«

»Nein«, Roman schüttelte den Kopf, »es ist nicht vielleicht ein gutes Zeichen. Wenn nicht bald was passiert, dann stehe ich allein da, dann ist es vorbei mit Mia.«

»Na, wie wäre es denn, wenn du einfach mit ihr schlafen würdest. Ich mein: Ist ja keine Quantenmechanik.«

»Ach ja, so!«, er schlug sich an die Stirn. »Na, dann mach ich das doch! Dass ich da nicht gleich drauf gekommen bin. Dann schlaf ich eben mit ihr. Ist doch nur Reinraus, kann doch jeder. Nimmst du eigentlich auch Kassenpatienten? Meine Sekretärin hat dauernd eingeschlafene Füße. Soll die vielleicht einfach mal mehr rumlaufen?«

»Was ich meine, ist, dass es nicht leichter wird, wenn man ewig damit wartet, und dass sich da manchmal etwas aufbauen kann, was das Problem größer erscheinen lässt, als es ist.«

»Ich denke, dass selbst der TÜV Rheinland und der Ethikrat in einem gemeinsamen Gutachten zu dem Ergebnis kommen würden: Roman Klinghofers Problem ist objektiv groß«, sagte Roman, ohne zu lächeln. »Außerdem glaube ich manchmal: Ich habe mit zu wenigen Frauen geschlafen.«

»Wie viele waren es denn?«

»Hey, das weißt du doch.«

»Glaubst du im Ernst, ich würde mir das merken?«

»Es waren eben zu wenige. Früher fand ich, die meisten Leute wären ziemlich hässlich, jetzt denke ich: Eigentlich sind die meisten Leute doch ziemlich hübsch. Ich dachte früher auch, meine Zielgruppe würde sich immer weiter vergrößern, je älter ich werde – stattdessen finde ich nur immer mehr Frauen gut.«

Mia und Roman streiten sich einen ganzen Urlaub lang wie die Berserker und nehmen danach ihre Beziehung zunächst wieder auf, als wäre nichts gewesen.

Greta und Paul geraten einmal richtig heftig aneinander, und ein paar Tage später sagt sie ihm, er solle bitte aus der Wohnung verschwinden, sie habe einen Neuen.

Während bei dem älteren Bruder die Prozesse Jahre dauern, geht bei Paul und Greta alles in Tagen. Erstaunlich nur, dass Roman und Mia die beiden sind, die als Erste geheiratet haben.

Die beiden sind wohl eher nicht durch die besondere Nähe, die man im Urlaub hat, belastet worden, sie sind stattdessen in eine Ausnahmesituation geraten, weil sie beide zu wenig Schlaf bekommen haben. Was einerseits nachvollziehbar ist, andererseits aber darauf hindeutet, dass ihre Beziehung nicht gerade außergewöhnlich belastbar, also zumindest nicht über die Maße babytauglich ist.

# Nach der Liebe ist vor der Liebe

*»Memory is fiction.«*
KEITH RICHARDS, »LIFE«

»Vielleicht geht es mir ja wie diesem Typen aus High Fidelity«, sagte Paul. »Dem ist auch von seiner ersten Freundin so gründlich das Herz herausgerissen worden, dass ihm danach alles egal war.«

Wir saßen im Knofi in der Bergmannstraße und aßen Gössies.

»Ist dir jetzt alles egal?«, fragte ich.

»Ich glaube, eigentlich nicht«, sagte Paul.

Stumpft man ab durch gescheiterte Lieben? Oder kann man etwas aus ihnen lernen?

Natürlich kann der Trick eigentlich nur darin bestehen, dass man eben nichts lernt. Nach jeder Beziehung müsste man sich aufraffen und mit dem größten Optimismus daran glauben, dass alle anderen potenziellen Partner nicht so unmöglich wären wie der letzte.

Aber wir wollen ja lernen. Also schauen wir in die Vergangenheit. Vielleicht kommt ja was dabei herum.

Paul hatte schon ein paar Mädchen geküsst, als er Sarah auf der Party seines Nachbarn Tönnchen kennenlernte. Nein, da lernte er sie eigentlich gar nicht kennen, da sah er bloß, wie sie mit Detlev Hagenbach und Hakan Kazanci rummachte. Ganz genau: mit zwei Typen. Sarah war eine Sensation: Sie trug ein bauchnabelfreies T-Shirt. Das hätte schon völlig gereicht. Sascha Serteling, der Frauenexperte, hatte mehrfach darauf hingewiesen, dass Frauen, die ihren Nabel nicht bedecken, schlucken würden.

Als Sascha Serteling das das erste Mal gesagt hatte, hatte Paul noch auf Verdacht wissend gelacht, mittlerweile hatte er sich zusammengereimt, was genau nabelfreie Frauen denn schluckten.

Er starrte Sarah den ganzen Abend lang an. Er war nicht eifersüchtig, dass sie mit Detlev und Hakan knutschte, und auch den beiden schien es nichts auszumachen, dass sie Sarah jeweils nicht für sich allein hatten. Nicht einmal die anderen Mädchen empörten sich, es war, als hätte Sarah einen Schlampenführerschein absolviert, der ihr ein solches Verhalten gestattete. Sie war ein großes, sportliches Mädchen mit weichen Gesichtszügen und hellen Augen. Für einen Leni-Riefenstahl-Film hätte sie letztlich nicht entschlossen genug ausgesehen, ihren Wangen fehlte es an Schärfe, aber im Casting wäre sie weit gekommen. Sie küsste nicht, wie Paul geküsst hatte, die paar Mal, die es ihm gelungen war. Sie küsste leidenschaftlich, erwachsen, es hatte etwas von einem Raubvogel, der seine Beute greift. Es faszinierte ihn, dass sie eine Schlampe war, gerade weil sie eine Schlampe war, schien sie ihm erreichbar. Keine zwei Wochen später war er mit ihr zusammen.

»Aber lass uns nicht über Sarah reden«, sagte Paul. »Die hat mich so durcheinandergebracht, dass ich jeden Abend auf der

Straße vor ihrem Haus stand, um zu sehen, ob sie da ist. Ich war so besessen von ihr, dass es heute wahrscheinlich nicht einmal mehr legal wäre. Aber ich bin geheilt worden, und zwar durch Tala.«

Zuerst stand Paul Tala im Weg. »Setz dich doch mal hin«, sie schob Paul einen Stuhl zu. »Ich kann gar nichts sehen.« Paul setzte sich. Es war der Tanztee der Tanzschule Heyden-Schnitzler. »Schwanzschule Scheiden-Kitzler« nannte Martin Knecht, der Scherz-Experte, sie und hatte recht. Um die riesige Tanzfläche herum standen Tische, und an einem dieser Tische saß nun Paul. Mit ihr. Sie war das Wesen, das man zuletzt hier erwartet hätte. Paul kannte sich in den Untiefen des Herr-der-Ringe-Universums nicht aus, aber wenn es so etwas gab, dann war Tala eine dunkle Elfe. Ein Gothic-Mädchen mit dunklem Haar und olivfarbener Haut, zerbrechlich wie ein Spielzeug. Natürlich war sie unerreichbar für Paul. Er versuchte nicht einmal, ins Gespräch mit ihr zu kommen.

Paul war nur wegen Sarah beim Tanztee. Sarah, seine erste große Liebe. Seit Monaten versuchte er, sie wiederzugewinnen. Sie hatte einen Tanzkurs gemacht, deshalb saß er hier nun Woche für Woche herum. Aber Sarah war nie da.

Bevor Sarah Pauls Freundin wurde, war er noch ein kleiner Junge gewesen. Vor Sarah war es das Aufregendste für ihn, wenn er seinen Vater beim Tennis besiegte oder heimlich mit seinen Star-Wars-Figuren spielte, für die er schon einige Jahre zu alt war. Oder sich nicht beim Wichsen erwischen zu lassen. Nach Sarah war Tennis ihm egal und Wichsen nur noch Ersatzbefriedigung.

Und dann sagte die dunkle Elfe irgendetwas Selbstbewusstes, Großartiges, und als Nächstes humpelte Paul ihr auf dem Parkett hinterher.

Sie kann keine besonders gute Tänzerin gewesen sein, besonders gute Tänzerinnen trainierten hart im Aachener Tanzverein und hielten sich beim Tanztee der Tanzschule Heyden-Schnitzler (für diese Tänzerinnen tatsächlich Tanzschule Heyden-Schnitzler) nur auf, um ihre sportliche Überlegenheit zu beweisen. Sportlich überlegen waren sie, aber sie sahen nie elfenhaft aus, immer verbissen und schlechthäutig.

Paul tanzte also mit Tala, und er wusste nicht, wie sie tanzte, und er wusste auch nicht, wie sie es schaffte, von unten her so zu schauen, als schaue sie auf ihn herab.

Paul war verzaubert. Aber der Zauber hielt nur so lange an, bis sie an einem der gewaltigen Spiegel vorbeikamen. Dort sah er einen gelenklosen Jungen mit einer wirklich erklärungsbedürftigen Frisur und einem T-Shirt mit einem großen gelben Smiley darauf, die stampfenden Füße mit stahlkappenbewehrten *Doc Martens* bewaffnet, und dieser Junge riss ein zartes Wesen mit sich, als wolle er es entführen. »Küss mich, ich bin ein verzauberter Schöngeist und Spötter, gefangen in der Pubertät«, dachte Paul.

Als sie wieder saßen, konnte er sich nur mittels seines Rückenmarks unterhalten. Er war bemüht, im richtigen Moment »ja«, »nein« oder »finde ich auch« zu sagen. Dann fragte sie nach seinem Namen, und er erinnerte sich erstaunlich schnell daran, wie er hieß. »Und du heißt?«, hörte er sich sagen. »Tala.«

»Nie gehört«, sagte er.

»Willst du wissen, was das heißt«, fragte sie, und ohne seine Antwort abzuwarten, sagte sie dann etwas von »heller Stern« und »Göttin in der philippinischen Mythologie«. Das allerdings hatte Paul sich schon gedacht.

Er konnte sich nicht erklären, warum sie mit ihm redete. Über nichts, was er sagte, lachte sie, mehr noch, nichts, was er sagte, ließ sie auch nur einen Moment innehalten, aber ihr spöttischer Blick ruhte unverwandt auf ihm, und ihr spöttischer Mund redete immer weiter, und als die Musik ausging und der DJ sich verabschiedete, stand sie auf, zog ihre Jacke an und wartete, bis er seine angezogen hatte. Sie gingen also zusammen zum Bus.

Ihr Vater war Professor an der RWTH, er stammte aus El Salvador, was ihren Namen nicht erklärte, aber ihre olivfarbene Haut. Ihre Mutter war Vorsitzende des Vereins der Verfolgten des Naziregimes und damit so etwas wie Pauls moralische Vorgesetzte, denn er stand damals manchmal morgens vor seiner Schule und verteilte Aufkleber gegen Nazis. Kleben gegen Rechts. Sie roch, als würde sie in einer kalten Höhle leben. Paul ging kurz etwas langsamer, um alle Moleküle dieses Dufts, den sie hinter sich herzog, in seiner Nase zu speichern.

»Mein Freund tanzt leider nicht.«

Über seinem Kopf zerplatzte in einer imaginären Denkblase sein Herz. Er war kurz davor gewesen, nach ihrer Telefonnummer zu fragen. »Hast du die Nummer, dann hast du die Frau«, sagte Sascha Serteling, der Frauenexperte. Zwar versuchte Paul, sein Leben nach den Lehren Sascha Sertelings auszurichten – der sagte auch: »Ein Freund ist ein Grund, kein Hindernis« –, aber Paul war der Idee nervlich nicht gewachsen, um die unerreichbare Tala unter erschwerten Umständen zu kämpfen. »Uns bleibt immer noch Heyden-Schnitzler«, dachte er und befürchtete, das könne der Beginn einer wunderbaren Freundschaft sein.

Dann kam ihr Bus. »Wir sehen uns bestimmt noch mal.« – »Ja, klar.« Und verschwunden war sie.

Am nächsten Samstag war sie nicht da. Am übernächsten auch nicht.

Als Paul sie endlich wieder traf, tat er so, als würde er sie nicht sehen.

Er hielt sich an seiner Cola fest und versuchte, an etwas anderes zu denken als an Tala. Dann stand sie vor ihm, und es fiel ihm noch etwas schwerer, sie zu ignorieren. Sie zog ihn auf die Tanzfläche und erzählte, dass sie sich von ihrem Freund getrennt habe.

Er setzte ein betont lässiges Gesicht auf und wirbelte sie beim Foxtrott so heftig umher, dass sie fast in die Stühle fielen. »Und mein neuer Freund findet es hier auch doof.« Er ließ sie fallen. Beinahe.

Von nun an war er wehrlos. Sie machte ihn zu ihrer besten Freundin, sie telefonierten regelmäßig, sie trafen sich zum Einkaufen in der Stadt. Er gewöhnte sich an ihren Anblick und verhielt sich annähernd normal in ihrer Gegenwart. Ihm fiel auf, dass sie schielte. Er beriet sie in Beziehungsfragen.

Paul erzählte ihr sogar von Sarah, von Sarah, die nicht halb so schön war wie Tala, was er aber verschwieg. Von Sarah, die Sarah war und deshalb so unvergleichlich.

Sein Blick fiel auf Talas Hände. Spülhände. Er freute sich, einen Makel an ihr entdeckt zu haben. Er schaute sie genauer an: Die Haare waren etwas störrisch, die Brüste etwas klein, die Nase etwas spitz. Und was machte sie die ganze Zeit mit ihren Augenlidern? Sie klimperte nervös mit ihnen. Tala hatte einen Tick. Am Abend sah er sich ein Foto von Sarah an und hörte *Low* von *REM*, und hätte sein Vater ihn nicht mit zum Tennisspielen genommen, wäre er an dem Kloß in seinem Hals erstickt. Sein Vater schmetterte ihm die Bälle um die Ohren.

Irgendwann trafen sich Tala und er wieder beim Tanztee. Seine Lippen waren spröde. Er kratzte etwas Haut ab. »Sind deine Lippen trocken?«, fragte Tala. »Ich hab da was für dich.«

Sie zog ihn auf die Mädchentoilette, schloss hinter ihnen ab und leckte ihm über die Lippen. Dann setzte sie noch einmal an, er öffnete den Mund ein Stück, und diesmal handelte es sich eindeutig nicht um eine kosmetische Maßnahme. »Und was ist mit deinem Freund?« – »Das bleibt unter uns.«

In der nächsten Woche suchten sie einen ungestörten Ort. Sie gingen in das Parkhaus am Ende der Straße. Dort presste sie ihn an eine Wand und holte ihm sehr dynamisch einen runter. Er schob seine Hand in ihre Hose und war froh, dass Tala genauso funktionierte wie Sarah. Bei der hatte er Wochen gebraucht, um den Kitzler zu finden. Tala war ganz still. Aber beim Orgasmus klang sie wie ein dickes Mädchen.

Er lud sie zu sich ein, und sobald die Tür seines Zimmers, aus dem er zuvor sorgfältig alle Spuren von Krieg der Sterne und Kindheit getilgt hatte, hinter ihnen zugefallen war, fing sie an, sich auszuziehen. Er drehte den Schlüssel um. Zum ersten Mal sah er Tala nackt. »Gefalle ich dir?« – »Alles dran«, hätte Sascha Serteling gesagt. Dünn war sie. Sarah war sie nicht.

Als sie im Bett lagen, sagte Tala, dass sie einen AIDS-Test gemacht habe. Und da alles in Ordnung sei, könnten sie jetzt miteinander schlafen. Sie blinzelte mit ihren hektischen Lidern. »Müssten wir uns dazu nicht lieben?«, fragte Paul. Er zog sich auf eine romantische Position zurück, das schien ihm die sicherste Lösung. »Aber ich liebe dich doch«, sagte sie. »Möchtest du etwas trinken?« Er sprang auf und holte ein Glas vom Schreibtisch. Als er sich wieder zu ihr legte und merkte, dass die Ablenkung nicht geglückt war, murmelte er etwas von »langsam anfangen« und »Zeit lassen« und sagte sogar, dass er selbst noch keinen AIDS-Test gemacht hatte. Als hätte Sarah, die zwar eine Schlampe war, aber auch das gesündeste Mädchen der Stadt, auch nur Schnupfenviren in ihrem Körper gehabt, in ihrem blütenweißen, weichen, nach Strandurlaub riechenden Körper. Der Höhlengeruch von Tala schob sich in seine Nase.

Und doch gab es ein Happy End. Nach dem Nachmittag mit Tala in seinem Bett hatte er den Abend im Metropol verbracht und Sascha Serteling, dem Frauenexperten, bei der Begrüßung über die Klänge von *Sweet Dreams* hinweg zugerufen, dass er heute dreimal einen runtergeholt bekommen habe. Sascha hatte ihm anerkennend auf die Schulter geklopft. Später erzählte Sascha Sarah von Pauls sexuellen Erfolgen, und sie rief ihn an. Sie trafen sich, sie lachte genau an den richtigen Stellen, ihr Strandduft füllte sein ganzes Kinderzimmer (er hatte die Krieg-der-Sterne-Figuren wieder aus dem Schrank geholt, Sarah durfte alles wissen), es fühlte sich kurz wieder so an wie in der Zeit der großen Kitzlersuche, aber ihr Gesicht sah aus wie etwas, das ein Kind aus Teig geknetet hatte. »In der Liebe gibt es kein Zurück«, sagte Karsten Bock, der Zölibatsexperte. In den nächsten Monaten wurde Paul immer besser im Tennis, und mit der Zeit ließ er seinen Vater gewinnen. Ganz unauffällig.

»Wahrscheinlich wird die Liebe zwischen Teenagern nur so ungeheuer ernst betrieben, weil sie ein Spiel ist«, sagte ich. »Kein Mensch geht zu einer Gewerkschaftsdemo und schlägt einem Arbeitgebervertreter den Kopf ein, aber es ist nicht unüblich, dem Gesandten eines gegnerischen Fußballclubs nachzusagen, er betreibe geschlechtliche Aktivitäten mit seiner Mutter oder ihn zumindest dazu aufzufordern.«

»Kann sein. Es ist irgendwie schlimmer als Teenie. Heute zerhaut es mir die Wirklichkeit, ich muss eine neue Wohnung suchen und eigentlich alles neu strukturieren. Aber damals sind mir meine Illusionen zerstört worden.«

Paul hatte also durch Tala gelernt, dass Liebe ersetzbar ist, dass sie sich erledigen kann. Und noch etwas anderes: »Liebe braucht einen Fluss«, sagte Paul. »Man lernt sich kennen, man trifft sich, man verliebt sich. Wenn es nicht so läuft, dann läuft es nicht. Liebe ist etwas ganz Zerbrechliches. Wenn da am Anfang nicht alle Prozesse aufeinander abgestimmt sind, sieht man auf einmal Dinge, die sich nicht mehr mit Liebe vertragen. Man muss blind sein, wenn man den anderen zum ersten Mal nackt sieht.«

Eigentlich klar, dass Paul dann wenig von Mia und Roman als Paar hielt. Das sagte er so zwar nie, aber es wurde immer wieder mal deutlich, dass er deren Liebe für recht zweitklassig hielt, weil es ewig gedauert hatte, bis die beiden endlich zusammengekommen waren.

Peter Fuchs würde ihm da zustimmen. Er spricht vom »Mythos der Blitzartigkeit der Liebe«. »Zwei sehen sich, und dann funkt es oder knallt es. Vorgesehen sind zwar Irrungen und Wirrungen, bis die Liebe sich erfüllen kann, aber der Ausgangspunkt ist, dass die Liebe schnell und gleichsam gewaltig zuschlagen kann.«

Wenn man davon spricht, dass die Liebe auch wachsen kann, dann habe dies »etwas Spätes, Vergebliches, nur noch teilweise Glückendes, etwas Altsommerliches«.

Gab es also bei Roman und Mia einen Geburtsfehler? Mia erinnerte sich gar nicht an das erste Mal, als sie Roman gesehen hat, und von dem Moment an, als sie ihn bewusst wahrgenommen hatte, dauerte es noch ewig, bis sie ein Paar wurden. Wobei der Blitz bei Roman ja schon eingeschlagen ist, aber vielleicht gab es von Anfang an ein Ungleichgewicht. Er musste immer der sein, der sich bemühte, so wie er heute derjenige war, der immer die Initiative ergreifen musste.

Jetzt auf einmal war Mia die Fordernde. Ob Roman jetzt

wohl heimlich triumphierte, dass schließlich doch er etwas hatte, das Mia wollte? Man kann auch in Abneigung verbunden sein, man kann auch aus Wunden und Verletzungen Energie ziehen. Roman ist mit Alemannia Aachen aufgewachsen, das sollte man nicht vergessen.

Was ist wohl bei Roman so anders als bei Paul? Paul verliebt sich in Tala, der Blitz schlägt ein, aber die Verzögerung, mit der er bei ihr einschlägt, ist zu lang: Bei ihm sind die Gefühle dann schon verraucht. Bei Roman das gleiche Szenario, nur ist die Verzögerung viel länger, aber er liebt immer stur weiter.

Und Roman ist nicht etwa ein Optimist, wirklich überhaupt gar kein Optimist.

Ich hatte das Gefühl, einen Schritt weiter zu sein. Paul nahm das Leben, wie es eben kam, Roman nahm es als Aufgabe. Vielleicht war das schon die Erklärung: Deswegen hatte Paul einfach das Handtuch geschmissen und sich auch während der Beziehung nicht gerade überschlagen, und deswegen ging es zwischen Mia und Roman so überhaupt nicht zu wie in einer mexikanischen Telenovela.

Aber warum war das so? Und was konnte man da machen?

# Lost in Relocation (Tag 9)

»Every atom in your body came from a star that exploded. And, the atoms
in your left hand probably came from a different star than your right hand.«
LAWRENCE KRAUSS, PHYSIKER

Er hatte in der Wohnung noch nie etwas wiedergefunden. Es
war, als gäbe es für alle Gegenstände einen geheimen Auf-
enthaltsort. Paul hatte etwas abgestellt, sich umgedreht, und
das Ding war verschwunden. Wenn er Greta gefragt hatte,
warum sie es weggetan habe, er habe es doch gerade erst
dahingestellt, hatte sie geantwortet: »Das gehört da nicht
hin.«

Und manchmal hatte sie gesagt: »Die Wohnung ist kein
Mülleimer.«

Paul lief durch die Räume und stellte nach und nach fest,
dass er hier nicht nur nichts fand. Hier gehörte ihm auch
nichts. Klar, die Stehlampe oder das Beistelltischchen hatte er
mal mitbezahlt, aber ansonsten alles Ulmenthal-Möbel. Er
schaute auf die Bücherwand. Juristische Lehrbücher. Die
waren von ihm. Ansonsten mussten Gretas Bücher seine
irgendwie aufgefressen haben. Er hatte doch mal welche

gehabt, dachte er. Oder spinn ich? Ja, vielleicht spinn ich. Ich stehe hier in der Wohnung einer Frau, die kaum noch ein Wort mit mir spricht, die alles tut, um mich bloß nicht zu sehen, im Grunde stehe ich also in der Wohnung einer fremden Frau. Und starre auf Bücher, die mir nicht gehören. Auf Bücher, die ich noch nie gesehen habe. Er nahm eins aus dem Regal. Sartre, »Les mots«. Daneben Balzac, »La femme de trente ans«.

Er hatte gar nicht gewusst, dass Greta so gut Französisch konnte.

Er würde gewaltig downsizen müssen. Und nicht auf die tolle Balance-your-Life-Art simplifyen: richtig viel weniger haben. Keine Spülmaschine, keine Waschmaschine, kein Espressodings (konnte er sowieso nicht bedienen), kein Schrank, kein – Mist! – kein: Bett.

Er rechnete mit zunehmender Panik, ob sein Kontostand ein Bett erlauben würde, um dann festzustellen, dass er keine Ahnung hatte, was ein Bett kostete.

Er rief Roman an und fragte. Der sagte, es käme drauf an.

»Jaja, Scheiße: Von welcher Dimension reden wir hier? Paar Tausend, paar Hundert?«

Roman sagte, es käme drauf an.

Am Abend zuvor hatte Jimo Gretas Neuen niedergeschlagen. Greta hatte Paul angerufen und ihn angeschrien, ob er jetzt völlig wahnsinnig geworden sei, ihr Jimo auf den Hals zu hetzen, und er hatte gesagt, er habe Jimo ewig nicht gesehen. Sie hatte ihm gesagt, er solle seine Sachen holen, am nächsten Tag sei die Wohnung frei, und danach wolle sie nichts mehr von ihm hören.

Jimo hatte ganze Arbeit geleistet.

Jenseits seiner erstaunlichen Begabung für Small Talk brachte es Jimo einfach nicht über sich, sich für andere zu interessieren. Wichtig war ihm eigentlich nur, was Paul sagte. Oder Greta.

Es war schon eine seltsame Idee des Schicksals, der Vorsehung, des Universums, die einzige Frau, die er wirklich ernst nahm, so nah an ihn heranzurücken. Tantalos, der von den Göttern bestraft wurde, indem er für alle Ewigkeit in einem Teich gefangen halten wurde, dessen Wasser, wenn er durstig war und sich danach bückte, zurückwich, und dessen Ufer von fruchtreichen Bäumen bewachsen war, deren Zweige, wenn Tantalos sich nach den Früchten reckte, emporschnellten – Tantalos hatte den Göttern, um ihre Allwissenheit zu testen, ein Mahl bereitet, in das er heimlich seinen eigenen Sohn verarbeitet hatte. Demeter aß versehentlich ein Stück Schulter. Zur Strafe also sollte Tantalos nie bekommen, wonach er sich verzehrte, obwohl es immer direkt vor seiner Nase war.

Vor der Sache mit dem Sohn, den er für die Götter kochte, hatte Tantalos Nektar und Ambrosia gestohlen und einen goldenen Hund vor den Göttern verborgen. Jimo hatte keine Ahnung, was er verbrochen hatte.

Auch für Greta war es merkwürdig gewesen, als sie Paul zum ersten Mal in der WG der beiden in der Bonner Altstadt besuchte. Da wohnte nach all ihren vergeblichen Versuchen der Mann, bei dem alles gepasst hätte, also mit ihrem neuen Freund zusammen. Lange würde das nicht gut gehen.

Moment, jetzt erzähle ich die Geschichte falsch, nicht Greta dachte das, Paul dachte so.

Die ganzen Jahre in Bonn war er so etwas wie Jimos Maskottchen gewesen, Jimos uncooles Maskottchen, um genauer zu sein. Es hatte nie jemanden groß gestört, wenn er dabei war, und wenn man mal irgendwo außerhalb seines Zimmers auf Paul stieß, dann war es normal geworden, dass man ihn fragte: »Wo ist Jimo?«

Wo Jimo war, das wollten immer alle wissen, denn wo Jimo war, da war vorn, da wollten alle anderen auch hin. Dabei interessierte sich Jimo nicht für Trends, er hatte nicht einmal einen Friseur, er bat einfach alle paar Wochen irgendein Mädchen, ihm die Haare zu schneiden, und so stolperte Paul alle paar Wochen ins Bad, während irgendein ultraheißes Geschoss, meistens im Slip oder in einer von Jimos Boxershorts, dem komplett nackten Jimo die Haare schnitt. Jimos Frisur sah natürlich objektiv immer ziemlich scheiße aus, aber wie diese Frisur zustande kam, das sah so aus, dass Paul sich ziemlich häufig einen drauf runterholte. Er versuchte meistens, den nackten Jimo dabei auszublenden. Als er dann *einmal* versuchte, sich von seiner Freundin die Haare schneiden zu lassen – und es ist nicht so, dass er damals besonders oft eine Freundin gehabt hätte –, da richtete Lilly ihm die Haare gleich so zu, dass es einen Streit gab, über den die Beziehung in die Brüche ging. Klar: Er musste sich darüber natürlich so kindisch aufregen, weil ihm wichtig sein musste, wie er aussah. Jimo reichte den Mädchen, wenn sie sich total verschnitten hatten, einfach den Rasierer und ließ sich den Rest der Haare scheren, während er eine Zigarette auf diese absurd lässige Jimo-Art im Mundwinkel hängen hatte.

Nun war Jimo also weg gewesen, und als er wieder da war, war Paul mit Greta zusammen.

Greta hatte auf alles eine Antwort, aber keine rasche, vorgefertigte, nicht wie Barbara Schöneberger oder eine dieser ganzen »frechen«, »nicht auf den Mund gefallenen« Moderatorinnen aus dem Musikfernsehen. Greta nahm wichtig, was man sagte, und dachte darüber nach, und dann sagte sie etwas, und man war klüger als zuvor.

Während sie nachdachte, kaute sie auf ihrer Unterlippe herum, ihr Sommergesicht bekam für einen Moment einen winterlichen Zug, und wenn sie eine Lösung hatte, ging wieder die Sonne auf. Vielleicht war sie etwas zu idealistisch damals, aber sie war so ansteckend gutherzig, dass selbst Jimo einmal auf dem Marktplatz stand, sich einen Flyer von Amnesty International anschaute und überlegte, ob er etwas spenden sollte.

Kurz nach dem Telefonat mit Greta rief auch Jimo an. Er bot Paul an, wieder zusammenzuziehen. »Wie früher.« Momentan gebe es ein Problem mit der Wohnung, aber Paul könne zunächst bei Matze König, genau: DEM Matze König unterkommen, da würde er momentan auch wohnen. (Es stellte sich später heraus, dass Jimo nicht bloß seinen Rechner kaputt gemacht hatte, sondern nach und nach mehr oder weniger seine ganze Einrichtung.)

Wie früher, dachte Paul, während er durch die Wohnung schlich. Und stellte fest, dass schon das Wort »früher« ihn traurig machte. Er sah sich die Fotos an der Wand an, überlegte, ob er sein Kinderfoto mitnehmen sollte, ließ es hängen, und dann sah er ihr erstes gemeinsames Bild. An dem Tag hatten sie das erste Mal miteinander geschlafen.

Gegen Mittag hatten sie zusammen eine Tüte mit sanftem Thai-Gras geraucht. Greta kicherte in das Kopfkissen: »Du hast einen Schwanz wie aus dem Bilderbuch.« – »Was hast du denn für Bilderbücher gelesen?« Sie drehte sich von der Seite auf den Bauch, stützte sich auf den Ellenbogen ab und wiederholte lachend: »Wie aus dem BIObuch.« Sie zog ihn zu sich: »Der ganze Paul sieht aus wie aus dem Biobuch.« Paul küsste sie und fragte: »Was heißt denn das?« Sie zog an der Tüte. »Dass ich mir meinen Mann immer so vorgestellt habe wie dich.« Paul machte eine Kung-Fu-Bewegung und rief: »Ich bin ja auch ein Thai-Fighter!« Dann ging Greta in die Küche. Er schaute ihren Beinen und ihrem sehr runden Po hinterher. Er schaltete den Fernseher an. In der ARD lief eine Dokumentation über Elefanten. Greta kam mit Mousse au Chocolat zurück, schaute auf den Fernseher und sagte, wobei sie sich an ihrem Lachen verschluckte: »Schau mal, der Elefant versteckt sich hinter einem Baum.«

Endgültig verliebt hatte Greta sich in Paul, als er während dieser Sendung Elefanten »Greifnäsler« nannte.

»Eigentlich bist du ein Poet«, hatte sie gesagt. Das hatte noch nie jemand zu Paul gesagt. »Du kannst so viel, wahrscheinlich kannst du wirklich alles tun.« *Das* hatte noch viel nieer jemand zu Paul gesagt.

Paul schaute weiter auf das Foto und dachte an die Zeit, als er versucht hatte, ihre Augenfarbe zu bestimmen.

»Lapislazuli«, hatte er gesagt, und sie hatte gelacht. »Aber meine Augen sind doch nicht aus Stein.«

»Karibikblau«, hatte er gesagt, und sie hatte gelacht: »Aber das ist doch eine Autofarbe.«

Blau waren Gretas Augen, ganz einfach blau, dachte Paul. Normale Augen, normale Haare, normaler Arsch. Keine Gelenke. Nichts Besonderes.

»Ich war schon ein guter Freund«, sagte Paul, nachdem er zum Koch gesagt hatte: »Das Übliche.«

»Nicht wie bei Lilly. Das Problem war nur irgendwie: Ich musste immer weiter ein guter Freund sein, jeden Tag.« Er hatte sich für einen Stabhochsprungwettbewerb angemeldet, und als er gesprungen war, stellte er fest, dass es sich um einen Hürdenlauf handelte.

Er war noch einmal zu Roman und Mia gefahren und hatte ein letztes Mal dort geduscht. Er traute der Junggesellenwohnungsalternative nicht, aber er wollte Roman und Mia auch nicht länger auf den Sack gehen.

»Der männlichste aller Duscher ist übrigens Michael Douglas«, sagte Paul.

Ich nickte und tunkte Brot in ein Tellerchen voll Olivenöl: »Douglas duscht wie ein Normanne in der Gischt, der mit bloßen Händen einen Blauwal an Land zieht.«

»Ich dusche sehr weiblich«, sagte Paul, »ich trockne mich auch weiblich ab. Mein gesamter Duschvorgang kommt ohne schnelle Bewegungen aus, ich bin ein Oil-of-Olaz-Spot auf Opium.«

»Moment, ich habe den Faden verloren, warum erzählst du mir das jetzt?«

»Weiß nicht, ich habe mich so daran gewöhnt, dir alles zu erzählen.«

»Bitte. Wir müssen Grenzen ziehen.«

Als er aus der Dusche stieg, trat er in einen Haufen, den der mit zunehmendem Alter immer weniger stubenreine Kater Eduard im Bad hinterlassen hatte. Alles von vorn, er hatte ja Zeit.

»Paul, kommt da noch ein Punkt?«, fragte ich.

Doppelt geduscht war Paul zu Matze gefahren, nachdem er einen Dankeszettel geschrieben hatte. Matze hielt sein Airbook in der Linken und klopfte Paul mit der Rechten auf die Schulter. »Küss die Hand, ich zeige dir gleich deine Gemächer, muss gerade noch was eintüten.«

Matze gab gern die Karikatur des geschäftigen Werbers, war aber tatsächlich der übergeschäftige Überwerber. Das war so ein Meta-Ironie-Ding, das niemand hundertprozentig durchdrungen hatte.

Ständig zwitscherte, summte oder bimmelte es irgendwo, den ganzen Tag über klingelte es an der Tür, Tweets gingen ein, oder eines von Matzes iPhones spielte einen längst vergessenen Sommerhit.

Zu jedem gegebenen Zeitpunkt saß irgendjemand im Wohnzimmer, den man aus dem Fernsehen kannte, ein öffentlich-rechtlicher Vorzeigeintellektueller führte ein ausführliches Selbstgespräch über sein neues Buch, während ein maulfauler libyschstämmiger Pornorapper sich auf seinem Laptop niedliche Tierbilder bei CuteOverload.com anschaute, ein Unternehmensberater aus dem Reality TV im Schaukelstuhl schnarchte und eine ntv-Moderatorin einen Ort suchte, an dem das Licht ihre erstaunlich blauen Augen gut zur Geltung brachte. Erst durfte die ntv-Frau Matze interviewen, dann gab er dem Unternehmensberater einen Rat. Den Vorzeigeintellektuellen und den Pornorapper beachtete Matze nicht weiter.

Abends saßen sie in einer Runde, in der plötzlich alle Russisch sprachen. Paul war neben Jimo der Einzige, der aus Westdeutschland stammte, und mit Latein konnte er nicht punkten. Ein bezauberndes DSL-Flatrate-Werbegesicht sagte etwas Vokalfreies zu Paul, und als er antwortete, dass er kein Russisch spreche, wandte die Frau sich augenrollend mit dem Sendung-mit-der-Maus-Satz »Das war Polnisch« von ihm ab. Später knutschte das Flatrate-Model mit dem Vorzeigeintellektuellen, und Paul verfluchte sich dafür, kein Polnisch zu können. Dann betrank er sich und zog sich zurück, fing an, sich wütend einen runterzuholen, musste an Greta denken, gab auf, schlief ein und wurde nur noch einmal wach, als die Flatrate und der Vorzeiger in sein Zimmer wankten, um zu ficken. Sie vögelten dann vor seiner Tür, und er versuchte, nicht daran zu denken, was Greta wohl gerade tat.

Am nächsten Tag hatte er das dringende Bedürfnis, mit seinem Vater zu sprechen. Nicht ganz leicht, ein Handy hatte sein Vater zwar, aber es war nie angeschaltet, und an den Festnetzapparat ging er nicht dran. Wenn er dranging, gab er Paul immer gleich weiter an Pauls Mutter. Als habe er das »Fass dich kurz«, das früher auf den Telefonzellen stand, allzu sehr verinnerlicht. Die einzigen Streitigkeiten, die Paul während seiner Pubertät mit seinem Vater gehabt hatte, fanden statt, wenn er das Telefon blockierte. »Das Telefon ist dazu da, kurze Nachrichten zu übermitteln«, hatte sein Vater dann gesagt und war neben dem Telefon stehen geblieben.

»Hallo Mama, kann ich Papa sprechen?«

»Danke, mir geht es gut.«

»Ich habe nur gerade an ihn gedacht, und da … 'tschuldigung, ich wollte nicht unhöflich … geht's dir denn wirklich gut?«

»Doch, doch. Alles bestens. Ich ruf deinen Vater.«

Paul hörte eine Minute nichts, dann ganz leise, als sei er in Australien, die Stimme seines Vaters.

»Klinghofer.«

»Hier auch, hallo Papa.«

»Na, wen haben wir denn da?«

Das sagte sein Vater, seit Paul einmal allein mit seiner Mutter im Urlaub gewesen war und ihn zwei Wochen nicht gesehen hatte. Sein Vater war die Treppe regelrecht heruntergehüpft und hatte gerufen: »Na, wen haben wir denn da?« Er hatte den kleinen Paul in die Luft geworfen und immer wieder »Na, wen haben wir denn da?« gerufen. Und der kleine Paul hatte sich nicht mehr eingekriegt vor Vergnügen.

»Wie geht es dir?«

»Nun, um der Wahrheit die Ehre zu geben«, sein Vater räusperte sich, er hatte offensichtlich noch nicht viel gesprochen an diesem Tag, »Herr Doktor Merschen ist nicht sehr zufrieden mit mir.«

»Was heißt denn das?«

»Durch die dauernden Transfusionen lagert sich zu viel Eisen ab, und na ja, das ist nicht gut.«

Sein Vater klang nicht weit weg. Er klang alt, ganz furchtbar alt, neunhundert Jahre alt.

»Ich würde dich gern noch mal sehen.«

»Ja bald, ganz bestimmt.« Pauls Handy klingelte.

»Papa, mein Handy klingelt, ich ruf dich später noch mal an.«

»Ja, Paul, mach das.«

Es war ein Makler, die Wohnung, die er anbot, war viel zu teuer.

Paul rief noch einmal bei seinen Eltern an, aber niemand ging dran.

Matze kam ohne anzuklopfen herein und fragte, ob Paul nicht Lust habe, in den Puff zu fahren.

»In den Puff?«, fragte Paul. »Ist das auch so ein hochironischer Akt – Sexsklavinnen befreien durch Konsum?«

»Käse, du hast natürlich falsche Vorstellungen. Das sind Fair-Trade-Huren, das ist der Bioladen unter den Puffs. Von einer Frau geführt, die Hälfte sind Studentinnen, du kannst auf der Seite nachlesen, welchen Anteil der Laden behält, die können absagen, wie sie wollen. Alles super.« – »Aber das hast du doch echt nicht nötig.« – »Siehst du, auch da hast du falsche Vorstellungen. Das hat nichts mit ›nötig haben‹ zu tun. Puff ist Wellness, kein Lügen, kein Gebagger, kein Gemurkse an deinem Schwanz, die wissen, was sie tun, glaub mir, das wissen sie sehr genau.«

Jimo schlurfte Richtung Bad vorbei, und Matze fragte auch ihn, ob er mitwolle in den Puff.

Jimo sagte: »Was? In den Puff? Ihr seid ja verrückt.«

Dann haute er Matze und Paul abwechselnd je zweimal mit der Faust auf die Schulter. »Na sicher komm ich mit, damit ihr mal was lernt!«

Paul rieb seinen Arm und wusste jetzt, dass die alten Zeiten wirklich alt geworden waren. Er war zu müde, um zu protestieren. Er ging in sein Zimmer und rief den Makler mit der zu teuren Wohnung an. Er konnte sofort einziehen. Jedem anderen war sie eben zu teuer. Aber er hatte einen tollen Dispo. Das war das letzte Gute, was er noch von Greta hatte.

Auch wenn Paul nicht zustimmen würde: Eine Trennung kann auch etwas Gutes sein. Sie kann das sein, was etwas Neues erst ermöglicht, sie kann wie ein Waldbrand eine reinigende Kraft haben.

Die serbische Performancekünstlerin Marina Abramović und ihr Freund Ulay, der eigentlich Frank Uwe Laysiepen heißt und ebenfalls Performancekünstler ist, beschlossen 1988, eine spirituelle Reise zu unternehmen, an deren Ziel sie ihre Beziehung beenden würden.

Sie starteten von den entgegengesetzten Enden der chinesischen Mauer, sie lief am Gelben Meer los, er in der Wüste Gobi, jeder marschierte 2500 Kilometer, sie trafen einander in der Mitte und nahmen dort Abschied.

Abramović fand, das dies das angemessene Ende einer Beziehung war, die sie mehr als ein Jahrzehnt lang geprägt hatte. Die Trennung als gemeinsamer Prozess, als Aufeinanderzulaufen, das scheint zunächst widersinnig, und doch kann man kaum schöner symbolisieren, worum es bei einer Trennung geht und vor allem: wie wichtig eine Trennung ist. Klar macht man eine Trennung gern mal wie Greta am Telefon. Paul hat schon recht: Das ist Feigheit vor dem Freund. Vor allem ist es aber Feigheit vor sich selbst.

Als ich den Familienbericht 1999 – 2009 des österreichischen Bundesministeriums für Wirtschaft, Familie und Jugend las, wurde mir klar, wie sehr wir hier von Standardsituationen sprechen. (Es ist übrigens, das nur nebenbei, nicht so, dass ich abends, wenn gerade nichts im Fernsehen läuft, den Familienbericht 1999–2009 des österreichischen Bundesministeriums für Wirtschaft, Familie und Jugend lese – ich habe nach etwas gesucht.) In diesem hochoffiziellen Papier stand also drin, dass es ein »geschlechtstypisches Muster« gebe. »Demnach neigen eher Frauen dazu, nach langen Überlegungsphasen und (aus ihrer Sicht fehlgeschlagenen) Kommunikations- und Konfliktlösungsangeboten an den Partner die Trennung zu initiieren, während Männer von der Trennungsabsicht ihrer Partnerin überrascht sind und dann Versuche unternehmen, die Beziehung aufrechtzuerhalten – aus Sicht ihrer Partnerin allerdings viel zu spät.«

Und weiter: »Der ›Verlassene‹ beginnt dann zeitlich versetzt mit der emotionalen und alltagspraktischen Reorganisation, mit welcher die Initiatorin sich bereits auseinandergesetzt hat, und kämpft zusätzlich mit einer Entwertung seiner Person durch das Verlassenwerden.«

Warum das österreichische Bundesministerium »Verlassene« in Anführungsstriche setzt, weiß ich nicht, denn ein Verlassener ist man ja tatsächlich, aber ansonsten ist das alles richtig so.

Solange nicht etwas ausschließlich Schlimmes passiert, ein richtig großes Unglück, gilt die Oma-Weisheit »Wer weiß, wofür's gut ist.« Aus etwas Blödem kann etwas Schönes entstehen. Der Comedian George Carlin hat es mal so gesagt: »Gott gibt dir nichts auf, das du nicht aushalten kannst – es sei denn, du stirbst an etwas.«

Ist eine Trennung nun also etwas, woran man stirbt? Es gibt eine Abzweigung in Nord-Liebestan, dort geht es rechts nach Richtigdollieben, das ist ein bayrisch anmutendes Dörfchen mit Blumenkübeln und Kiffergemütlichkeit, eine schräge

Mischung, aber sehr lebenswert. Links geht es nach Liebeswahn. In Liebeswahn sind nachts nicht alle Katzen grau, eine leuchtet immer. Im Großen und Ganzen muss man sich Liebeswahn vorstellen wie Nordkorea. Alles ist auf eine Person ausgerichtet, man weiß allerdings im Gegensatz zu Nordkorea nicht, wer wen besitzt. Hier kann das Objekt der Begierde nicht fliehen, die Luft ist stickig, und die Gedichte sind noch schlechter als in Richtigdolllieben, wo die Gedichte schon ziemlich beschissen sind.

Man soll nie jemanden bedauern, der sich scheiden lässt, schließlich ist noch nie in der Geschichte der Menschheit eine gute Ehe geschieden worden. Aber manchmal ist es wohl so, dass der Wunsch zu leiden überwiegt. Als seien die negativen Gefühle einfach stärker. Leute weinen auch um Beziehungen, in denen sie nie gelacht haben. Aber Greta und Paul: Die haben mehr gelacht als Dick und Doof bei den Dreharbeiten.

# Roman und Mia sehen einen Porno (Tag 12)

*»The heart has its reasons that the reason knows not of.«*
BLAISE PASCAL, »PENSÉES«

»Allesse gut mit die Zufriedenheit?«, fragte der Koch und wedelte mit seiner Serviette ein paar verstreute Brotkrümel von der Tischdecke.

Roman nickte, bedankte sich, wischte einen nicht vorhandenen Nudelsoßenrand von seiner Oberlippe und bestellte Nachtisch.

Was ich schon immer an Roman bewundert habe: dass er so gut sortiert ist. Ich bin schon überladen, wenn mir jemand zwei Gegenstände in die Hand drückt. An einer Jacke schleppe ich schwer, trage ich eine Jacke und noch etwas anderes, dann wird es ein unglückliches Schauspiel aus Quetschen, Zerren und Zwischen-kleinem-Finger-und-Ringfinger-gerade-noch-so-halten-Können.

Und nun, wie er im Miracolo vor mir saß: so aufgeräumt, so geordnet, ohne verkrampft zu wirken. So fühlte man sich vermutlich, wenn man Brian Ferry oder Gabriel Byrne gegenübersaß. Man fühlte sich augenblicklich wie ein Barbar.

»Du bist doch so ein Pornoexperte«, sagte Roman.

Ich legte meine Gabel zur Seite. »Roman, selbst in deiner unaufgeklärten Welt, in deinem inneren Afghanistan, ist doch so eine Kolumne keine Pornografie, oder?«

Roman runzelte die Stirn. »Ich meine nicht das, was du da machst. Aber du und Jörg Baum, ihr habt doch früher immer, also: Du müsstest doch jede Pornodarstellerin am Nagellack erkennen.«

»Nein. Wir haben bald festgestellt, dass in der Kultur mehr zu holen ist. Filme von skandinavischen Jungregisseuren, schwarz-weiß, kaum Musik, oder auch die Osteuropäer: ein Traum. Hätte es bloß ARTE schon in den Achtzigern gegeben.«

»Also ich habe darüber nachgedacht, was du gesagt hast von wegen Perversion und so. Dass es gut wäre, eine Perversion zu teilen. Und ich dachte, Porno wäre da ein ganz guter Einstieg. Weil es für sich genommen schon so etwas Perverses hat, weil man aber vielleicht auch was sieht oder sogar lernt. Ich habe dann also immer mal wieder Hinweise gestreut und dann vorgestern einen Film besorgt.«

Es hatte sich herausgestellt, dass der Follikel es nicht bis zum Eisprung geschafft hatte, die ganze Follikelnummer war blinder Alarm gewesen, Paul hatte mit seinem unpassenden Auftauchen letztlich also überhaupt nichts sabotiert.

Nachdem Paul nun ausgezogen war, wollte Roman versuchen, wieder so etwas wie ein Sexualleben zu etablieren.

Was mich daran erinnert, dass ich bisher noch gar nicht erzählt hatte, was Roman von mir eigentlich wollte. Roman wollte »das Richtige« tun. Er war ergebnisoffen, was genau das Richtige schließlich sein sollte. Zwischen Trennung und Kinderkriegen lag ein breites Spektrum an Möglichkeiten, zwischen denen Roman hin und her irrte.

Zunächst einmal wollte er gern so etwas wie eine harmonische Grundstimmung. Nicht unbedingt Kerzenschein, aber doch wenigstens gemeinsame Gespräche beim Essen oder hin und wieder auch dann ein Lächeln, wenn gerade kein Kind gezeugt werden sollte.

Außerdem hatte ihn »diese erzwungene Geilheit«, wie er es nannte, fertiggemacht. Dieses lüstern Schauen, als gäbe es da Geld für. Diese allzu deutliche Erinnerung daran, dass es eben das wirklich nicht war: geil.

Es liegt nahe, dass man sich gemeinsam einen Porno anschaut, wenn irgendetwas mit der Libido nicht so ist, wie es sein sollte. Na ja: Eigentlich tut es das nicht, besonders dann nicht, wenn beide Partner nichts mit Porno am Hut haben und überzeugte Feministen sind.

Wie alles, was Roman irgendwann in seinem Leben getan hatte, reifte der Entschluss zum Pornoschauen über lange Zeit. Durch diese lange Reifung waren Romans Handlungen immer von erstaunlicher innerer Überzeugung getragen, wenn sie auch auf noch so abwegigen Überlegungen basierten.

Natürlich wusste er, dass es im Internet tonnenweise Pornografie gab. Aber er wusste nicht, wie er an die herankommen sollte. Google-Suchen nach Porno, nackt, nackte Frauen, Geschlechtsverkehr, Schwanz und Vagina ergaben nichts, also nichts, was seinen Plänen entgegengekommen wäre. Auf YouPorn, von dem er auch schon gehört hatte, gab es bloß viel zu kurze Clips in schlechter Qualität. Die Vorschaubilder sahen aus wie der Vorbereitungskurs eines Anatomielehrgangs, manche auch wie Beweisfotos in einem Kriegsverbrecherprozess.

Also ging er in eine Videothek, schaute sich um, fragte den Verkäufer, und der Verkäufer sagte, Pornos hätten sie schon längst nicht mehr, die würden sich ja alle aus dem Internet besorgen. Er könne ja im Spezialladen mal schauen, bei Beate Uhse.

Statt einer Ansammlung von Perversen tummelten sich bei Beate Uhse hauptsächlich Teenager, Touristen und Pärchen. Roman fühlte sich trotzdem wie ein Perverser, schließlich war er weder Teenager noch Tourist, sondern doch eher ein einzelner Herr mittleren Alters, der zwischen Riesendildos und Muschipumpen nach Porno-DVDs Ausschau hielt.

Erstaunlich viele Leute schienen das Bedürfnis zu haben, ihre Großmutter zu beschlafen. »Blasen auf dem Zahnfleisch« war eine Serie mit gleich 18 Teilen, »4 Fäuste in Oma Julia« musste wohl ein Einzelexemplar sein. Auf den meisten Covern stand zudem irgendwas mit Teenie. Teenietittchen. Teeniemösen. Teeniemäuler mit leckerer Ficksahne.

Die Teenies waren im Schnitt 26 Jahre alt und trugen Frisuren aus alten Mr. President-Videos auf. Die männlichen Darsteller hatten epilierte Eier und Hälse, die so breit waren wie der Kopf. Die Frauen auf den DVD-Hüllen schauten gelangweilt, während die Männer sie begatteten, die wiederum dabei aussahen, als würden sie Gewichte stemmen. Es wirkte nicht, als würden die Produzenten bei der Auswahl auf die Männer achten, und das war ein kritischer Punkt: Roman wollte sich ja durchaus als zuvorkommend erweisen, er dachte, dass so ein gemeinsam betrachteter Riesenschwanz vielleicht irgendwelche erfreulichen Sexualeffekte haben könne.

»Aber die sahen alle aus wie Türsteher«, sagte Roman, »manche hatten Kevin-Kuranyi-Bärtchen, manche Bushido-Frisuren, manche Brustwarzenpiercings, aber alle schauten, als würden sie lieber verhindern, dass irgendwo wer reinkommt, als irgendwo einen reinzustecken.«

Ich fragte, warum er denn nicht einfach Paul gefragt habe,

wo er einen solchen Film bekommen könne, der habe doch offensichtlich Ahnung. Aber schon während ich fragte, fiel mir auf, wie ungewöhnlich es schon war, dass Roman mich um Rat fragte. Dass er seinen kleinen Bruder um Hilfe gebeten hätte, und dann auch noch in Sachen Pornografie, das war ziemlich abwegig. Entsprechend verständnislos schaute er mich an.

»Ich habe schließlich einen gefunden, wo der Hauptdarsteller ganz in Ordnung aussah, so ein trainierter Araber. Den Film habe ich dann also gekauft, leihen konnte man da nichts, na ja, egal, dachte ich, wenn's was bringt.«

Roman war mit der genaueren Gestaltung der Abendplanung etwas überfordert, und Überforderung, das passierte ihm eigentlich nie. Wobei ich jetzt auch nicht wüsste: Für einen gemeinsamen Pornoabend – braucht man da Kerzen? Bereitet man Knabbereien vor, oder isst man vorher lieber richtig? Macht man das Ganze völlig beiläufig, oder trinkt man vorher noch ein Glas Wein? Oder verträgt sich mit »Der Ficksultan von Pornostan« eher doch ein Bier?

Es gab schließlich gedimmtes Licht, Bruschetta und Weißwein. Roman musste Mia drei Mal rufen, ehe sie von ihrem Schreibtisch aufstand, sie setzte sich dann unter wenig Begeisterung verheißenden Geräuschen auf das Sofa, er startete den Player und hockte sich auf das vordere Drittel des Sessels. »Also dann«, sagte er.

Der Film fing in einer plüschigen Kulisse an. Der Araber vom Cover trug eine rote Bommelmütze und sah einer drallen Blondine beim Hinternwackeln zu.

»Wie findest du denn die?«, fragte Mia.

»Na ja«, sagte Roman.

Mias Ex-Freund Jonathan hatte auf Frauen mit komplizierten Nasen und störrischen Brauen gestanden, Frauen wie aus seinen Romanen. Einmal hatte Mia ihn dabei gestört, wie er

sich auf einen Flyer vom Ernst-Busch-Theater einen runtergeholt hatte. Sie hatte das Gefühl gehabt, ihm nicht zu genügen,
mit ihren weichen Zügen und ihren Kinderwimpern, die
immer zu aufgeweckt klimperten und unter denen hinweg
sie nie so recht kühl schauen konnte. Deswegen war sie so
lange bei ihm geblieben. Die Blonde in dem Film löste in ihr
nicht dieses beklemmende Gefühl von damals aus.

»Und gefällt dir der Typ?«, fragte Roman.

»Uh, gar nicht«, sagte Mia. »Dumm und brutal ist nicht so
meins, aber das könntest du ja eigentlich wissen.«

Roman nippte an seinem Wein.

Recht unvermittelt hatte auf dem Bildschirm die Handlung
begonnen. Die Frau lutschte an dem ziemlich beeindrucken-
den Geschlechtsorgan des Arabers herum, wobei sie sich
immer wieder verschluckte, sodass ihr der Speichel aus dem
Mund lief. Ihre Augen tränten, die Schminke verlief, und der
Araber feuerte sie an. Schließlich zog er sie hoch und sagte:
»So, jetzt gibt's was in die Schokohöhle.«

Mia sah aus, als würde sie gleich anfangen zu stricken.

Roman fühlte sich verantwortlich für das Programm. Er
war jetzt wieder elf Jahre alt, links saß seine Mutter auf dem
Ledersessel und beobachtete, ob sein Vater, der sich auf der
Couch ausgebreitet hatte, auf die Brüste der Schauspielerin in
der gerade laufenden Familienserie reagierte. Jedes Stückchen
Haut wurde von ihr abfällig kommentiert, hatte eine Schauspielerin große Brüste, dann war sie an die Rolle gekommen,
nur weil »sie mit ihrem Matschbusen gewackelt« hatte, sah
eine knabenhaft aus, »könnten die ja gleich zwei Jungs zeigen«. Roman hoffte immer, dass nichts passieren würde, dass
alle schön angezogen blieben und sich totschießen würden
nach der Verfolgungsjagd, bloß nichts Nacktes, weil es dann
so komisch ruhig wurde, bis seine Mutter schließlich sagte:
»Na, das sieht der Papa gern.«

## Unbekümmert

Jeden Morgen fuhr Christoph 60 Kilometer von Aachen nach Bergheim, im Radio lief Deutschland Radio Kultur oder WDR 1 (wenn er sich besonders jung fühlte). Jeden Abend gegen acht Uhr kam er wieder zurück, wurde von einem Golden Retriever und von Ben begrüßt, seinem Jüngsten, während Paul, der Mittlere, langsam herbeitrottete und Roman, der Älteste, von oben »Hallo, Papa!« rief. Seine Frau Rita lächelte ihn an, wie sie es schon immer getan hatte. Als wisse sie, dass er etwas im Schilde führe, und sie sei völlig einverstanden damit.

Seine Jungs waren so hübsch, wie er es mal gewesen war. Er war längst ganz bei sich und ganz und gar uneitel. Manchmal schimpfte Rita mit ihm, wenn er vor allen anderen fertig war mit dem Essen und sich einen Nachschlag holte, aber das meinte sie nicht so.

Wenn Fußballer noch unter zwanzig sind und sie beim Torschuss keine Sorgen plagen, wenn sie einfach losspielen, als hingen nicht Millionen an ihrem Erfolg oder Misserfolg, dann heißt es, sie seien unbekümmert. In keinem anderen Zusammenhang existiert dieses Wort, und doch hätte man Christophs Leben so beschreiben können: unbekümmert.

Er verdiente sehr gut, Rita war noch genauso hübsch, wie er es mal gewesen war, seine Jungs hatten keine Probleme in der Schule, seine Lieblingsmannschaft zog im Europapokal Runde um Runde weiter, bei »Der große Preis« wusste er mehr als sein Ältester, obwohl der mit dem Brockhaus pfuschte, und im Frühling 1987 verliebte er sich in eine Kollegin.

»Midlife Crisis«, sagten die Freunde seiner Frau, die bis gerade eben noch seine Freunde gewesen waren, »Du verdammtes

Schwein«, sagte Rita, die jetzt nicht mehr seine Frau sein wollte, und seine Jungs blieben in ihren Zimmern, wenn er nach Hause kam. Nur der ahnungslose Golden Retriever kam noch an die Tür gerannt, obwohl Rita immer rief: »Thoelke, hierher!«

Wenn man die Geschichte etwas genauer erzählen wollte, müsste man erwähnen, dass Christoph sich eigentlich gar nicht in seine Kollegin verliebt hatte.

Ihm war es immer so vorgekommen, als sei er mit Voreinstellung vom Werk geliefert worden: Liebt Rita. Als er Rita auf einer Studentenparty zum ersten Mal sah, da hatte er nur einen Gedanken: »Na endlich!« Sie ging noch zur Schule, aber sie schien Jahre älter zu sein als er, sie hatte Geschmack, Ehrgeiz, etwas sexuelle Erfahrung, und sie ließ ihn an all dem teilhaben. Sie richtete die erste gemeinsame Wohnung ein, sie unterstützte ihn im Studium, sie hielt sogar ihr Versprechen und ließ ihn die Milch aus ihren Brüsten schmecken, als Roman geboren wurde.

Was er nun für die neue Kollegin fühlte, das konnte er selbst nicht genau sagen. Es war etwas zwischen ihnen, ein Reiz, ein Prickeln, wie man das eben nennt, sie war nicht so unbekümmert wie er, sie war alleinerziehend, und doch lachten sie viel miteinander, aber was er nicht zu deuten wusste, was ihn letztlich dazu trieb, sie zu küssen, das war die seltsam beklommene Stille, die manchmal zwischen ihnen auftrat, eine Stille, die es sonst nicht gab in seinem Leben.

Es war ein Fehler gewesen, Rita gleich zu sagen, er sei verliebt. Wenn Christoph über seine Gefühle nachdachte, was er sonst nie hatte tun müssen und nun auf einmal ständig tat, dann dachte er immer in Filmszenen. Verliebtheit war ein fröhlicher, ein guter, ein heller Begriff, man hätte in einem französischen Sommerfilm mit der jungen Romy Schneider sagen können: »Ich habe mich verliebt«, ohne dass es einen Abschied bedeutet hätte. Ich habe ein Blümchen gepflückt, ich habe mich verliebt, ich bin einem Schmetterling hinterhergeflattert. Ganz leicht, ganz unbekümmert.

In der nach oben offenen Schmetterlingsskala, in der Christoph von der Liebe dachte, war seine Kollegin eher ein Nachtfalter, aber das hätte er nicht erklären können. Also sagte er »verliebt«, und das war das Ende.

Ein paar Wochen noch kam er abends nach Hause, dann zwang ihn Rita, sich eine neue Wohnung zu suchen. Die Wohnung seiner Kollegin war nicht groß genug, und so zog er in eine Art Studentenbude, was er erst ganz lustig fand, aber recht bald nicht mehr.

Im Sommer sagte ihm seine Kollegin, sie wolle es locker halten. Selbst Christoph verstand, was das bedeutete.

Zwei Tage später fiel er hin, als er nach der Arbeit ins Auto steigen wollte.

Ein riesiges Glück habe er gehabt, sagte der Arzt im Krankenhaus, ein Herzinfarkt auf der Autobahn sei schließlich das sichere Ende.

Seine Söhne sprachen wieder mit ihm, immerhin, und nach einigen Tagen blieb auch Rita nicht mehr draußen auf dem Flur. Sie schickte die Jungs zum Kiosk, gab ihnen ein paar Mark für Sauerstangen und Cola und schloss die Tür hinter ihnen. Sie setzte sich auf den Rand des Betts, ohne Christoph zu berühren.

»Ich hatte gedacht, dass ich diejenige sein würde, die geht«, sagte sie und schaute auf den Borussia-Schal, den der Kleinste für Christoph gehäkelt hatte.

»Ich mein, im Ernst: Du bist dick und rund geworden und kahl auch noch, und ich saß bloß noch zu Hause rum. Ich bin dir so schrecklich selbstverständlich geworden. Und natürlich: Du bist dann derjenige, der sich verliebt, und natürlich: Du findest mit deinem dicken Bauch auch noch eine, die dich nimmt. Das ist alles so, so: scheiße ungerecht.«

Christoph war seit dem Herzinfarkt furchtbar heiser, er kramte in seinem Kopf nach einer passenden Filmszene, aber ihm fiel keine ein. Er krächzte: »Findest du wirklich, dass ich so kahl geworden bin?«, und Rita sagte: »Wenn du schläfst, siehst du aus wie ein Karpfen.«

Dann lächelte sie, als ob sie völlig einverstanden sei damit.

»Vielleicht hätten sie sich damals trennen sollen«, sagte Roman. »Es heißt doch immer: Trennungen sind sauberer als schlechte Beziehungen.«

Er bestellte noch ein Wasser. »Und sauber war das bei uns wirklich nicht, aber das weißt du ja.«

Jahrelang dachte Rita, es könne Gerechtigkeit hergestellt werden, wenn sie auch mit jemandem was anfangen würde. Aber es war wie verhext. Sie lernte kaum Männer kennen, und wenn, dann waren das Freunde von Christoph oder Männer ihrer Freundinnen. Sie schaute öfter in den Spiegel als je zuvor, aber der Spiegel starrte bloß zurück und hatte auch keine Antwort. Sie war doch immer noch eine schöne Frau.

Jeden Tag hatte sie jetzt Kopfschmerzen, und wegen der Kopfschmerzen gewöhnte sie sich an, Wein zu trinken. Roman erzählt es wirklich bis heute so, als wäre ihr Trinken eine Art fehlgeleitete Selbstmedikation gegen ihre Kopfschmerzen gewesen, obwohl man es durchaus auch hätte so sehen können, dass sie ständig Kopfschmerzen hatte, weil sie gleich nach dem Aufstehen schon Wein trank.

»Wie ist das mit dem Porno eigentlich ausgegangen?«, fragte ich Roman.

»Ich habe irgendwann ausgemacht und angefangen abzu-
räumen, und dann habe ich vor dem Sofa gestanden und sie
angeschaut, und sie hat mich angelächelt und gesagt, ihre
Füße täten weh. Ich habe sie ein bisschen massiert.«

»Dann war es doch eigentlich ein voller Erfolg.«

»Es war tatsächlich ein Schritt, wenn ich's mir recht über-
lege«, sagte Roman.


Roman hatte gelernt, dass man sich bemühen muss, auch
wenn das Ergebnis der Bemühungen vielleicht von vornherein feststeht. Paul hatte den Schluss gezogen, dass man
sich aufgrund dieser Ausweglosigkeit gerade nicht bemühen
muss.

Ich sehe die Welt nicht wie die beiden, aber innerhalb ihrer
Logik konnte ich Pauls Denkweise besser nachvollziehen.
Roman habe ich erst während der Arbeit an diesem Buch
wirklich verstanden.

Als ich mir zu Bonner Zeiten in der Mensa mal wieder
angewidert die Menschenmassen besah, wies Roman darauf
hin, dass wir in Wirklichkeit gerade Zeugen eines Wunders
wurden. »Keine andere Spezies würde sich in eine Reihe stellen, um an ihr Essen zu kommen. Klar gibt es auch bei Löwen
eine Essenshierarchie, aber die kommt erst durch ständig aus-
geübte Gewalt zum Tragen. Hier hat man eine Mensakarte,
reiht sich geduldig ein, bekommt günstiges Essen minderer
Qualität mit einem hohen Sättigungsfaktor auf den Teller,
und alle räumen danach ihr Geschirr selber ab und stellen es
nach erneutem Warten auf das Laufband. Es ist das größte
Schauspiel der Natur. Dagegen sind alle anderen Tiere bloß
Tiere.«

Vor einem hatte Roman sicherlich mehr Angst als vor aus-
sichtslosen Bemühungen: vor Chaos. Das Streben gibt dem
Sinnlosen wenigstens Struktur. Außerdem ist er wohl, wie

auch immer das jetzt klingen mag, ein guter Mensch. Er ist wie diese Fernsehfiguren, von denen wir uns gewünscht haben, dass unsere Väter so wären. Einer, der auf dem Rettungsboot im uferlosen Meer weiterrudert, einer, der die Nerven behält. Einer wie Jo Montanes.

Christoph, also der Vater von Roman, Paul und Ben, kam mir in den Erzählungen der Brüder vor wie ein Soldat in Friedenszeiten. Oder eher noch: als Urmann, ein Vorgängermodell des modernen Mannes. In einem Stamm, der in einem abgelegenen Regenwald lebt, wäre Christoph der perfekte Mann und Vater gewesen, einer, der Raubtiere totschlägt und die Familie versorgt. Aber er hätte niemals eine hübsche Muschel am Strand aufgelesen. Er war ein Ingenieur, und der Ingenieur schaut, dass die Dinge funktionieren, er fragt nicht, warum sie funktionieren. Und damit war Christoph vielleicht nicht geeignet für die größte Herausforderung, welcher der moderne Mensch gegenübersteht. Den Alltag spannend zu halten.

Der Alltag: unendliche Weiten. Vor nichts fürchtet sich der Mitteleuropäer mehr als vor der Alltäglichkeit. Dort, wo alle Geheimnisse gelüftet werden, geht alles vor die Hunde, was einst die Liebe ausgemacht hat.

*Dein Haar streichel ich nur noch, wenn ich es aus dem Waschbecken wische.*

*Ich kann mitreden, was du nach Landtagswahlen sagst, ich kenne deinen Blick, du kannst mich nicht mehr überraschen.*

*Ich bin dir so selbstverständlich geworden.*

Klingt furchtbar, nicht? Aber ist das denn nicht in Wirklichkeit etwas Schönes?

Möchte man nach mehreren Jahren Beziehung etwa im Ungewissen darüber bleiben, mit wem man es zu tun hat?

Christophs Frau Rita meint ja etwas anderes, wenn sie sagt: »Ich bin dir so schrecklich selbstverständlich geworden.« Sie bemängelt nicht die Verlässlichkeit ihres Mannes, die nimmt sie vermutlich gern an, sie meint, dass sie von ihm nicht mehr mit Aufmerksamkeit angesehen wird.

Christophs Problem wiederum ist, dass er sich zu seinem Nachteil verändert hat, körperlich, jedenfalls wirft sie ihm das vor. Und ist das überhaupt in Ordnung? Muss man nicht alles an seinem Partner lieben? Soll Liebe nicht ganz und gar sein?

In Truman Capotes »Frühstück bei Tiffany« sagt Holly Golightly über ihren Liebhaber José: »Er ist zu zimperlich, zu vorsichtig, um der Mann meiner Träume zu sein; er dreht mir immer den Rücken zu, wenn er sich auszieht, und er macht zu viele Geräusche, wenn er isst, und ich sehe ihn nicht gerne rennen, denn er sieht irgendwie komisch aus, wenn er rennt.«

Und doch sagt sie, sie liebe José, ja sogar: »Ich würde aufhören zu rauchen, wenn er mich darum bäte.«

Ist das Liebe? Setzt die wahre Liebe ein »Trotzdem« voraus? Kann man, im Unterschied zur rosaroten Verliebtheit, erst dann von Liebe sprechen, wenn man nicht mehr völlig blind ist und eben sagen kann: »Du bist zimperlich und weich und schrecklich nervtötend und *trotzdem* wunderbar«?

Es wird wohl so sein: Solange im Resultat noch eine aufrichtige Zuneigung herauskommt, solange die Rechnung noch immer Sex und Kuscheln und Wiederaufrichten und Rauchenaufhören ergibt, kann man den Bauch des anderen noch zu dick, den Gang zu watschelig, die Manieren zu aufgesetzt finden. Sagt man sich aber: Der stinkt, und deswegen will ich nicht mit ihm schlafen – dann ist die Liebe wohl sanft entschlafen.

Ein gutes Indiz für die Antwort auf die Frage, wie es ausgehen wird mit Holly Golightly und José, ist der Umstand, dass sie *erzählt*, wie ihr Blick auf ihn ist. Sie sagt einem Dritten, was sie José vermutlich nicht direkt sagen könnte, und wendet sich so gegen *die* Urformel der Liebe selbst: Wir zwei gegen den Rest der Welt. Die Formel kann nicht lauten: Du und du und der und ich gegen den Rest, und manchmal kommen sie und sie und sie auch noch mit. Da wäre man dann ein Freundeskreis, keine Liebesbeziehung (die Ausnahme sind polyamore Verhältnisse, aber die sind doch sehr selten).

Das nachgeschobene »Aber ich liebe ihn« kann dann auch bloß so eine Art Mantra, ein sich selbst nachgeplappertes Scheinbekenntnis sein. »Ich liebe ihn« ist leicht gesagt und kann völlig bedeutungslos sein. »Er macht zu viele Geräusche« ist eine authentische Beobachtung und heißt nichts anderes als: Er macht *mir* zu viele Geräusche. Letztlich heißt es sogar: Für mich ist er nichts.


Und doch denke ich, dass man es sich zu einfach macht, wenn man glaubt, eine Beziehung würde an den körperlichen Veränderungen zugrunde gehen (was eine weit verbreitete Meinung ist, auch Roman und Paul haben wegen dieser Erfahrung aus ihrer Familie ein recht unentspanntes Verhältnis zu ihrem Körper). Warum ich das denke, erklärt sich vielleicht durch folgendes Zitat von Max Frisch: »Eben darin besteht ja die Liebe, das Wunderbare an der Liebe, dass sie uns in der Schwebe des Lebendigen hält, in der Bereitschaft, einem Menschen zu folgen in allen seinen möglichen Entfaltungen.« Gerade das sei »das Erregende, das Abenteuerliche, das eigentlich Spannende, dass wir mit den Menschen, die wir lieben, nicht fertig werden: weil wir sie lieben; solang wir sie lieben.«

Fertig seien wir mit einem Menschen erst »weil unsere Liebe zu Ende geht, weil unsere Kraft sich erschöpft«.

Es ist also nicht etwa das Alltägliche, das zur Ermüdung führt, die Liebe ermüdet von ganz allein. Weil wir lieben, werden wir nicht fertig, lieben wir aber nicht mehr, dann ist Alltag.

Aber warum ermüdet die Liebe?

# Am liebsten zu dritt (Tag 15)

Dass eines Abends Ben bei mir vor der Tür stand, überraschte mich dann schon nicht mehr. Er hatte eine Flasche Wein und Schokoladeneis mitgebracht, eine typische Ben-Kombination: unpraktisch, aber liebenswert.

Er erzählte mir, was er schon ungefähr tausendmal angedeutet hatte: dass er nämlich immer heftiger in Theresa verliebt sei, die beste Freundin von Julia, die wiederum die Freundin von Ben war, schon seit drei Jahren. Genauso lange kannte Ben auch Theresa schon, und wenn ein Treffen anstand, dann machte er sich immer besonders hübsch, vergaß aber nie, rechtzeitig etwas Abfälliges über Theresa zu sagen. Diese Taktik hatte er im vergangenen Jahr entwickelt, als er ganz sicher gewesen war, dass Julia doch bemerken müsse, wie er Theresa anschaute, wie er sie, wenn er zu viel getrunken hatte, einen Moment zu lange drückte, wie er versuchte, sich ihren

Geruch einzuprägen, wie er aufmerksam darauf bedacht war, klug zu lachen, wenn Theresa etwas Komisches sagte. Und das tat sie leider dauernd.

Es fiel ihm nicht schwer, schlecht über Theresa zu reden, denn da gab es eine Menge, was man sagen konnte. Sie war längst nicht so hübsch wie Julia, sie war übertrieben fleißig und unzufrieden mit sich, sie hatte keine Ahnung, welche Schuhe gerade modisch waren, sie aß unbeholfen und fragte sich dauernd, ob die Tiere es wohl gut gehabt hatten, bevor man ihnen die Kehle durchschnitt. Und sie hatte eine Nase, auf der man Skilanglauf hätte machen können.

Im dritten Band des 1913 erschienenen sprachkritischen Werks »Sprache und Grammatik« erläutert der Philosoph Fritz Mauthner, was die Vorsilbe »ver-« bedeutet: »das Verschwinden oder das Zugrundegehen, das Beseitigen oder Zugrunderichten«. Verlieben ist also nicht einfach nur schön. Und so steigerte sich Ben mit der Zeit immer mehr in sein Leiden hinein.

Nachts, wenn Julia neben ihm lag und längst schlief, erging er sich in endloser Exegese von Sätzen, die Theresa hatte fallen lassen, er wog Handlungsoptionen ab, und dann stellte er sich Theresa nackt vor und holte sich möglichst bewegungslos, um Julia nicht zu wecken, einen runter.

Er sah drei Möglichkeiten: Julia erzählen, dass er sich in Theresa verliebt hatte, sich Theresa offenbaren oder schweigen. Die möglichen Folgen wären: Julia verließ ihn, und Theresa solidarisierte sich mit ihr, dann hätte er beide verloren. Theresa wies ihn ab und erzählte Julia, dass er sich verliebt hatte, dann hätte er beide verloren. Theresa wies ihn ab, behielt die Sache aber für sich, dann bliebe ihm Julia. Theresa erwiderte seine Gefühle, dann würde er Julia verlieren. Oder schließlich: Es bliebe beim Status quo.

Eine Möglichkeit ging ihm nur ganz kurz durch den Kopf: Liebe zu dritt. Die gab es ja schließlich nur in Pornos.

Ich sollte Ben nun sagen, was er machen sollte. Er wollte wissen, was Theresa wohl davon halten würde, wenn er sich ihr offenbarte. Ich schaute besorgt auf meinen Ficus und dachte an die Frau wie Krebs.

## Eine Frau wie Krebs

*»Unglücklicher Catull, werd endlich klüger,*
*Und was du als verloren erkannt, betrachte als verloren!«*
GAIUS VALERIUS CATULLUS,
»ENTSCHLOSSEN ZUR TRENNUNG VON LESBIA«

Ben war als Nesthäkchen stets sorgenfrei gewesen, und wie es so ist mit sorgenfreien Menschen, befiel ihn eines Tages die Sorge, nicht tief genug zu sein. Er war etwas zu klein gewesen, um die Probleme seiner Eltern richtig mitzubekommen, und vor allem Weiteren hatte Roman ihn bewahrt. So war er ein Sonnenscheinchen geblieben, dem die Mädchen hinterherliefen, ein Sonnenscheinchen, das Sonnenscheinsex und Sommerlieben hatte, auch im Winter. Aber dann ließ er sich auf Miku ein, und schon war er die Sorge, nicht tief genug zu sein, wieder los. Ben war auch als Student schon – er hatte sich Paul folgend zunächst für Jura eingeschrieben – ein gut aussehender Mann. Gut aussehend auf diese Fernsehmoderatorenart. Glatt, aber wiedererkennbar, clever, aber vertrauenerweckend. Seine Freundin Miku sah aus wie mit feinstem Pinsel gemalt. Sie hatte deutsche Eltern, aber man hätte schwören können, der Briefträger sei Japaner gewesen. Vielleicht daher der Name? Sie hatte Manga-Augen, und wie bei jeder tatsächlich dramatischen Schönheit versteckte sich in ihrem Gesicht ein Hauch von Verschlagenheit. Und: Wenn Ben und Miku gemeinsam weggingen, konnte es passieren, dass Miku stolz und froh von der Toilette zurückkam und berichtete, dass sie dort einen anderen Gast gevögelt hatte. Es ist weder bekannt, was Miku dazu bewog, mit einem anderen zu – ja, doch: ficken, noch, warum sie es *erzählte*. Ob sie nun ein fundamentales Gefühl von Unsicherheit zu bekämpfen versuchte und so viel Bestätigung wie möglich benötigte oder ob sie einfach Schwänze liebte, und zwar in allen Sorten, wer soll das beurteilen? In Erich Fromms »Die Kunst des Liebens« habe ich mal gelesen, es gäbe Männer, die erwarteten, dass sie für das Fremdgehen von ihrer Frau Applaus erhielten. Vielleicht erwartete Miku ja Applaus, weil sie schon als Kind für jeden Haufen, den sie gesetzt hatte, Ovationen von ihrem Vater erhalten hatte. Ich weiß es nicht.

Nach der ersten Enthüllung dieser Art hatte Ben nachts um drei vor meiner Tür gestanden. Er war blass, zittrig, verlangte nach Wodka Lemon, bekam aber nur Zitronenlimonade. Er erzählte mit brüchiger Stimme und in nicht aufeinander abgestimmten Halbsätzen die Geschichte von dem Klosex, nippte an der Zitronenlimonade und war immer wieder von Neuem enttäuscht von der nicht betäubenden Wirkung. Die Worte *Schlampe*, *Hure* und *Drecksau* fielen. Aber auch *Mutter meiner Kinder*, *ehrlich heiraten wollen* und *bester Sex, den ich jemals hatte*. Er würde sie nun nie wieder sehen, das war beschlossene Sache. Ich bezog sein Bett frisch, hockte mich aufs Sofa und stimmte von Zeit zu Zeit in die Verdammungen ein. Ich schickte Ben ins Bad, aber Ben wollte lieber im Bett weiterschimpfen. Schließlich dämmerten wir ein.

Nach zwei Stunden wurden wir von Bens Handy geweckt. Er ging dran, murmelte wacher werdend ein paarmal »Ja«, zog seine Jacke an, sagte: »Miku hat ihren Schlüssel verloren«, und verschwand.

Beim nächsten Telefonat erzählte er, dass er jetzt mit Miku zusammenziehen werde. Ich vermied das Thema Toilettensex und tat so, als würde ich mich für ihn freuen.

Zwei Tage später stand Ben wieder vor meiner Tür. Er hatte den Abend mit Miku verbracht, danach war er zur Tankstelle gegangen und hatte ihr ein Überraschungsei gekauft, das er ihr noch schnell hatte vorbeibringen wollen. Vor ihrer Wohnung hatte er allerdings durch das Fenster gesehen, dass sie den weiteren Verlauf des Abends inzwischen mit einem anderen Mann begonnen hatte. Da stand er dann mit seinem Ei. Und überrascht war er durchaus.

Während er das erzählte, rauchte er eine Packung *John Player Special*, nagte leidenschaftslos seine Fingernägel ab, flitschte sie mit der Zunge auf den Boden, ging zweimal aufs Klo, um sich zu übergeben, zog nicht ab und rupfte meinem Ficus die Blätter aus.

Er schlief wieder auf meinem Bett ein und ging dann morgens zu Miku, weil sie gerade an ihrer ersten Hausarbeit schrieb und Strafrecht ihr schwerfiel.

Ein paar Tage später traf ich ihn im Café Blau. Ben wirkte ernst, aber zuversichtlich. Ihm schienen ein paar Zähne ausgefallen zu sein, sein dürr gewordener Leib wirkte windschief, doch seine Worte gaben Anlass zur Hoffnung. Er hatte Miku auf den Überraschungsei-Zwischenfall angesprochen, sie hatte geweint, drei weitere Zwischenfälle gestanden und ihm vorgeworfen, ein Voyeur zu sein. Sie sehe allerdings ein, dass es ein Problem gebe. Ben raunte etwas von Missbrauch bei Doktorspielen mit ihrem achtjährigen Cousin, einem pornosüchtigen Onkel und einem Reitunfall, dessen Bedeutung ich nicht genau einordnen konnte. Ben lief Remoulade auf sein Jackett, die er nicht weiter beachtete. Dann ging er sich übergeben.

Die Sache mit Christian Södelmann war allerdings nicht so leicht aus der Welt zu schaffen. Christian Södelmann war der größte Ficker des Juridicums. Er war der Älteste aller Studenten, sah aus, als hätte er schon seit hundert Jahren Sex, und war verlebter als die Mutter von Helmut Berger. In einer Vorabend-Krimiserie wäre er der *Zuhälter mit Herz* gewesen. Sein Spitzname war erstaunlicherweise nicht Dödelmann, sondern Untendick. Sein Leitsatz war: »Die bock ich auf.« Er hatte Frauen schon ins Badezimmer geschickt, um sich die Schamhaare abzurasieren, als allen anderen noch keine wuchsen.

Miku hatte Christian Untendick auf einer Party angemacht wie eine läufige Rehpinscherdame einen unentschlossenen Bernhardiner. Und Christian Untendick, der hodigste Mann westlich des Rheins, hatte sich verweigert. Weil er Ben mochte. Ob Miku Ben mochte, wusste zu diesem Zeitpunkt niemand mehr genau zu sagen. Als Ben die Untendick-Geschichte zugetragen wurde, zerstörte er sein Aquarium und schnitt sich die Finger an dem Glas, was für den Rest des Tages die angenehmste Erfahrung sein sollte. Dann wurde er auf Initiative seiner durch hysterische Schreie aufgeschreckten Nachbarn ins Krankenhaus eingeliefert, von wo er am nächsten Tag floh, um mit Miku bei IKEA Vorhänge auszusuchen.

Sämtliche dieser Szenarien wiederholten sich in den folgenden Monaten. Mal verriet Miku sich, mal erzählte sie es offen, immer erfuhr er es, immer verzieh er ihr. Er quartierte sich bei mir für einige Wochen ein, um ihr nicht zu begegnen, zerstörte Ficus für Ficus, schlich abends aus der Wohnung, wenn er dachte, ich würde es nicht bemerken, weinte, um Miku zu erweichen, sie weinte zurück, die beiden vögelten, und wenn sie fertig waren, musste Miku ein weiteres Missgeschick gestehen.

Ich schlug ihm vor, einfach mal mit einer anderen zu schlafen. »Vielleicht kommst du dann von ihr los. Und vor allem: Erzähl es ihr am nächsten Tag.«

Bens Gesichtszüge entgleisten, sein Kinn wackelte, und eine Träne lief seine Wangenruine herunter. »Ich hab's ja schon versucht«, stammelte er, »aber es klappt nicht. Ich packe das nicht. Keine ist wie sie. Ich kriege einfach keinen hoch bei anderen.«

Als Miku dann schwanger war von einer ihrer Toilettenbekanntschaften und versuchte, Ben zur Vaterschaft zu überreden, meldete sich sein Überlebensinstinkt und schlug eine Schneise durch das von seinem Penis besetzten Gehirn hin zu seinem Über-Ich. Sein Überlebensinstikt sagte: »Ben, wenn du das Kind anerkennst, wenn du diese Frau heiratest, dann sind wir geschiedene Leute. Dann lege ich dich betrunken auf die Eisenbahnschienen. Wenn du nicht sterben willst an dieser Frau, dann musst du lernen, damit zu leben, dass dein Schwanz in der Hose bleibt. Die ganzen Trostmädchen, die du betrunken abschleppst, während du in deiner Hosentasche nachfühlst, ob dein Handy vibriert und Miku Zeit hat, diese Mädchen können dir keinen Trost bedeuten. Selbst ich wäre in dieser Situation impotent. Diese Frau ist wie Krebs, du musst sie herausschneiden, auch wenn du dich dabei selbst verstümmelst. Entsage den Frauen, lies einmal ein Buch. Und geh verdammt noch mal nicht an die Tür, wenn es überraschend klingelt, das ist ja nicht zum Aushalten.«

Ben hielt sich an das, was sein Überlebensinstinkt ihm sagte, er zog die Vorhänge zu, verriegelte die Tür, die er von da an nur noch für den Pizzadienst öffnete, stellte die Körperpflege ein, las *Die Gebrüder Karamasow*, wobei er vier Tage für die ersten drei Sätze brauchte, weil sein Penis die ganze Zeit auf ihn einredete und daran gemahnte, dass Miku dreifache nordrhein-westfälische Jugendmeisterin in rhythmischer

Sportgymnastik war. Die Frage, ob Fjodor Pawlowitsch Karamasow und Lisaweta Smerdjastschaja, die Stinkende, mit
Smerdjakow einem vierten Bruder Karamasow das Leben
geschenkt hatten, ließ Ben schließlich nicht mehr auf seinen
Penis hören. Kam ihm von nun an Miku in den Sinn, nannte
er sie in Gedanken Miku Smerdjastschaja, die Stinkende, was
alle folgenden Gedanken in eine für ihn heilsame Richtung
lenkte.

Nach einigen Monaten zog er die Vorhänge auf, stellte fest,
dass es die Sonne noch gab, erinnerte sich an den Geruch von
Milchkaffee und vorüberwehenden blonden Haaren, duschte
sich das Ungeziefer vom Leib, das sich gemütliche Nester eingerichtet hatte, und verließ seine Wohnung. Bald darauf sah
ich ihn das erste Mal lächeln, zunächst noch zögerlich, dann
mit größerer Überzeugung.

Die Sonne bräunte seine Haut, seine Zähne, die er in der
Verzweiflung an seinem Teppich ausgebissen hatte, wuchsen
ihm nach, und bald merkten auch die Frauen, dass ein neuer
Cowboy in der Stadt war. Das erste Mädchen, das er mit-
nahm, machte ihm noch ein wenig Angst, aber schon beim
zweiten brachte er einen vollwertigen Geschlechtsverkehr
zuwege, und beim dritten dachte er fast überhaupt nicht
mehr an Miku, nur ganz kurz, als sein Handy vibrierte.

Ich erklärte Ben, dass ich leider meine Hellseherausbildung
nicht beendet hätte und daher nicht wisse, was Theresa denken würde, wenn er mit ihr über Julia sprach. Er sagte, die
beste Lösung sei vermutlich, wenn er beide haben könnte, er
wäre dann wirklich für immer zufrieden. In diesen beiden
Frauen hätte er alle Eigenschaften vereint, die er an Frauen
liebte. Ich sagte, dass er dann auch nicht zufrieden sein würde,
weil er nämlich nie zufrieden sei. Und vielleicht wolle er gar
nicht Theresa, sondern vertraue nur Julia nicht. Es sei doch

möglich, dass seine Fremdgehfantasien nur eine Art Abwehr-zauber gegen Verlustangst seien.

Angesichts seiner Geschichte mit Miku sei es ja nachvoll-ziehbar, dass er nicht gerade platzte vor Vertrauen.

»Man hat rausgefunden, dass Football-Teams dann zum Betrug neigen, wenn sie glauben, das andere Team würde sei-nerseits betrügen. Wenn du Julia etwas mehr Vertrauen ent-gegenbringen würdest, dann würdest du sie vielleicht nicht bescheißen.«

Ben fühlte sich missverstanden, und ich ging nicht davon aus, dass ich bereits eine Lösung für Ben gefunden hätte. Aber er hatte etwas, worüber er nachdenken konnte, und ich meine Ruhe.

# Liegt doch auf der Hand (Tag 16)

»*I want one thing from you.*«
»*Anything.*«
»*Don't answer ›Anything‹. 'cause it's not real and life is real. It's made up of little things. Minutes, hours, naps. Errands. Routines. And is has to be enough.*«
Miriam in »Barney's Version«

Am nächsten Morgen sagte meine Freundin zu mir: »Liegt doch auf der Hand.«

Meine Freundin hat die Neigung, Gespräche wieder aufzunehmen, an die sich kein normaler Mensch mehr erinnern kann, als wäre sie nur gerade aufs Klo gegangen.

»Macht es dir etwas aus, zu sagen, was auf der Hand liegt?«, fragte ich. »Dass Guttenberg jemanden bezahlt hat für seine Doktorarbeit? Dass Jamaikaner gute Sprinter sind, weil dort die Sprintwettbewerbe Volkssport sind?«

»Zwischen Ben und Julia fehlt es an Vertrauen. Jimo hatte für Lala nicht die emotionale Zuneigung. Bei Roman und Mia liegt das sexuelle Begehren brach. Und zwischen Greta und Paul gibt es nicht mehr den nötigen Bindungswillen. Bei allen fehlt ein wichtiger Eckpfeiler.«

»Hm, das stimmt. Aber wer von den beiden hatte zu wenig Bindungswillen?«, fragte ich und schob nach: »Du meinst: weil Greta sich getrennt hat?«

Meine Freundin antwortete: »Ich dachte eher, dass Paul sich nicht binden kann, weil er immer so unentschlossen ist.«

»Paul ist unentschlossen«, sagte ich, »das stimmt. Ich war bisher immer davon ausgegangen, dass Greta sich nicht sicher war, ob Paul für sie gut genug ist.«

Ich unterbrach mich. »Geben teure Kerzen eigentlich ein besonderes Licht?«, fragte ich.

»Ist dir schlecht?«, fragte meine Freundin zurück.

Ich rief Paul an und fragte, ob es sich lohnen würde, diese Kerzen, die Greta immer gekauft habe, zu kaufen, und wo das Geschäft sei.

»Das ist die schwulste Frage, die du je gestellt hast. Und ich sage das in vollem Bewusstsein des Umstands, dass du nicht willst, dass man schwul als Schimpfwort benutzt: Das ist eine superschwule Frage.«

»Jaja, du Höhlenmensch, was ist nun?«, fragte ich.

»Keine Ahnung, natürlich merkt man das nicht. Außerdem hat die nicht irgendwo immer Kerzen gekauft. Greta ist doch nicht schwul. Die ist da nur das eine Mal hingefahren. Na, und das hat wohl eher nix gebracht, so licht- und stimmungstechnisch.«

»Warum denn nur das eine Mal?«, fragte ich. »Was war denn so besonders da?«

»Dass sie das verdammte Messer auf mich gerichtet hat«, rief Paul, »ist dir das besonders genug?«

»Und sonst nichts?«

»Na, sie ist halt eher zu Hause gewesen als sonst, viel eher, und ich musste weg, also sie hat mich unter irgendeinem Vorwand weggeschickt. Und es lief so ein Zeugs, so ein obskurer

Hippiescheiß, den sie sich extra von einem Typen aus dem Büro hat runterladen lassen, sie kann das ja selber nicht.«

»Was war denn das?«

»Das lief wohl damals nach der o.b.-Promotion im Auto, als wir da noch herumsaßen und Adressen ausgetauscht haben.«

»Es lief die Musik, die lief, als ihr euch kennengelernt habt, sie hat dich überrascht, und sie hat extra Kerzen besorgt.«

»Ja.«

»Und was gab es zu essen?«

»Das war so, keine Ahnung, was das war, französisch oder so. Das hatte mir auf Romans Hochzeit wohl geschmeckt.«

»Paul?«

»Hm.«

»Greta wollte um deine Hand anhalten.«

»Hm.«

»Gott, Paul.«

»Fuck, du spinnst.«

»Paul!«

»Fuck, und jetzt?«

»Jetzt nicht mehr.«


»Manchmal«, sagte ich, »braucht man eine große Geste. Ist mir noch eingefallen. Und je größer die Scheiße, die man gebaut hat, desto größer die Geste.«

Paul sagte, er wisse nicht, was das für eine Geste sein solle. Ich wusste es auch nicht.


Wäre das nicht ein ziemlich krasser Beleuchtungswechsel? Von »Ich will dich heiraten« zu »Ich verlasse dich und schlafe mit einem Kollegen«?

Klar, aber nicht gerade untypisch.

»Entweder wir kriegen jetzt ein Kind, oder wir trennen

uns«, das ist ja auch ein häufiger Entweder-oder-Satz. Eine Beziehung braucht eben eine Zukunft, eine ewig andauernde Gegenwart reicht nicht.

Meine Vermutung hat sich nie bestätigt, ich weiß bis heute nicht, ob Greta Paul damals einen Antrag machen wollte. Kurz bevor dieses Buch in den Druck ging, habe ich sie noch einmal gefragt, aber sie meinte, das gehe mich nichts an.

Ich halte auch das für eine Antwort, aber sicher weiß ich es eben nicht.

# Besser als schlechter

Ich habe manchmal große Schwierigkeiten, die Mia, die ich in
Bonn gekannt habe, mit der Mia von heute übereinzubringen. Wir waren Anfang oder Mitte zwanzig, hingen tagsüber
am Juridicum rum und gingen abends ins Blow Up oder ins
Carpe Noctem. Mias Freund Marcus studierte auch Jura und
war ein netter Kerl, womit ich natürlich meine: ein Idiot.

Mia sah nicht nur anders aus als heute, ihre ganze Anmutung war eine völlig andere. Sie blondierte ihr Haar, was eine
ungeheure Prozedur gewesen sein muss, weil sie sehr dunkles, schweres Haar hat. Überhaupt schien die Anstrengung,
die sie in die Färbung ihres Haars legte, bei allem durch, was
sie machte. Ihre Brüste quetschte sie angestrengt nach oben,
ihr Gewicht hielt sie angestrengt unter 50 Kilo, alles an ihr
sagte: Ich will aufsteigen, ich will alles hinter mir lassen. Dass
sie dabei aussah wie eine Stripperin, gehörte zu der fast tragischen Figur, die sie abgab. Denn mit jeder Bemühung entfernte sie sich weiter von den deutschen Mittelschichtskin-

dern, die wir alle waren. Wir hatten zwar auch Ziele, aber wir waren an sich zufrieden mit uns.

Und doch war Mia beliebt, nicht nur, weil sie trotz ihrer modischen Fehlentscheidungen fantastisch aussah. Sie war tough wie das Straßenmädchen, das ihr optisches Vorbild gewesen sein muss, sie hatte das, was meine Mutter ein »kodderiges Mundwerk« nannte, und gleichzeitig war sie außergewöhnlich klug, was man natürlich nur merkte, wenn man selbst bekifft war und die eigenen Vorurteile dadurch runtergedimmt waren. Dann wirkte sie auf einmal wie eine intellektuelle Pamela Anderson, bloß dünner und mit echten Brüsten, und man musste gleich noch einmal ziehen, weil man das Gefühl hatte, eine Erscheinung zu haben.

Marcus saß eigentlich immer nur dabei. Er hatte irgendwelche langweiligen Pläne für die Zeit nach dem Studium, seine Eltern hatten schon in langweiligen Berufen gearbeitet, und er wollte das fortführen, weil er vom Leben nicht viel mehr erwartete als Paul.

Im Unterschied zu Paul war Marcus mit sich und der Welt allerdings so nervtötend zufrieden, dass man ihn nie ausreden lassen konnte, wenn er von sich erzählte. Aber auch das schien ihm nichts auszumachen.

Jimo nannte ihn »den Beisitzer«, konnte ihn aber, obwohl er ihn selbst so getauft hatte, nie wiedererkennen. Ich selbst habe ihm Marcus mindestens fünfmal vorgestellt. Marcus hielt sich immer im Hintergrund, auch wenn es weit und breit keinen Hintergrund gab. Die große Frage ist, wo war Roman? Er hatte damals einen extrem ernsten Freundeskreis, Leute mit bewusstseinserweiternden Frisuren, die gern über Gemüse sprachen und über klimaschonenden Urlaub. Sie waren ihrer Zeit weit voraus.

In Mia verliebte sich jeder einmal für einen Moment. In diesem einen Moment, wenn man nicht ganz man selbst war, wenn man etwas sehen konnte, das man sonst nicht sah. In Mia lag eine Verletzlichkeit verborgen, von der man keine Ahnung haben konnte, wenn man sie kennenlernte. Hatte man diese Verletzlichkeit dann einmal gesehen, schien sie so offensichtlich, dass man ihr ständig eine Jacke reichen wollte oder eine Rüstung, ihre Haut schien dünn zu sein wie Butterbrotpapier, jeder Mann, der einmal in sie verliebt war, dachte an sie als die Papierene.

Nur Roman brauchte nicht diesen einen Moment, in dem er nicht ganz er selbst war. Er hatte Mia gesehen und durch das Butterbrotpapier geschaut und beschlossen, immer da zu sein, wenn sie eine Rüstung brauchte.

Ich weiß übrigens noch, dass ich mir zu Beginn von Romans und Mias Beziehung Sorgen gemacht habe, weil ich mitbekommen hatte, wie Mia sich von Marcus trennte. Und das war kein Schlussmachen, das war eine Hinrichtung.

Mia hatte die Giftzähne gebleckt und in ihr Handy gezischt: »Und im Bett warst du sowieso scheiße!« Ich saß im Auto neben ihr, wir wollten ins Freibad fahren. Kurz bevor wir abfahren konnten, hatte Marcus angerufen. Sie waren seit vielleicht zwei Jahren ein Paar gewesen, und Mia hielt diesen mittagsheißen Tropentag für den richtigen Zeitpunkt, dieses glühende Auto für den richtigen Ort, um ihre Beziehung zu beenden. Das Gespräch zog sich hin, ich schwitzte wie ein Schwein in Mekka, deshalb war ich doch auch ein wenig froh über diesen dramatischen Höhepunkt. Außerdem war Marcus vermutlich wirklich scheiße im Bett.

Seit Monaten hatte Mia jedes Gespräch mit mir auf das Thema Sex gelenkt. Sie war untervögelt wie die rechte Hand Gandhis. Dabei bemühte Marcus sich redlich. Einmal die Woche streifte er die Unterhose ab und turnte los – um pünktlich nach einer Minute den Akt vollzogen zu haben.

Wir reden hier – ich habe an dieser Stelle genau nachgehakt – nicht von der *sprichwörtlichen* einen Minute. Wir reden wortwörtlich und wissenschaftlich genau von einer Minute Sex. 60 Sekunden, vom Radiowecker abgelesen von der gelangweilten Mia.

Schon seit langer Zeit fing Mias Spaß erst an, wenn Marcus sich ins Bad getrollt hatte. Sie zog dann einen eigens präparierten Edding – einen Vibrator hätte sie nicht haben dürfen – aus dem Nachttischchen. Ich muss hier den Leser enttäuschen – auch ich weiß nicht, *wie* dieser Edding präpariert war. Ich habe aus irgendeinem Grund nicht gefragt.

Das Geschlechtsleben der beiden jedenfalls war wohl nicht zu retten. Mit Marcus zu reden, darin sah Mia keinen Sinn, er war, was das Sexuelle anging, ein recht verkorkstes Kerlchen.

Also war es das jetzt mit Marcus und Mia. Ein unschönes Ende, mit viel Schweiß auf meiner und vielen Tränen auf seiner Seite. Er tat mir etwas leid. In den nächsten Wochen lotterte Mia mit einem Medizinstudenten herum, der ihr beim Sex ins Ohr flüsterte, dass er sich gerade vorstelle, wie sie von einer deutschen Dogge bestiegen wurde, mit einem Jazzmusiker, der sie im Bett verprügelte, und mit einem französischen Fußfetischisten auf der Durchreise. Mia war zufrieden, mehr oder weniger.

Da aber weder der Medizinstudent noch der Jazzmusiker, geschweige denn der durchreisende Fußfetischist so richtig etwas fürs Leben waren, Marcus hingegen bis auf seine Unfähigkeit einen Eindruck zu hinterlassen, grundsolide war, fragte ich sie, ob sie nicht vielleicht mal wieder den guten alten gewaltlosen »Beisitzer« treffen wolle.

»Nein«, belehrte mich Mia, »in Rumänien sagt man: Wenn du einmal auf dein Essen gespuckt hast, dann isst du es nicht mehr.«

Menschen mit Migrationshintergrund haben die seltsame Neigung, Sprichwörter ihrer Heimat in Konversationen einfließen zu lassen. Nur in extremen Ausnahmefällen dagegen wird ein deutsches Anwaltspärchen sich hinter dem Rücken seines jugendlichen Gastes zuraunen: »Daheim erzogen Kind ist in der Fremde wie ein Rind.«

Mia machte also weiter wie gehabt, erlebte Unaussprechlichkeiten, für deren filmische Wiedergabe Regisseure in allen Ländern der freien Welt ins Gefängnis wandern würden – und verlor ihr Herz an einen überaus behaarten Perser, der um sie geworben hatte wie Walther von der Vogelweide. Wie ein überaus behaarter Walther von der Vogelweide, so viel Exaktheit muss sein.

Sie flocht kleine Zöpfe in sein Schulterhaar, er schrieb ihr Gedichte, sie tauschten Sprichwörter aus und kochten einander Liebreizendes. Er überschüttete sie mit Geschenken, sang ihr Lieder und las ihr die Wünsche nicht erst von den Lippen ab, sondern zapfte sie noch vor ihrer Entstehung aus Mias Gehirnzellen. Er legte Rosenspuren aus, die zu Kostbarkeiten führten, sie tanzte auf der Hochzeit seines Bruders und verliebte sich in seine ganze Familie. Dann verließ er sie per SMS zugunsten einer Nagelstudiobesitzerin aus Bergisch-Gladbach.

Mias aufwendige Blondierung wurde über Nacht aschfahl, ihre Haut pubertierte, sie entwickelte ein nässendes Ekzem am Hüftknochen und versengte sich beim Gedichte-Verbrennen den Daumen.

Mia weinte, wenn sie aufstand, sie weinte, während sie ihre neuen Pickel zählte, sie weinte unter der Dusche, sie weinte beim Anziehen, sie weinte im Bus, sie weinte in der Cafeteria, sie weinte in der Mensa (aber da weinten wir alle), sie weinte, wenn sie »Angel« von Robbie Williams hörte (»Das lief, als er mich das erste Mal geküsst hat«), sie weinte, wenn ich *Cheese-*

*burger* sagte (»Die hat er immer so gern gegessen«), sie weinte, wenn sie Haare sah (aus offensichtlichen Gründen).

Sie unterbrach ihre Tränen nur, um den Namen des Persers zu verfluchen und seinen Nachkommen eitrige, übelriechende und auch mit aller medizinischen Raffinesse nicht wegzubekommende Mandelentzündungen (auch ein chirurgischer Eingriff sollte nicht helfen, der Fluch beinhaltete, dass die Mandeln nachwuchsen) *in* den Hals zu wünschen. Oder um die SMS herauszukramen und zu schreien: »Das ist ja wohl das Absurdeste, was je ein Mensch geschrieben hat! Dieser pissetrinkende Höhlenmensch, dieses untote Stück Schweinescheiße!« In der SMS waren tatsächlich zwei Flüchtigkeitsfehler und ein grober Grammatikschnitzer.

Am nächsten Tag in der Uni sah Mia etwas besser aus, und sie weinte auch kaum noch. Sie werde sich an diesem Abend mit Marcus treffen, verkündete sie. Ich erinnerte sie an das rumänische Sprichwort, das mit der Spucke und dem Essen. Sie lächelte nachsichtig. Und sagte dann etwas, das mich ein für allemal von der unendlichen Weisheit der osteuropäischen Völker überzeugte:

»Man sagt aber auch: Herr Schlecht ist besser als Herr Schlechter.«

# Windel (Tag 19)

*»People born without the capacity for pain die in early adulthood, tragically demonstrating the utility of a capacity for suffering.«*
RICHARD A. STERNBACH, »CONGENITAL INSENSITIVITY TO PAIN«

Pauls Dilemma war, dass er nun endlich in Ruhe gelassen wurde, er war solo und hatte alle Termine mit zahlreichen, recht geschickten Ausreden abgesagt, er war es also niemandem schuldig, dass er aufstand, er hatte nach all den Jahren sein Ziel erreicht und konnte wirklich im Bett bleiben – den Dispo hatte er ja schließlich auch noch. Andererseits musste er nun etwas unternehmen , wenn er nicht rund um die Uhr allein sein wollte. Also war Paul auf einmal dauernd mit Erledigungen beschäftigt.

Wenn Paul die Wohnung verließ, um die Nähe von Menschen zu suchen, hatte er auf dem Rückweg das Problem, dass sein Bedürfnis nach Nähe bereits gedeckt war, er aber noch U-Bahn fahren musste.

Um ihn herum standen drei junge Türken, die alles schwul fanden und sich über das Internet unterhielten. »Ihr müsst da auch mal hinkommen auf Twitter, ich beleidige da immer voll die Leute.«

Ein langbärtiger Methadonsüchtiger stieg hinzu, erzählte einen Abriss seiner Lebensgeschichte und fing an zu singen.

»Der schwule Penner soll nicht rumnerven«, sagte der eine Türkenjunge, fürchtete sich aber sichtlich vor dem Hund des Sängers.

Paul vermied es wie alle anderen, jemandem in die Augen zu sehen. Man blickte sich nur in die Augen, wenn man sich prügeln wollte, abgesehen von diesem Anlass war Blickkontakt nicht statthaft.

Vielleicht würde er nie wieder jemandem in die Augen sehen, dachte er. Seinen Eltern noch und seinen Brüdern, aber das war es dann auch. Er verpasste seine Haltestelle.

Als seine Oma drei Tage nach seinem Opa gestorben war, da hatte er gespürt, wie sie sich dabei gefühlt hatte. Er hatte es eigentlich nicht verstehen können, er war ja gerade mal zehn, zwölf Jahre damals, aber gespürt hatte er es doch. Dass Einsamkeit einen umbringen kann. Dass einem das Herz bricht. Er hatte nie allein bleiben wollen, und gleichzeitig wollte er nie so einen Verlust aushalten müssen. Was da zu machen war: Da blieb er unentschieden.

*Etwa 20 Jahre zuvor*

Hermann erklärte einem jungen Pfleger mit unnatürlich schwarzem Haar, dass die Wechselkurse zur Zeit einfach unannehmbar seien. Fast schien es, als würde der junge Mann interessiert zuhören, dabei wartete er natürlich nur darauf, dass Hermann endlich – wie nannten sie es hier? – Stuhlgang hätte.

Der Pfleger lächelte Gertrud unbeholfen zu, er mochte ein hübscher Kerl sein, das gefärbte Haar stand ihm zwar nicht gut, aber er hatte ein freundliches Gesicht mit ehrlichen

Augen. Nur sah hier seine Haut fahl aus, der Tod und der viele Stuhlgang bekamen ihm nicht. Er war hässlich wie das ganze Heim. Es roch nach Desinfektionsmitteln und billigem Kaffee. Die Tür zum Baderaum stand natürlich offen, alle Türen standen hier offen. Dabei war Hermann doch immer so ein privater Mensch gewesen.

Hermann richtete sich nun auf. »Und was den Dollar angeht, also das ist ja …« Er stand gebückt mit dem Rücken zur Toilette, die Hose an den Knöcheln, er schwankte leicht und fixierte etwas in seiner Hand, das nur er sah. »Ich krieg das nicht weg.« Er zupfte konzentriert an seiner Hand herum.

»Das war dann wohl nichts«, sagte der Pfleger. Er ging in die Hocke, um Hermann die Hose hochzuziehen, und Hermann trat nach ihm, wie in Zeitlupe. »Hören Sie mal, das geht doch nicht, was Sie da, es ist doch immer das Gleiche mit euch Zöllnern.«

Dann quetschte Hermann einen dicken braunen Haufen vor die Füße des Pflegers.

»Das ist doch eigentlich ganz schön«, sagte Hermann zu seiner Hand, der Pfleger sagte zu Gertrud, er müsse ihn jetzt leider erst abduschen, und Gertrud dachte daran, wie reinlich Hermann immer gewesen war. Fast schon etwas zwanghaft. Er hatte es ihr übel genommen, dass sie ihn in dieses Heim gesteckt hatte, er erkannte sie seitdem nicht mehr. Ihre Töchter hatten es auch nicht verstanden, aber wie viele Nächte kann man wach bleiben, um einen tobenden, weinenden, ängstlichen Mann zu beruhigen? Manchmal glaubte sie, sie würde noch vor ihm sterben, er war immer noch so stark, sein Blutdruck der eines jungen Mannes, hatte Doktor Klemp gesagt.

Irgendwo hatte sie mal gelesen, Alzheimer sei nicht, wenn jemand seine Brille vergaß, Alzheimer sei, wenn jemand nicht mehr wusste, wozu man eine Brille benutzt. Gertrud wusste nicht mehr, ob es schleichend angefangen hatte oder ganz plötzlich, aber als sie es merkte, bekam sie nie wieder ihren Hermann zurück.

Es blieb so wenig übrig von sechzig Jahren. Abends saß sie jetzt oft vor dem Fernseher, und es fiel ihr schwer, sich an mehr als die Hochzeit, das erste Kind und das zweite Kind zu erinnern, selbst die Geburt des dritten musste irgendwo zwischen Spülen, Kochen und kleinen Sekretärinnenaufgaben, die sie zwischendurch für Hermann erledigt hatte, verloren gegangen sein.

Sie war alt gewesen, als alle anderen noch jung waren. Wie lange sie schon alt war! Kein einziges Farbfoto gab es, auf dem sie jung aussah. Sie stand auf und nahm ein an den Rändern angegilbtes Fotoalbum in die Hand. Das Weizenfeld war maisgelb gewesen, auf dem Foto war es weiß. »Warum ist es denn maisgelb, es müsste doch weizengold sein?«, hatte sie Hermann gefragt, und er hatte geantwortet, Liebe mache eben blind. Das war Hermanns Liebeserklärung gewesen. Eigentlich hatte er damit nur erklärt, dass er wusste, dass sie ihn liebt, aber sie hatte ihn schon verstanden. Sie hätten noch warten müssen, aber damals hatten sie zum ersten Mal miteinander geschlafen, auf Hermann war Verlass. Sie hatten manchmal darüber gesprochen, ob die Lust wohl im Alter einfach verschwinden würde, und Hermann hatte gesagt, das könne man nur hoffen, es sei doch furchtbar, wenn man immer noch wolle, aber der Körper mache nicht mehr mit, wie Gefängnis müsse das sein. Die Lust war dann tatsächlich ganz friedlich weggedämmert, wie Kinder hatten sie zuletzt gelebt, dachte Gertrud, wie Kinder, die sich sehr liebten, bis das eine verrückt wurde.

Hermann saß jetzt auf dem Bett und weinte. Sie konnte ihn nicht trösten. Der Pfleger zog Hermann eine riesige blaue Windel über die Beine, drehte ihn dann geschickt auf den

Rücken, wogegen Hermann nur halbherzig protestierte: »Aber Sie wissen schon, dass das so nicht geht?« Der Pfleger klebte den Klettverschluss der Windel zu und drehte sich zu Gertrud um. »Das sollte jetzt für den Rest des Tages halten.«

Sie trat ans Bett, Hermann lag dort immer noch wie ein Maikäfer, die Beine angewinkelt in der Luft, sie berührte sein Knie, und er nahm ihre Hand. »Trudchen«, sagte er mit fester Stimme, »denk dir nichts, das geht vorbei. So eine Windel ist doch immer nur temporär.«

Gertrud rückte ihre Brille zurecht, strich mit ihrem Zeigefinger über Hermanns rauen Handrücken, räusperte sich und sagte, die sei doch ganz schick, die Windel. Hermann richtete sich etwas auf, sein Gesicht war jetzt ganz nah bei ihrem, und sagte: »Liebe macht eben blind, Trudchen.«

Ganz vorsichtig zog der Pfleger die Tür zu.

# Der Sex des Jahrhunderts (Tag 21)

»Thou shalt not fall in love so easily.«
DAN LE SAC VS SCROOBIUS PIP

Zum zwanzigsten Jubiläum des deutschen Playboy erschien in einer Beilage des Magazins eine Sammlung von Dingen, die einen Mann ausmachen. Unter der Rubrik »Frauen, die ein Mann gehabt haben sollte« stand neben »die Frau des Chefs« und »die eigene Sekretärin«: »Zwei Frauen auf einmal.«

Ben war noch ein Kind gewesen, als diese Ausgabe erschienen war, aber Paul warf nie etwas weg und schon gar keine Playboys, also war Ben mit diesen Werten groß geworden.

Gleichzeitig war Ben kein Idiot, und daher wusste er, dass es Dreier nicht gab. Er glaubte nicht einmal daran, als jetzt Julia und Theresa nackt vor ihm im Bett lagen.

Nach einer im Grunde recht erfolgreich verlaufenen Kindheit, in der fast jeder sie »kleine Prinzessin« oder »Sonnenschein« genannt hatte, wurde Julia pünktlich mit der Pubertät eine Frau, die Pech mit Männern hatte.

Ihr erster Freund war der Star der Hip-Hop-AG des Albert-Einstein-Gymnasiums, ein hübscher Junge ohne besondere

Talente, der sich erfolgreich in ihr Unterhöschen drängelte und dann einen Rap darüber schrieb, in dem sich Schenkel auf Enkel reimte, Brüste auf Wüste und Pussy auf gar nichts.

Julia galt nun als Schlampe. »Kleine Prinzessin« nannte sie nur noch ihre Großmutter, aber auch die hörte damit auf, als Julia Gothic wurde und mit ihrem neuen Freund Robert in ihrem Kinderzimmer, das gerade erst mit Möbeln des Möbelhauses Pallenrath & Söhne zum Jugendzimmer umgerüstet worden war, schwarze Messen feierte. Robin: 1,95 groß, ektomorph, Augenbrauenpiercing, blaues Haar. Er ließ ihr Unterhöschen völlig in Ruhe. Sie feierten in Wirklichkeit auch keine schwarzen Messen in Julias Jugendzimmer, sie taten überhaupt nichts, Robin war ein schwarzes Loch für jegliche Aktivitäten, und daher war Julia recht überrascht, als er von einem Tag auf den anderen eine neue Freundin hatte, in deren Jugendzimmer er von da an nichts tat.

Noch war Julias Herz nicht gebrochen, das erledigte erst Freund Nummer drei, der an der Kasse im Metropol-Kino jobbte und die blauesten Augen seit der Erfindung des Himmels hatte, jedenfalls sah er das so. Zwei weitere Mädchen hatte er noch neben Julia, und Julia war kurz davor, sich damit abzufinden, aber dann flehte sie ihn an, die anderen nie wiederzusehen. Unter einer einzigen Bedingung willigte er ein. Und von da an tauschte Julia immer seltsamere sexuelle Dienstleistungen gegen einen freundlichen Blick aus den himmelblauen Augen, um am Ende des Sommers herauszufinden, dass es den anderen beiden Mädchen ähnlich ergangen war.

Julia war jetzt kein Gothic mehr und so hübsch, dass sich nur noch Männer, die sich für den Mittelpunkt des Universums hielten, an sie herantrauten. Im raschen Wechsel befummelten sie Kiffer, Bauchmuskelbesitzer, Kampfsportler und unambitionierte Jungdichter, und als sie kaum sechzehneinhalb war, gingen die ersten Erstsemester bei ihr ein und aus.

Als sie selbst anfing zu studieren, hatte sie das erste Verhältnis mit einem verheirateten Mann, dann versuchte sie, einen drogensüchtigen Lehramtsstudenten (Sport und Geschichte) vor sich selbst zu retten, und so ging es immer weiter.

Mit dreiundzwanzig war sie auf alle Arten von Lügen mindestens einmal hereingefallen, sie war enttäuscht worden und verletzt, sie hatte sich lächerlich gemacht, geweint auf allen Toiletten der Universität, und manchmal dachte sie, dass selbst ein internationales Archäologenteam unter Leitung von Indiana Jones nicht mehr mit Sicherheit sagen könnte, ob die Trümmer in ihrem Brustkorb mal ein Herz gewesen waren. Aber sie war immer noch eine kleine Prinzessin, das sagte ihr zwar schon ewig niemand mehr, aber sie wusste es, irgendwo, an einem Ort, der nicht ihr Herz sein konnte.

Dann passierte die Sache mit Jimo.

Jimo hieß eigentlich anders, aber der Manager eines Jugendradios, bei dem er mit sechzehn mal gejobbt hatte, hatte ihn so genannt, und er fand sowieso jeden Namen besser als seinen echten, weshalb niemand je erfuhr, dass er den Namen der großen Liebe seiner Mutter trug, des besten Handballers, den die kleine Stadt, aus der er stammte, je hervorgebracht hatte. Sein Vater hatte davon natürlich keine Ahnung.

In Jimo steckte inzwischen kein Stückchen Kleinstadt mehr, er übersetzte französische Romane und schrieb eigene. Da man davon nicht leben konnte, aß er wenig und hörte viel zu. Julia fing rasch an, sich sicher zu fühlen bei Jimo, und zum ersten Mal seit dem Sommer 2003, als sie beschlossen hatte, einmal in Südfrankreich leben zu wollen, schmiedete sie Zukunftspläne. Nichts Dramatisches, sie kreisten größtenteils um kleine Gebäude in der Provence und Abende unter provencetypischen Bäumen, in deren Schatten Jimo tagsüber Romane schreiben könnte, während sie ihm dabei zuschaute.

Nach ihrem ersten gemeinsamen Urlaub saßen sie in Barcelona am Flughafen. Jimo wischte mit einer Poetengeste sein dunkles Haar aus der Stirn. Julia schob ihm die Pommestüte hin, und Jimo schüttelte den Kopf. »Danke, mir ist zu warm.«

»Zu Hause werden wir vielleicht schon heizen müssen«, sagte Julia. Es war ein schöner Urlaub gewesen. Vielleicht würden sie ja nach Barcelona ziehen statt in die Provence, sie könnte versuchen, ein Auslandssemester hier zu machen, und Jimo konnte ja sowieso von überall aus arbeiten. Sie schaute ihn an. Besonders hübsch fand sie ihn nicht mit seiner Denkernase und mit seinen Literatenarmen, auf denen sich nun Hitzepickelchen ausgebreitet hatten. Aber sein Anblick beruhigte sie.

Sie dachte an die inneren Werte, von denen ihre Eltern so oft gesprochen hatten, wenn sie wegen eines schönen jungen Arschlochs weinend bei ihnen in der Küche saß. Ihre Eltern hatten recht gehabt, wie immer.

Ihr Flug wurde aufgerufen, und Julia seufzte. Zwei Wochen lang machte sie nun schon dauernd Geräusche. »Wie meine Oma«, dachte sie. »Wie eine dicke, alte Frau.«

»Hach«, hatte sie gesagt, als sie das erste Mal die Sonne von ihrem Hotelzimmer aus hatte über der Altstadt Barcelonas untergehen sehen, »Hmmmm«, hatte sie gesagt, als Jimo sie sein Muschelgericht kosten ließ, »Mjammmjamm« (Polverones), »Hmmmhaaach« (Arroz con Leche plus Sonnenuntergang) und ein einziges »Mjammhachhmm«, wenn Jimo mit ihr geschlafen hatte und sie anschließend auf seiner Brust lag.

Jetzt standen sie am Check-In und Jimo schwitzte. »Warum muss ich eigentlich immer diese ganze Scheiße tragen?«, knurrte er auf einmal. »Verdammte Hitze, verdammte Scheißstadt.«

»Was ist denn mit dir los?«, fragte Julia lächelnd, und Jimo zischte halblaut: »Was lachst du jetzt auch noch so blöd? Zwei Wochen lang schleifst du mich durch diese Scheißstadt mit ihren scheißtollen Architektenwichsereien. ICH habe vielleicht nicht Architektur studierte, für MICH sind Häuser vielleicht einfach nur interessant, weil sie vor Regen schützen und vor Sonne und nicht weil irgendein beknackter Schwuler sich auf die verschissene Struktur einen runtergeholt hat.«

Die Schlange rückte vor, und Jimo schob sich schimpfend mit seinem schweren Rucksack voller Andenken hinter Julia her, fluchend wie ein buckliger Penner mit Tourettesyndrom.

»MICH gibt es nämlich auch noch, ja, Fräulein ›Allemännersindsogemein‹, andere Menschen haben nämlich auch Probleme, und vielleicht habe ich ja fünftausendmal gesagt, dass ich Hitze nicht vertrage, aber nee, ist klar, zu meinem Geburtstag werde ich dann zu einem Urlaub in der beschissenen Architektur- und Hitzemetropole Barcelona verurteilt, vielen Dank auch.«

Julia grinste die Stewardess bescheuert an. Sie war sich sicher gewesen, dass Jimo sich gefreut hatte über sein Geschenk, für das sie ihr Sparkonto hatte plündern müssen, das Sparkonto, das ihre Oma ihr eingerichtet hatte, als sie noch eine kleine Prinzessin war.

Im Bus zum Flugzeug wurde Jimo immer grundsätzlicher, und als der Kapitän sie schließlich an Bord begrüßte, sagte er: »Und dann auch noch dein unerträglich warmer Kopf auf meiner Brust. Jeden Abend! Ich kann das nicht mehr. Bitte ruf mich nie mehr an.«

Dann kramte er ein Buch aus seinem Rucksack, zerbrach dabei eine winzige Schwarze Madonna aus Plastik, die Julia für ihre Oma gekauft hatte, und Julia verlor den Boden unter den Füßen, nicht nur, weil das Flugzeug jetzt abhob.

Vielleicht hatte er auch gar nichts gesagt. Vielleicht hatte er nur verächtlich geschaut und das Kinn vorgeschoben, vielleicht hatte Jimos zorniger Monolog nur in ihrem Kopf stattgefunden, der sich nun anfühlte wie ein Amboss bei einem Schmiededuell. Aber dass sie ihn nicht mehr anrufen sollte, das hatte er doch gesagt? Hatte er? Oder die ganze Zeit nur grimmig geschwiegen?

Den ganzen Flug über beobachtete Julia in der Spiegelung des Fensters, ob Jimo sich wieder beruhigt hatte, unauffällig richtete sie die Klimadüse in seine Richtung, weil sie hoffte, etwas Abkühlung würde zu einem Sinneswandel führen, aber Jimo las wütend in seinem Buch, beim Umblättern riss er fast die Seiten raus, und Julia wünschte sich mit großer Ernsthaftigkeit, dass das Flugzeug jetzt abstürzen möge.

Kaum stand die Maschine, quetschte Jimo sich an ihr vorbei, murmelte »Scheißegozentrische Ziege« und verließ das Flugzeug. Das war das letzte Mal, dass sie ihn sah, bis sie dann feststellte, dass er der beste Freund von Bens älterem Bruder Paul war. Vielen Dank auch, Schicksal.

Ein paar Tage, bevor Theresa und Julia nackt in seinem Bett lagen, war Ben seinem betrunkenen Instinkt gefolgt und hatte Theresa gegenüber in den Balzmodus geschaltet. Sie waren allein auf einer Party, Julia hatte sich nicht gut gefühlt, er und Theresa waren bald von Weißwein auf Wodka umgestiegen, und alle Vorsichtsmaßnahmen, die Ben sich auferlegt hatte, hatte er nach und nach hinter sich gelassen. Er erinnerte sich daran, wie gut er das früher mal gekonnt hatte, vor und nach Miku. Lächeln, Feuer geben, zufällige Berührungen, offensichtlich nicht zufällige Berührungen, vor allem aber: sexuell präsent sein. Es war wie ein inneres Aufplustern, ein Präsentieren der Federn, eine Ausdehnung. Ihm war dann, als könnte er das Testosteron durch sich hindurchrauschen hören.

Theresas Mutter starb, als Theresa noch ein Baby war, und zwar infolge von Komplikationen bei einer Operation, die so wenige Jahre später nicht mehr praktiziert worden wäre, weil ein ungarischer Arzt ein Verfahren entwickelt hatte, das eben diese Komplikationen vermied.

Der richtige Zeitpunkt blieb Theresas Problem, aber nicht ihr einziges.

Ihr Vater wurde schwermütig, was er sich jedoch niemals anmerken ließ, sodass im Haushalt der beiden stets eine etwas gezwungen wirkende Albernheit herrschte. Als Theresa später allein wohnte, genoss sie es sehr, wenn Freunde zu Besuch waren und es ernst zuging. Ihre Kommilitonen hielten sie natürlich für langweilig, frigide und nicht in die Gegenwart passend, aber das stimmte nur beinahe, und was die Frigidität anging, überhaupt nicht.

Und doch hatte sie mit einundzwanzig Jahren noch mit niemandem geschlafen, was damit zu tun hatte, dass ihr erster Freund schwul war. Sie dachte, er sei bloß schüchtern oder rücksichtsvoll, aber als er sich dann geoutet hatte, hieß es von ihm, er könne am Kribbeln der Sandkörner in der Poritze erkennen, an welchem griechischen Strand er gerade gevögelt wird.

Theresa fand, dass sie ein schwieriges Gesicht hatte. Wenn sie in den Spiegel schaute, dann mochte sie sich eigentlich recht gern, aber es war unmöglich, ein gutes Foto von ihr zu machen. Sie stand also meistens auf und verließ den Raum, wenn Fotos gemacht wurden, und auf der Flucht vor dem Fotoapparat lernte sie auf einer Party in einem der vielen Jahrhundertsommer einen jungen Mann auf dem Balkon kennen.

Der junge Mann war sehr ernst und sagte etwas Höfliches über ihre Nase, und sie mochte seine Schuhe, es waren sehr gewissenhafte Schuhe, gesunde Schuhe, wie sie ihr Vater trug. Theresa hatte sich schon immer vorgestellt, dass es, wenn sie einmal Sex in einem Auto haben würde, ein Volvo sein müsste, Theresa hatte sehr sozialdemokratische Vorstellungen von der Leidenschaft.

Der junge Mann fuhr tatsächlich einen zu seinen Schuhen passenden Volvo, und als er ihr die Beifahrertür öffnete, beschloss sie, willenlos zu sein. Schweigsam fuhr er sie zu ihr nach Hause, es war wie bei einer Taxifahrt, wenn man es in der ersten Minute verpasst hatte, das Plaudern zu beginnen, der Hals wird trocken und man muss auch den Rest der Fahrt den Mund halten. Die Stille hatte sich also durchgesetzt, und als der junge Mann den Wagen anhielt, hielt auch das Schweigen an und die Zeit gleich mit, und nach einer Ewigkeit drehte er den Zündschlüssel und zog ihn ab. Theresa drehte den Kopf und berührte mit ihrer Wange den soliden schwedischen Kunststoff der Kopfstütze, ihr war sehr warm, ihre Wange pappte kurz fest, löste sich mit einem leisen Schmatzen, und der junge Mann sah sie ernst an.

»Ich glaube, du bekommst die Masern«, sagte er und drehte ihr den Rückspiegel zu. »Schau mal, du hast lauter rote Pünktchen im Gesicht.«

Theresa erinnerte sich am nächsten Morgen noch, dass sie sich bedankt hatte für die aufmerksame Diagnose, dann musste sie zum Arzt, und erst da fiel ihr ein, dass sie seine Nummer nicht hatte. Theresa schlief in den folgenden Jahren mit einigen Männern, es musste ja irgendwann passieren, aber es geschah nie richtig etwas dabei. Alles war im Grunde albern. Sie hätte gern mit dem ernsten jungen Mann in dem Volvo geschlafen, diese Vorstellung blieb das Ernsteste in ihrem Leben.

Wenn er ganz bei sich war, dachte Ben und stieß mit Theresa an, dann war er richtig gut. An so einem Abend hatte er auch Julia kennengelernt. Tagsüber im Hörsaal hätte er sich Julia nicht zugetraut. Julia war der Wahnsinn, Julia stellte man sich nicht nackt vor, man stellte sich vor, dass man sie sich, wäre sie nackt, angezogen vorstellen müsste, um nicht durchzudrehen. Aber Jimo hatte sie ihm gezeigt in der Bar Tausend, Ben hatte gesagt, dass er sie kenne aus dem Studium, aber die sei unerreichbar, und Jimo hatte gesagt: »Quatsch nicht, hör mir zu.« Jimo hatte ihn instruiert, ihm einen Wodka Red Bull ausgegeben, ihn dann mit einem aufmunternden Klaps losgeschickt und sich verdrückt. Klar, dass Jimo mal mit ihr zusammen gewesen war, es war wahrscheinlich wirklich schwierig, ein Mädchen zu finden, das noch nicht mit Jimo zusammen gewesen war. Er nahm es als eine Art Prädikat, ein Gütesiegel. Jimogeprüft. Über das seltsame Ende von Julia und Jimo hatte er sich nie groß Gedanken gemacht. Ben hatte irgendwann beschlossen, etwas nicht zu einem Problem zu machen, wenn es sich nicht unausweichlich als Problem präsentierte.

Und ob das jetzt bloß so reibungslos geklappt hatte mit Theresa und Julia, weil beide etwas schwierige Vorgeschichten mit Männern hatten – da wollte er sich auch keine grauen Haare drüber wachsen lassen.

Er hatte sich also erfolgreich in diese Stimmung gebracht, in der er glaubte, sie bekommen zu können, und dann hatte er sie geküsst. Aber sie hatte sich nicht küssen lassen, es war gewesen wie damals, als sie Thoelke, dem Golden Retriever, zu fünft, also Mama, Papa, Roman, Paul und er, die Wurmkur verabreichen mussten, sie hatte sich entwunden, aber nicht böse oder geschockt, nein, lächelnd und als sei das ein tolles neues Spiel. Thoelke hatte nicht gelächelt, aber er war begeistert gewesen, er hatte sie alle mit sich gezerrt und vor Freude gejault, mit dem Schwanz wie wild gewedelt und einfach keine der verdammten Pillen gefressen. Ben versuchte noch einmal, Theresa zu küssen, und sie zog ihn in eine dunkle Ecke, zog sein Gesicht ganz nah an sich heran und sagte ihm mit großer Ernsthaftigkeit, dass das nicht gehe, wegen Julia.

Aber wenn Julia nichts dagegen habe, dann würde sie gerne zu dritt. Wörtlich hatte sie gesagt: »Wir könnten ja, du weißt schon: 3«, und das war das erste und einzige Mal in Bens Leben, dass er von der Nennung einer Zahl eine Erektion bekommen sollte.

Am nächsten Morgen war ihm klar geworden, dass Julia das niemals machen würde, aber es musste wohl sein Glücksjahr sein, denn weil er sowieso nicht damit rechnete, dass sie zustimmen könnte, hatte er es recht entspannt erzählt, wobei in seiner Variante der Erzählung natürlich einige Details ausgespart blieben, und Julia war: völlig begeistert gewesen.

Nun: Wie plant man etwas, das es nicht gibt?

Wie Ben wussten auch Julia und Theresa gut genug, dass Dreier niemals stattfinden, selbst in Swingerclubs, so hatten sie es in Erzählungen gehört, schliefen eigentlich nur Paare miteinander.

Es war die nächsten Tage also so, dass die drei, wenn sie miteinander telefonierten, was sie in immer kürzer werdenden Abständen taten, immerzu von etwas redeten, das es nicht gab, ohne jemals davon zu reden. Sie sprachen von der Zukunft, der Gegenwart und der Vergangenheit, aber keine der drei Zeiten hatte einen Ort, alles war, als sprächen sie von einem Spiel, das niemals stattgefunden hatte, aber von dem jeder wusste, dass es neben seiner Nichtexistenz ungeheuer aufregend war und auch wahnsinnig komisch, sie lachten, wie sie noch nie gelacht hatten, sie lachten schon, wenn sie die

Nummer des anderen auf dem Display sahen, und aus dem Nichts wurde alles dann wirklich, als Theresa sagte: »Ich komme morgen einfach vorbei und bringe Wodka mit.«

Wodka wollte sie mitbringen, nicht Wein, das war das Zeichen, das war es jetzt also, morgen würde es passieren.

Ein wenig Alibi-Nudeln hatte Ben zubereitet, Alibi-Antipasti und Alibi-Weingläser aufgestellt, und dann war Theresa gekommen, und die drei hatten getan, als ginge es um den Geschmack der geschmorten Tomaten und als sei der Wein nicht nur das Vorspiel für den Wodka, als gäbe es den Wodka gar nicht, genauso wenig wie einen Dreier.

Bei Pornos konnte man vorspulen, überhaupt sah sich ja nie irgendjemand einen ganzen Porno an, jedenfalls seit dem Internet nicht mehr, man schaute einmal, wie die Frau angezogen aussah, dann die Erstfreilegung der Brüste, ein Blick noch auf das Eindringen, wie bläst sie, und dann Finale im Gesicht. Nächster Film.

Und er saß jetzt hier und unterhielt sich über Häuser, über Wärmedämmung und über Barcelona, Gott, mit Barcelona konnte Julia einem wirklich auf die Eier gehen, und Theresa saugte alles, was Julia sagte, in sich auf, als hätte sie noch nie etwas Interessanteres gehört. Als Theresa vom Nachtisch noch Nachschlag wollte, hatte Ben längst die Segel gestrichen, er fühlte sich wie der Besucher eines Mario-Barth-Abends im Olympiastadion, dem als Vorprogramm ein dadaistischer Stummfilm gezeigt wird.

Dann sagte Julia, ob sie nicht ins Wohnzimmer gehen wollten, und Theresa sagte, sie habe ja noch etwas dabei, und die Welt war wieder warm und voller Farbe.

Er bekam den ersten Kuss zwischen Julia und Theresa dann gar nicht richtig mit, er hatte auf dem Mac eine Playlist erstellen wollen, eine Dreierplaylist, und als er sich umdrehte, sah er Julias schmale Handgelenke, die handlos über Theresas Kopf fuhren, die Hände verschwunden in Theresas Haar, und sonst sah er nicht viel. Er überlegte, sich dazuzusetzen, aber so recht war gar kein Platz auf dem Sofa, also stand er bloß da und schaute auf Julias schmale Handgelenke und hörte die Kussgeräusche, die klangen wie Thoelke, wenn er mit seinem Napf beschäftigt gewesen war. Innerhalb so kurzer Zeit dachte er das zweite Mal an Thoelke, fiel ihm auf, und dann dachte er, dass er ewig nicht mehr zu Hause gewesen war. Gut, Thoelke lebte ja auch schon ewig nicht mehr. Er rief sich selbst zur Ordnung, er hatte diese Angewohnheit, nicht ganz da zu sein, wenn etwas passierte, das ihn anging, er war immer mehr der Typ für die Vorfreude gewesen als für das eigentliche Ereignis, Advent statt Bescherung, Jagd statt Sex. Aber das hier war etwas, das es eigentlich nicht gab, das war ein Einhorn auf seiner Wohnzimmercouch, jetzt musste er aufhören, an seinen Kindheitshund zu denken.

Nachdem er eine Weile so da gestanden und versucht hatte, nicht an Thoelke zu denken, sagte Theresa mit rauer Stimme, ob sie nicht ins Bett wollten, und erst jetzt sah er, dass Theresas Hemd offen war, und Thoelke war weit weg.

Die beiden sprangen ins Schlafzimmer, wie nur Mädchen springen können, mit kleinen Hüpfern und kurzen, schnellen Schritten, die überhaupt nicht aussahen, als würden sie sich beeilen, sondern als wäre die Vorfreude nun dreidimensional geworden, so wie Thoelke, wenn man nach der Leine griff … Ben schüttelte über sich selbst den Kopf und zündete sich im Gehen eine Zigarette an.

Die beiden waren dann ungeheuer schnell nackt, er bekam es gar nicht recht zu fassen, er zwang sich, für sein inneres Pornokino möglichst viel aufzunehmen, aber es war, als würde er Schlangensex beobachten, er sah kaum noch, was zu wem gehörte, er vergaß, abzuaschen, erst als eine große Aschestange in seinen Kragen fiel, begann er, sich auszuziehen.

Als er nackt war, kniete er sich aufs Bett, und Julia sagte: »Ach, hallo, Ben«, und lachte, und Theresa sah ihn an ohne jede Spur von Begehren.

Er hatte vorher überhaupt noch nicht daran gedacht, es war ein Irrtum seiner internen Verwaltung gewesen, ein Fehler, der Paul oder Roman nie hätte passieren können: Er war unvorbereitet nackt geworden. Erst jetzt fiel ihm auf, dass er keinen Junggesellenkörper mehr hatte, der letzte Studiobesuch war eine ganze Weile her, die üppigen Frühstücke mit Julia dagegen waren recht regelmäßig gewesen, und ihm wurde panisch klar, dass sich heute doch eigentlich alle komplett enthaarten.

Er versuchte, die schlechten Gedanken wegzudrücken, und näherte sich Julia. Doch wie man seine Wohnung auf einmal durch die Augen des Vermieters sieht, wenn dieser unangemeldet hereinschneit, und die eigentlich doch so gemütliche Zeitungsanhäufung, die heimelig verstreuten Schuhe, die Boxershorts auf dem Sofa und das angenagte Snickers nun plötzlich wie das nackte, eklige Chaos erscheinen, so war ihm, als sähe ihn Julia nun durch die Augen Theresas.

Die beiden küssten sich wieder, und Ben bewegte sich wie ein Schiedsrichter im Boxring, als müsse er kontrollieren, ob jemand klammerte. Er sah, wie Theresas Kopf langsam in Richtung von Julias Schoß wanderte und wie sie mit unendlicher Ruhe dort verharrte, mit kaum merklichen Bewegungen. Eine klassische Vorspulszene.

Ben fing trotzdem an, sich einen runterzuholen, aber man hätte schon euphemistisch sein müssen wie ein Politiker am Wahlabend, um das Ergebnis als halbhart bezeichnen zu können.

Ben hatte schon so oft in seinem Leben schlechten Sex gehabt, dass er gar nicht selten selbst darüber lachen musste. Wie viele Entschuldigungen er schon gestammelt hatte, dass er keinen hochbekam. So viele, dass er längst nicht mehr stammelte, sondern recht souverän sagte: »Ah, Mist, Kondomtod!«, oder: »Oh, da geht gerade nichts.« Jetzt musste er nichts dergleichen sagen. Er hörte von Julia Geräusche, wie er sie noch nie gehört hatte, sie bäumte sich auf und griff Theresas Handgelenke, stellte ihre Schenkel zwischen Theresas Beine, es wurde laut und feucht und brutal, es war jetzt ein Titelkampf, der Schiedsrichter musste aufpassen, dass er sich keine einfing, aber zu gewinnen gab es für Schiedsrichter, wie immer, nichts.

Ben hätte nun aufs Klo gehen können oder vor den Fernseher, wahrscheinlich hätte es auch niemanden gestört, wenn er sich einen runtergeholt hätte, aber er hockte einfach weiter dabei, und irgendwann war es zu Ende.

Ben fiel auf, dass er Julia bisher noch nie verschwitzt gesehen hatte, selbst wenn sie vom Joggen kam, war sie bloß etwas wärmer. Nun lag sie neben Theresa, ihre Brüste glänzten, ihr glühender Kopf lag in Theresas Armbeuge, ihr linker Arm lag locker auf ihrem abgewinkelten Bein, das den Blick freigab auf ihren außerordentlich zufriedenen Schoß.

Theresa öffnete den Mund, lächelte erst noch einmal nach innen, sie atmete immer noch schnell, ihr linker Arm lag unter Julia, und mit der Hand dieses eingeklemmten Arms betrieb sie in schläfriger Langsamkeit an Julias Pobacken vorbei mit streichelnden Fingern die Nachsorge. Das war der Moment, den Ben für sein inneres Pornokino speicherte. Theresa öffnete den Mund und setzte noch einmal an.

»Das war wirklich der Sex des Jahrhunderts«, flüsterte sie Julia ins Ohr.

Julia kicherte: »Ja, das war es.«

In den nächsten Tagen blieb Theresa einfach bei den beiden, als wäre das das Normalste auf der Welt. Ben versuchte, möglichst wenig da zu sein, und die beiden taten die meiste Zeit, als störe er nicht.

# Der Fetisch eines jeden –
# Was man mögen sollte und was nicht

*»What is love? Love is not idealisation. Every lover knows that if you really love a woman or a man, that you don't idealise him or her. Love means that you accept a person. With all its failures, stupidities, ugly points and nonetheless the person's absolute for you. Everything that makes life worth living. You see perfection in imperfection itself. That's how we should learn to love the world.«*
SLAVOJ ŽIŽEK ÜBER LIEBE

»Du bist eh nur wegen meiner Brüste mit mir zusammen«, hatte Mia nach ein paar Monaten zu Roman gesagt.

»Erstens ist das Unsinn, und zweitens ist es doch normal, dass man Eigenschaften an seiner Freundin schätzt«, sagte Roman. »Ich habe mal von einem Typen gelesen, der stand total auf Amputierte, und seine Freundin hat sich Sorgen gemacht, dass er nur mit ihr zusammen ist, weil sie nur einen Arm hatte. Wenn er jetzt gesagt hätte: ›Schatz, schneid dir doch bitte einen Arm ab‹, dann wäre das wohl übertrieben, aber so – warum gibt es Liebeslieder über die Augen von jemandem, aber nicht über die Brüste?«

»Du hast wirklich zu viel Zeit mit Juristen verbracht«, sagte Mia. »Hohes Gericht, ich habe keinen Hund, und außerdem ist er viel zu klein, um solche Wunden zu verursachen, und angefangen hat er auch nicht. Nein, nein, mein lieber Freund, du vergegenständlichst mich. Du bist ein Sexist!«

In Wirklichkeit ging es nicht um Mias Brüste. Er hatte ihr am Vortag Fotos von seinen Exfreundinnen gezeigt, und seitdem war die Stimmung äußerst angespannt.

Sie waren ihr alle zu deutsch, zu bieder, zu blond, zu stillos gewesen, und als sie die Fotos vom Bondgirl gesehen hatte, die er schnell hatte verschwinden lassen wollen, weil sie alle im Bikini waren und die Situation nicht danach war, Bikinifotos von Exfreundinnen anzuschauen, hatte sie gerufen: »Warst du etwa mal mit einer Nutte zusammen?«

Am meisten jedoch regte sie sich über Caroline auf, was Roman besonders ungerecht fand, denn er erinnerte sich selbst nicht gern an Caroline. Man könnte sagen, dass Caroline der Grund war, dass Roman und Mia sich nicht eher kennengelernt hatten damals in Bonn.

Sie war eine von den nachhaltig Frisierten gewesen, ein Mädchen, das sich bewusst die Achseln nicht rasierte und viel Gewese darum machte. Auf dem Küchentisch in ihrer WG lag, kein Witz, ein Bildband, der hieß »Andere Schönheit«. Ein Bildband voll mit unrasierten Frauen. Alle Mädchen in der WG hatten lange Büschel unter den Achseln, was für mich immer ein Rätsel blieb. Wann spricht man sich ab bei so was? Sagt man: »Okay, du bist nett, du kannst hier wohnen, aber hör bitte auf, dich zu rasieren?« Oder sitzt man abends zusammen bei Leinölkuchen und räuspert sich und sagt: »Du, wir müssen reden. Es ist dir vielleicht selber schon aufgefallen, dass du dich einem Idealbild unterwirfst, das Strukturen folgt, die seit Jahrtausenden gültig sind und die wir durchbrechen wollen. Bitte, wirf den Rasierer weg.« Bleibt mir ein Rätsel.

Hatte man das Haarding einmal geschluckt, kam da nicht mehr viel. Alle studierten Malpädagogik oder Behinderten-bildhauerei, wollten sich aber nie über Malen, Kinder, Bildhauen oder Behinderte unterhalten.

Es gab nur zwei Themen: Demos und Essen.

Roman hatte Caroline auf einer Demo gegen die Abschiebung einer kurdischen Familie kennengelernt, sie hatten sich wiedergetroffen auf einer Demo gegen irgendetwas Unspezifisches, dann hatten sie sich gezielt verabredet zur Demo gegen den Jugoslawienkrieg.

Caroline ging Roman da schon auf den Sack, was die normalste Reaktion auf Caroline war, die man sich denken kann, und nur deshalb bemerkenswert, weil sie sich an diesem Tag zum ersten Mal küssten, drei Wochen später zum ersten Mal miteinander schliefen und schließlich drei Jahre lang zusammen waren. Und jeden Tag davon ging Caroline Roman auf den Sack.

Caroline roch nach Hund, obwohl weit und breit kein Hund zu sehen war. Sie hatte ein Gesicht, an das man sich viel zu schnell gewöhnte, und tausend Angewohnheiten, die niemand aushalten konnte:

Ihr fiel ständig etwas hin, sie hatte so viele Gläser kaputt gemacht, dass sie nur noch aus Plastiktassen trinken durfte, weshalb sie nun die Gläser der anderen kaputt machte.

Sie redete umständlich. Es war unmöglich, ihr zu folgen, und wenn es einem unter großen Mühen dennoch gelang, dann stellte man fest, dass es sich nicht gelohnt hatte. Ein typischer Caroline-Satz ging so: »Meine Mom, weißt du, die ist ja zurzeit in diesem Kurdings, das bezahlen die ja, also das Land ist das, glaub ich, nö, wegen all dem Stress, das macht dich ja echt kaputt, also denk mal, in Naturvölkern arbeitet man drei Stunden am Tag, weißt du, dass es da eins gibt, dass kennt kein links und rechts und keine Vergangenheit und Zukunft, da ist man immer nur geradeaus, und jetzt, überleg mal, das ist wie bei Jesus und Buddha, jedenfalls sagt die Krankenkasse, auch so ein Quatsch, warum heißt die nicht Gesundenkasse, man soll doch gesund bleiben, wobei Gesundheit ja auch so ein Begriff ist, der total viel verschweigt, oh, schau mal: Björk!«

Sie starrte dann auf den Fernseher, wo ununterbrochen Viva 2 lief, das aus nicht näher erklärten Gründen für keine verachtenswerten Strukturen zuständig war, und ließ mich mit der Frage zurück, was der Begriff Gesundheit genau verschwieg.

Weitere Angewohnheiten von Caroline, die niemand aushalten konnte:

Sie sagte, wenn sie gern an die See fahren wollte, sie habe Nordsehnsucht.

Sie tanzte in der Küche.

Sie zog bei jeder Gelegenheit ihre Schuhe aus und machte dann Geräusche, als atme sie mit ihren Füßen.

Und sie war eine ziemlich brutale Schlussmacherin. Aus heiterem Himmel informierte sie Roman darüber, dass er sie einenge.

Nun ist es ein Desaster, wenn einen jemand verlässt, den man liebt, verlässt einen aber jemand, den man kaum erträgt, zerhaut es einem das Selbstwertgefühl.

»Caroline hat mich sturmreif geschossen für Melanie. Hätte ich mich nicht über Jahre an so ein niedriges Level an Zuneigung gewöhnen dürfen, wäre ich nie mit Melanie zusammengekommen.«

»Aber warum um Himmels willen«, sagte ich. »Ich glaube ja wirklich nicht, dass du mit dem Bondgirl lange zusammengeblieben wärst, aber bei der gehst du nicht mehr ans Telefon, und von dieser Caroline lässt du dich abschießen.«

»Ja«, sagte Roman. »Aber wenn Defne und ich sowieso nicht lange zusammengeblieben wären, was wäre dann der Punkt gewesen?«

»Äh: Sex vielleicht«, sagte ich. »Verantwortungsloser, sorgenfreier Sex. Machen manche. Soll gut sein, hört man.«

»Hm«, sagte Roman. Er stocherte in seinen Polpi rum. »Es war eben richtig, mit Caroline zusammen zu sein. Sie stand für die richtigen Sachen. Und sie war echt, sie war da, sie war nicht in einem anderen Land. Sie konnte mich verstehen, wenn ich mich über Joschka Fischer aufgeregt habe. Defne war unglaublich, aber wo hätte das hinführen sollen?«

»Du redest wie ein kleines Mädchen. Du kannst doch die Dinge nicht immer vom Ende her denken. Am Ende ist man immer tot.«

Wie heißt es bei Louis CK so schön: »Im Grunde kann aus einem Blick, den man jemandem zuwirft, nur Schlechtes entstehen. Man lächelt, der andere lächelt zurück, man hat ein paar nette Dates, und dann ruft der andere plötzlich nicht mehr an. Das ist scheiße. Oder man heiratet, und es klappt nicht, dann lässt man sich scheiden, teilt die Freunde auf und das Geld. Das ist schrecklich. Oder man trifft den perfekten Menschen, den man unendlich liebt, und sogar die Streits sind gut, man wächst aneinander, man hat Kinder und wird zusammen alt, und dann stirbt der andere. Und DAS ist das Best-Case-Szenario. So wie bei meinen Großeltern. Das war die ganz große Liebe. Und dann – fuck, denk doch mal nach! Am Ende wartet die Riesenscheiße auf einen, und du kannst nichts dagegen tun.«

»Man könnte das mit deinen Großeltern auch anders sehen«, sagte ich. »Da lebt man in diesem menschenfeindlichen Universum, wo du nicht weißt, wo oben und unten ist und wo du wirklich vom Leben so viel begreifst wie die Stubenfliege vom Meer. Und da hast du diese kleine Kapsel namens

Liebe, in der du so etwas wie deine eigene Geschichte spielen kannst, eine winzige Sinnblase in einem zu 99 Prozent leeren Universum. Für diese eigene kleine Geschichte, in der du jemanden liebst und jemand liebt dich, da lohnt es sich doch.«

»Glückskeksproduzent, sag ich doch«, sagte Roman.

Roman ging aufs Klo, und ich dachte über Mias Eifersucht nach. Dass Eifersucht eigentlich fast immer berechtigt ist. Entweder der eifersüchtige Partner hat *keinen* Hau, ist also nicht verrückt, dann ist es nicht ganz falsch, seinen Instinkten zu vertrauen. Denn wenn nichts anderes ausgemacht ist, dann ist der übliche Anspruch Treue. Man ist natürlich völlig frei, ein anderes Beziehungsmodell zu wählen, wobei man sich da nichts vormachen sollte: Treue ist schwierig, die Alternativen sind aber noch schwieriger.

Also ist der eifersüchtige Partner realistisch und merkt eben, dass er betrogen wird, oder aber der eifersüchtige Partner ist verrückt, dann wird das eifersüchtige Verhalten über kurz oder lang zur sich selbst erfüllenden Prophezeiung. Schließlich ist das eine der Hauptstreitquellen: besitzergreifendes Verhalten.

Max Frisch schrieb in seinem »Tagebuch 1946–1949«, in der Eifersucht werde zuweilen vergessen, »dass auch unsere eigene Liebe, oder was wir so nennen, aufhört, ernsthaft zu sein, sobald wir daraus einen Anspruch ableiten«.

Da die Eifersucht die offensichtliche Angst vor dem Vergleich sei, wäre sie für den anderen geradezu »eine Ermunterung, sich umzusehen«.

Diese Liebe ganz ohne Anspruch, wie sie Frisch vorschwebt, wird es allerdings nicht geben. Denn einen Anspruch hat die Liebe ja auf jeden Fall: Lieb mich zurück.

Und auf dieses Zurückgeliebt-werden-Wollen schien Mias Eifersucht abzuzielen. Auf die Pornodarstellerin reagierte

Mia überhaupt nicht eifersüchtig. Wenn wir uns dagegen an Greta zurückerinnern: Die hatte Ferdinands Pornosammlung zum Anlass genommen, sich von ihm zu trennen, und auch im letzten Streit mit Paul war seine Pornosammlung zur Sprache gekommen. Mias Sorge war, verlassen zu werden, Gretas Sorge dagegen, dass es irgendwo auf der Welt eine Frau gab, die ihr das Wasser reichen konnte.

Diese Eifersucht auf Bilder, auf eine Fantasie, hat etwas von Schneewittchens Stiefmutter, die im Spiegel hört, es gäbe da noch eine Schönere.

»Was der Eifersüchtige nicht sehen will«, schreibt Robert Pfaller, »ist, dass er die Liebe der geliebten Person in Wahrheit nicht ertragen würde. Denn es ist tatsächlich nicht immer einfach, die Liebe eines ersehnten anderen zu akzeptieren.«

Warum könnte das so sein? Warum konnte Mia Romans Liebe nicht akzeptieren? Manchmal war es fast, als wehre sie sich gegen seine Liebe.

Manchmal sagte sie wirklich hartes Zeug zu ihm: »Das Irrste, was dir je passiert ist, ist, dass deiner Mutter die Kartoffeln angebrannt sind.«

Warum sagte sie das? Warum dachte sie das?

Ich fragte Roman, als er vom Klo zurückgekommen war, ob Mia eigentlich wirklich denke, er habe eine völlig unproblematische Kindheit gehabt.

»Habe ich doch auch.«

»Herrgott, du hast deiner Mutter die Haare beim Kotzen gehalten, wenn sie wieder mal mittags schon besoffen war, du hast, seitdem du vierzehn warst, niemanden aus der Klasse mehr mit nach Hause gebracht«, sagte ich. »Und du hast doch gerade selber gesagt, dass alles immer nur schlimm enden kann. So würdest du doch nicht denken, wenn du ein glückliches Kind gewesen wärst.«

»Jaja, aber das ist doch nichts gegen Mia. Im Vergleich zu Mia hatte ich eine heile Familie, ich war jedes Jahr drei Mal im Urlaub. Da stelle ich mich doch nicht hin und jammere Mia vor, was für eine schwere Kindheit ich gehabt hätte.«

»Es geht doch nicht ums Jammern. Was weiß sie denn von deinen Eltern?«, fragte ich.

»Keine Ahnung«, sagte Roman.

»Was glaubst du denn?«

»Ja, nichts halt. Ich muss jetzt auch langsam weg.«

Mia mochte manchmal wirken wie eine menschliche Dampfwalze, aber sie hatte ein gutes Gespür dafür, was in einem Menschen vorgeht. Und sie stellte die entsprechenden Fragen. *Meine* Familiengeschichte hatte sie wahrscheinlich schon in der Cafeteria in Bonn erfahren.

Sie musste also gemerkt haben, dass bei Roman etwas nicht stimmte. Oder zumindest musste sie gemerkt haben, dass Roman nichts erzählt. Er war kein besonders guter Lügner, er konnte nur gut Fragen im Raum stehen lassen und dabei in seinem Kaffee rühren.

Da Roman ihr gegenüber nicht offen war, fühlte Mia sich vermutlich ausgegrenzt, ein Gefühl, das sie bereits während ihrer Schulzeit – bis sie dann ihre Erfolgsbrüste bekam – geprägt hatte: nicht dazuzugehören. Und deswegen hatte sie sich immer zurückgehalten. Deswegen hatte sie nie die Initiative ergriffen, obwohl sie früher sexuell doch recht gut unterwegs gewesen war. Sie hatte Angst, sich auszuliefern.

Zu den Bedürfnissen, die der Mensch hat, gehört auch das Bedürfnis, Bedürfnisse von anderen zu erfüllen. Man möchte sich in einer Beziehung fallen lassen können und zugleich Halt bieten. Man möchte stark und schwach sein können.

Was aber, wenn der andere immer stark ist? Wenn der

andere derjenige ist, der immer Rat weiß, immer souverän ist, nie die Fassung verliert?

Ist man dann nicht zwangsläufig der Schwache?

Und kann das einen nicht ziemlich verunsichern, so weit verunsichern, dass man eifersüchtig ist, launisch, vielleicht sogar so weit, dass man ein Leben in die Welt setzen möchte, für das man dann stark sein kann?

Wenn man aus seiner Kindheit Unerfreuliches zurückbehalten hat, dann hilft es, wenn man bemerkt, dass man kein Kind mehr ist. Es wäre möglich, anzuerkennen, dass man angesichts der schwierigen Startbedingungen eine beachtliche Strecke zurückgelegt hat. Man könnte sehen, dass man es geschafft hat, einen eigenen Weg zu finden, man hat vielleicht einen Partner, den man liebt, einen Beruf, in dem man zufrieden ist, ein Zuhause, in dem man sich wohlfühlt. Man könnte erkennen, dass man es als Nicht-mehr-Kind weit gebracht hat, man könnte sich auf erwachsene Ressourcen verlassen.

Auf zwei Dinge kommt es an: Man muss wissen, was man will, und man muss wissen, wie man danach fragt. Paul weiß nicht, was er will, Roman bittet nicht darum.

»Manchmal muss man fragen, um sie zu verstehn.«

# Kachelmann-Komplex (Tag 22)

*»Everybody wants to fix somebody.«*
ASHLEYL.TUMBLR.COM

Mia las im Internet von einem Mädchen in Lesotho, das schwanger war, obwohl es keine Vagina hatte. Die Fünfzehn-jährige litt unter dem Mayer-Rokitansky-Küster-Hauser Syn-drom, einer angeborenen Fehlbildung des weiblichen Geni-tals, statt einer Vagina hatte sie bloß ein flaches Hautgrübchen.

Es hatte gerade Oralsex, als ihr Exfreund sie und ihren neuen Freund überraschte und auf das Mädchen einstach. 278 Tage nach der Messerstecherei wurde sie mit starken Schmerzen ins Krankenhaus eingeliefert, und es dauerte natürlich seine Zeit, bis die Ärzte sich erklären konnten, was los war.

Zum Zeitpunkt der Attacke hatte das Mädchen einen lee-ren Magen gehabt, in dem sich folglich wenig Magensäure befand. Der Angriff hatte zwei Löcher verursacht, durch die der Magen zur Bauchhöhle hin geöffnet worden war. Diesen Weg zu den Fortpflanzungsorganen waren die Spermato-zoen also gegangen. Per Kaiserschnitt brachten die Ärzte einen gesunden Jungen zur Welt.

Ist ja klar, was Mia dachte, als sie das las. Sogar ein Mädchen ohne Vagina bekam ein Baby, aber sie nicht. Sie hatte keinen Eisprung, sie hatte keinen Sex – bei ihr wäre nicht ein bizarrer Unfall, bei ihr wäre ein echtes Wunder notwendig gewesen.

Sie nahm Romans Laptop und ging auf Facebook. Sie sah, dass Roman noch eingeloggt war, klickte oben rechts, um sich auszuloggen, und zögerte.

Wenn man in Fragen von Verfehlungen so wenig bewandert ist wie Roman, dann ist es selbstverständlich, dass man schon bei den kleinsten Sünden Fehler macht, die schwerwiegende Konsequenzen haben.

Den einen gelingt es, ein benutztes Kondom unter dem Ehebett zu erklären, Roman wurde es zum Verhängnis, dass er seinen Maileingang nicht säuberte.

Niemand (möchte man sagen, zumindest aber: kaum jemand) überwacht seinen Partner systematisch. Wenn dann schließlich doch der E-Mail-Account ausgespäht oder der SMS-Speicher überprüft wird, dann handelt es sich immer um etwas, das man normalerweise nicht macht. Ganz gegen ihr übliches Verhalten also schaute Mia durch Romans Facebook-Nachrichten.

Und dort las sie die Botschaften, die das Bondgirl und Roman in den vergangenen Wochen ausgetauscht hatten. Nichtigkeiten, in die Mia gerade durch ihre Überflüssigkeit ein tiefes gegenseitiges Vertrauen, eine große Nähe hineinlas. Sie schrieben einander nicht wie heimliche Geliebte, fand Mia. Sie schrieben einander, als gäbe es Mia gar nicht, als wäre sie nie vorgefallen. Wie ein altes Ehepaar.

Sie weinte, aß eine halbe Packung Chips, weinte härter, aß

einen Pudding, legte die Matte auf den Boden, machte drei besonders anstrengende Pilatesübungen, den Teaser, den Single Leg Stretch und den Frosch. Sie weinte dabei.

Schließlich ging sie ins Bad, reinigte ihre Nase, tupfte ihre Augen, und dann machte sie, was sie immer getan hatte in der Not. Sie folgte einer überlieferten Weisheit. Mia schrieb also Herrn Schlecht eine Nachricht. Dann ging sie auf »Gesendete Nachrichten« und löschte sie.

# Herr Schlecht (Tag 23)

*»Every life comes with a death sentence.«*
WALTER WHITE IN »BREAKING BAD«

»Gut siehst du aus«, sagte Jonathan. Er lächelte ungeschickt.

»Na, und du erst.« Jonathan sah tatsächlich gut aus.

»Warst du im Urlaub?«, fragte Mia.

»Äh, nein, ähm, warum fragst du?«

»Na, weil du«, Mia lachte, »weil du so frisch aussiehst.«

»Ah, ja, danke.« Jonathan schaute zwischen dem Eingang und Mia hin und her.

»Lass uns doch, nun, reingehen«, sagte er.

In »Friends« sagt Phoebe, dass 90 Prozent der Pheromone einer Frau an ihrem Kopf zu riechen seien. Deswegen seien auch Frauen kleiner als Männer – damit die Männer den Kopf riechen und sich verlieben, wenn sie die Frau in den Arm nehmen.

Bei der Begrüßung hatte Mia gemerkt, dass Jonathan für einen Moment an ihrem Haar gerochen hatte. Vielleicht wirkt das ja tatsächlich, dachte sie.

Nachdem sie sich getrennt hatten, war Jonathan einige Zeit aus der Öffentlichkeit verschwunden. Dann war er wieder aufgetaucht mit einem überwältigenden Liebesroman, der es auf die Spiegel-Bestsellerliste geschafft hatte und den Mädchen fotografierten und auf Facebook posteten mit einem »Hach« darunter. Mia hatte sich zu Tode erschrocken, als sie von dem Buch hörte, aber es stand nichts über sie drin. Sie hatte damit gerechnet, dass es eine kaum verhüllte Abrechnung geben würde, und als dem nicht so war, hätte sie ihn aus Dankbarkeit beinahe damals schon angerufen.

Jetzt war zu seiner nervösen Grundstimmung, die ein Teil von ihm war, eine äußerliche Gelöstheit getreten, als sei er ein New Yorker Intellektueller, der nach Los Angeles gezogen war und der zunächst noch das ganze New-Age-Zeugs und Yoga und die Salate hasste, aber dann doch nachgab und sich entspannte, bis er schließlich in lockeren Hosen rumrannte und den Eindruck machte, immer gerade vom Golfplatz zu kommen.

Sie unterhielten sich über dies und das, wobei dies war, was Jonathan gemacht hatte, und das, was Jonathan zu machen plante. Es war wie immer. Er war hart im Urteil, dabei komisch und auf irritierende Weise charmant. Man duckte sich automatisch unter seinen Sätzen hinweg, und wenn man wieder aufstand und unversehrt geblieben war, weil er auf jemand anderen gezielt hatte, dann war man erleichtert und lobte seine Präzision. Sie aßen beide einen großen Salat, und er berichtete davon, dass er jetzt seit sechs Jahren zuckerfrei sei. »Ich bin ein neuer Mensch. Ich schlafe gut, habe kaum noch Kopfschmerzen, mein Arzt ruft manchmal sogar an und macht sich Sorgen, weil ich wieder so lange nicht da war.«

Die Trennung schien nicht mehr zwischen ihnen zu stehen, er machte ihr keine Vorwürfe, nicht einmal versteckte, und es war eigentlich alles gut, bis Mia gegen Jonathans Willen einen Nachtisch bestellte.

»Weißt du, was da alles drin ist?«, fragte er. »Natürlich weißt du das nicht. Sonst würdest du so eine – entschuldige – Scheiße ja auch nicht in dich hineinstopfen.«

Sie bestellte trotzdem den Nachtisch, und er verwandelte sich in einen Gallenstein. So war das immer gewesen, wenn sie etwas gegen seinen Willen getan hatte. Sein Gesicht wurde hart und dunkel, und alles, was er sagte, klang bitter. Wie gut das immer funktioniert hatte, sie damit unter Druck zu setzen.

Er hatte sie niemals geliebt, dachte sie. Er hatte ja nicht einmal behauptet, sie zu lieben. Sie fragte sich, warum sie das so hinnahm, immer so hingenommen hatte.

Sie löffelte ihren Nachtisch, während Jonathan missbilligend in seinem ungezuckerten Tee rührte, und dachte: »Weil er niemanden liebt.« Selbst die Ernst-Busch-Frauen, die er so geil fand, verachtete er aus tausend Gründen, die er nie müde geworden war aufzuzählen.

Er liebte niemanden, und so hatte man mit Jonathan keinen Konkurrenzdruck und nichts zu verlieren.

Aber mit Roman ging es um die ganze Liebe. Romans Liebe war wie die Sonne, sie war immer und überall da. Mia lächelte einen Moment in das Tartuffoschüsselchen hinein, als sie daran dachte, wie sie als kleines Kind ohne ein Wort zu verstehen im Religionsunterricht dieses Lied gesungen hatte. »Gottes Liebe ist wie die Sonne. Streck dich ihr entgegen, nimm sie in dich auf.«

Sie hatte immer mit Kain gefühlt, der eifersüchtig auf seinen Bruder war, weil der von Gott mehr geliebt wurde.

Die Liebe war kein Spaß, sie war ein gefährliches Spiel.

Ohne Liebe ist das Leben sicherer. »Ich bin ein eifersüchtiger Gott«, sagt Gott in der Bibel. »Und ich bin ein eifersüchtiges Schaf«, dachte Mia. »Ein Schaf, das Angst hat, vom Hirten vergessen zu werden. Da lebt es sich doch leichter mit jemandem, der sowieso nicht auf einen achtet.«

Nachdem sie ausgelöffelt und bezahlt hatte, Jonathan hatte wie immer sein Geld vergessen, verabschiedeten sie sich mittelherzlich, wobei er kritisch auf ihre Schenkel schaute und ausdruckslos erst ihre Hand nahm und Mia dann mit dem freien Arm leicht an sich drückte und sie ein paar Sachen wie »Schön, dass das mal geklappt hat« und »Toll, dass es dir so gut geht« sagte.

»Familiarity breeds contempt«, heißt eine amerikanische Volksweisheit, Vertrautheit gebiert Verachtung. Bewunderung ist daher eine schwache Voraussetzung für Liebe, denn gerade die Bewunderung kann in der familiären Nähe kaum aufrechterhalten werden. Die Familie ist schließlich der Ort, an dem Illusionen auffliegen. Gerade die Bewunderten haben daher instinktiv Angst vor Nähe. Es ist die Angst des Popstars davor, vom Groupie als gewöhnlich und damit nicht liebenswert enttarnt zu werden. Mia und Jonathan hatten nie eine echte Basis, fast war es wie bei den Kachelmannfreundinnen, die sich allesamt eingebildet hatten, sie befänden sich in einer Beziehung, selbst wenn sie ihren Partner nur alle paar Wochen sahen und er sich ihnen – so sagten sie es schließlich selbst in den zahlreichen Interviews, die sie der nationalen Presse gaben – nie geöffnet hatte.

Scheitert eine Beziehung, dann wird gern wie bei einem Strafprozess gefragt, wer der Schuldige gewesen sei. Wenn Mia nun nach mehreren Jahren zu der Erkenntnis gelangte, dass Jonathan sie nie geliebt hatte, dann war sie nur noch einen Schritt davon entfernt, die ganze Wirklichkeit zu sehen: dass sie ihn ebenso wenig geliebt hat.

Jeder, der Jonathan nur aus Mias Erzählungen kannte, hatte das Zerrbild eines etwas tyrannischen Hypochonders vermittelt bekommen. Immer mit dem Zusatz: »Aber ich liebe ihn.« Genau wie aber Holly Golightly in »Frühstück bei Tiffany« einfach nur nachbetet, was sie irgendwann zu sagen beschlossen hat, eben: »Ich liebe dich«, so war bei Mia der Wunsch, Jonathan Stein, den Autor, zu lieben, stärker als ihr eigentliches Gefühl.

Als sie nach Hause kam, winkte Roman ihr freundlich im Flur zu und fragte, ob sie nass geworden sei. In seiner Stimme wie immer kein Misstrauen. Roman saß jetzt wohl wieder am Rechner und trank Kaffee, die Tastatur war zu hören, ab und an stieß der Löffel an die Tasse.

»Wie leicht es wäre, Roman zu betrügen«, dachte sie. Auf einmal konnte sie vor Wut kaum atmen. Sie hätte ihn dafür schlagen können, dass er ihr nichts Böses zutraute.

Weil er immer so gut war, war sie immer die Böse, es stand im Raum, er sagte es nicht, aber es war doch klar. Sie war böse, er war arglos. Und am Ende werden immer die Bösen von den Arglosen in die Pfanne gehauen. Mia brach die Cocktails und den Salat und den Nachtisch aus, sie konnte ihr Essen Schicht für Schicht wiedererkennen.

Sie spürte Romans Hand auf ihrer Schulter.

Es ist dieselbe Denkweise, die Mia von Anfang an gegenüber Roman hatte: Roman war für alles verantwortlich. Dieses Mal in der Variante: Wenn Roman immer für alles verantwortlich und also immer der Gute ist, dann bin ich die Böse. Wenn in jedem Film immer der Böse derjenige ist, der in die Röhre schaut, dann werde ich verlassen werden, sobald Roman das merkt, also ist Roman schuld – weil er nie böse ist.

Der Ausgangspunkt der Problematik zwischen Roman und Mia war, dass sie dachte, er wisse etwas, das er ihr verheimlichte, nämlich den Grund, warum er nicht mehr mit ihr schlief. Dabei konnte Roman sein Verhalten nicht einmal vor sich selbst so genau erklären.

Diese Art von Denken, nämlich dem anderen ein Motiv zu unterstellen, das er vor einem verbirgt, wird uns im Fernsehen beigebracht. Nehmen wir Desperate Housewives. Da weiß jeder, was er will, und muss mit diesem Willen dann bloß noch die anderen austricksen. Jeder Filmbösewicht kann ausführlich Auskunft über seine Motivlage geben, der Liebhaber hat exakt präsent, was er denkt und fühlt, warum er so und nicht anders handelt.

Wenn man erst einmal realisiert hat, dass es so nicht ist, dass nicht jeder weiß, warum er etwas tut oder nicht tut, dann kann man verstehen, dass ein Problem wie »Wir schlafen nicht mehr miteinander« ein Problem ist, das man gemeinsam hat. Dass es nicht darum geht, dass der eine dem anderen etwas nimmt und ein Geheimnis daraus macht, warum, sondern dass es eine Entwicklung gegeben hat, die zu diesem speziellen Problem geführt hat.

Mia saß im Bademantel auf dem Sofa und sagte zum dritten Mal, dass es kein Rückfall gewesen sei. Dann erzählte sie, dass sie sich mit Jonathan getroffen hatte, und Romans blaue Augen wurden dunkel. Auf einmal sah er aus wie das Mitglied einer Mafia-Familie, zumindest hatte Mia das gedacht, als sie diesen Wechsel zum ersten Mal gesehen hatte. Wie diese Leute, die man beauftragt, wenn alle anderen Maßnahmen versagt haben.

Wegen dieses Blicks war Roman Klassensprecher gewesen, obwohl er so wenig sprach und trotz Krabbel-AIDS. Man traute ihm zu, die Dinge zu regeln.

»Du musst dich nicht sorgen«, sagte Mia.

»Ich sehe, wenn du abnimmst«, sagte Roman. Er hatte das schon immer gesehen, es war, als hätte er eine Waage im Blick, allerdings eine Waage, die grundsätzlich zu Mias Gunsten ausschlug.

Sie wollte erzählen, wie es gewesen war mit Jonathan, was sie verstanden hatte, aber sie konnte nicht noch einmal »Jonathan« sagen in Romans Gegenwart.

Er sagte, sie müsse aufhören mit dieser Diät. Sie schaute auf das Gürtelende ihres Bademantels, und er sagte es noch mal: »Du musst damit aufhören.«

Mia machte ein bitteres Geräusch, kein bitteres Lachen, eher ein Geräusch, wie es ein sterbender Frosch machen würde, der gern noch einmal gelaicht hätte.

»Mein Hintern war mal Luxemburg, jetzt ist er Russland. Ich habe mittlerweile so viel gefressen, dass da eine Diät nichts mehr hilft, Sport kann man auch vergessen. Die einzige Rettung wäre eine Hungersnot. In ganz Deutschland dürfte es keine Kohlehydrate mehr geben und keine nachts geöffneten Tankstellen und keine Werbung für Essen. In Somalia könnte ich dünn sein.«

Roman bekam langsam wieder blaue Augen. Er wusste nicht, ob diese ganze Diätnummer ein Trick war, um ihn von Jonathan abzulenken, sie wusste das ja nicht einmal selbst.

Sie waren nun wieder in ihrer Roman-hilft-Mia-Routine. Mia erzählte, dass ihre Mutter mal wieder überhaupt nicht reagiert habe, als sie von einem beruflichen Erfolg (irgendeinen Auftrag hatte sie für das Labor an Land gezogen) erzählt hatte.

»Manches wirst du von deiner Mutter einfach nicht bekommen«, sagte Roman. »Da kann dein Examen noch so toll sein und deine Forschung noch so interessant. Egal, wie dünn deine Oberschenkel sind, egal, wie zart deine Hüfte sich anfasst. Sie wird nie die Reaktion zeigen, die du dir erhoffst.«

Mia kaute auf der Unterlippe herum und klimperte mit ihren weichen Wimpern.

»Ich weiß, dass du selber glaubst, dass du hysterisch bist, aber in Wirklichkeit unterdramatisierst du deine Kindheit. Du hast einfach ein ganzes Stück zu wenig Liebe abbekommen. Wenn du als Ei nicht lang genug im warmen Wasser warst, dann bist du eben weich. Dann musst du irgendwann akzeptieren, dass du weich bist, dann wirst du nicht irgendwann noch hart.«

Mia schaute ins Nichts und klimperte kaum noch. Es sah aus, als habe sie von Schnappatmung auf Reservestrom umgestellt. Alle dreißig Sekunden ein heftiges Klimpern, sonst nichts.

»Du schaust auf diesen ungeliebten Körper und denkst, du hättest einen objektiven Blick. Du misst dich jeden Tag mit deinen Augen ab, aber du verstehst nicht, dass das Messgerät kaputt ist. Du wirfst einfach keinen liebenden Blick auf dich. Mia, Süße«, Roman versuchte, ihren Blick einzufangen, aber sie sah nicht hin, »vielleicht musst du irgendwann einfach traurig sein wegen dem, was war. Vielleicht musst du aufhören, bei deiner Mutter das zu suchen, was du damals nicht bekommen hast, und begreifen, dass du das jetzt bei einem anderen Menschen bekommst.«

Er zeigte auf sich.

Mia nahm den rechten Arm hoch und ließ ihn wieder fallen, während sie den Kopf einmal von rechts nach links bewegte und zurück.

»Du musst aufhören, die Lösung in dem zu suchen, was du tust. Du musst hinnehmen, dass du geliebt werden kannst, egal, wie dick deine Schenkel sind, und egal, was du machst. Du musst mich dich lieben lassen.«

Das Telefon klingelte.

Roman zögerte, dann ging er ins Wohnzimmer zur Telefonanlage.

Mia hörte nicht, was Roman sprach, sie schaute weiter ins Nichts. Sie bemerkte erst gar nicht, dass Roman wieder in der Tür stand. Er sah blass aus.

»Frierst du?«, fragte sie.

»Das war meine Mutter«, sagte Roman. »Mein Vater ist tot.«

# Eine Welt weniger (Tag 23)

Rita suchte nach Worten, Paul hörte an ihrem Atmen, um was es ging. Schließlich sagte sie: »Papa ist gestorben.« Danach redete sie weiter, und Paul sagte auch etwas, und dann verabschiedeten sie sich, und er konnte nicht weinen. Paul rief Jimo an. Mailbox. Roman ging nicht ans Telefon. Bei Ben war niemand zu Hause. Greta. Paul zögerte, dann wählte er ihre Nummer.

»Du hast Nerven.« – »Greta, mein Vater ist gestorben.« – »O nein.« Sie fing an zu weinen. »Aber Paul, mein armer Kleiner, was … Wie kann das denn … Er war doch so …« – »Zuletzt nicht mehr so sehr.« – »Soll ich vorbeikommen?« – »Also wenn.« – »Ich bin gleich bei dir.«

Eine halbe Stunde später war sie da, und nach fünf Minuten schliefen sie miteinander, und nach einer weiteren Viertelstunde lagen sie Arm in Arm auf dem Bett, und Greta weinte wieder oder immer noch. Dann putzte sie ihre Nase, wie ein untröstliches Kind es tun würde, und sagte: »Aber Paul. Das ändert jetzt nichts.« – »Natürlich nicht.« Später in der Nacht zog sie sich wieder an. Während sie miteinander geschlafen hatten, hatte sie ihn ganz fest gehalten, und er hatte sie ganz fest gehalten, und sie hatten beide gewusst, dass sie sich keinen Halt mehr geben konnten.

Dann lag er noch lange wach, und schließlich träumte er, dass er seinem Vater sagen musste, dass er tot sei, aber sein Vater wollte nicht zuhören, und als Paul es ihm schließlich doch sagen konnte, schaute sein Vater ihn an und sagte: »Von dir hätte ich das am wenigsten erwartet.«

Er erwachte, stand aber die nächsten Tage nicht auf.

Paul dachte, wie viele überflüssige Bewegungen er noch vor ein paar Wochen hatte machen müssen. Den ganzen Tag waren ihm irgendwelche Erledigungen aufgehalst worden, er hatte Blumen gießen und Karten schreiben und Müll runterbringen müssen, und abends musste er vernünftigerweise die Zahnzwischenräume mit Zahnseide reinigen, und Joggen sollte er gehen und Kultur genießen und etwas Kluges über den Wein sagen und auf den Winterfeldt-Markt gehen und zum Biobäcker und zum Biometzger.

Und dann wäre er um ein Haar noch in den Biopuff gegangen.

Jetzt hatte er das alles hinter sich, er stand nicht einmal mehr zum Pinkeln auf, er nahm einfach eine Flasche und machte hinein.

Da er kaum aß, musste er auch kaum mal richtig und ausführlich aufs Klo. Dieses Nichtessen hatte den Vorteil, dass er auch nicht groß denken konnte. Wenn er doch einmal aus Versehen dachte, dachte er, dass sein Vater beim letzten Telefonat gesagt hatte, dass er ihn gern noch einmal sehen würde. Nicht: mit ihm sprechen.

Noch ein Mal.

Und an Greta dachte er. Dass er es jetzt gerade durch das

Mit-ihr-Schlafen amtlich hatte. Es war vorbei. Während des Studiums hatte er mal eine Geschichte geschrieben, in der es um ein kleines Tier ging, das auf dem Boden des Meeres lebte. Das Tier musste immerzu fressen, und alles, was es fraß, schmeckte für das Tier so, wie für uns Scheiße schmeckt. Einen einzigen Moment seines Lebens schmeckte dann ein Bröckchen für das kleine Tier nicht nach Scheiße. Paul glaubte, das Tier werde den Rest seines Lebens in freudiger Erwartung weiter Scheiße fressen, immer in der Hoffnung, noch einmal einen Moment lang nicht den Geschmack von Scheiße im Mund zu haben.

»Hoffnung«, sagte Heiner Müller, »ist Mangel an Information«.

Paul war bestens informiert.

# Surreal, aber schön (Tag 23)

»All his life has he looked away … to the future, to the horizon.
Never his mind on where he was. Hmm? What he was doing. Hmph.
Adventure. Heh. Excitement. Heh. A Jedi craves not these things.«
YODA, »STAR WARS«

Sie fühlte sich an wie ein kleines, weiches Tier, irgendwo
zwischen Karthäuserkatze und Babybobtail, und sie benahm
sich auch so. Klar war sie weich und tiefenentspannt, ihr
Leben war schließlich ein einziger Urlaub. Die tolle Haut
und die gute Laune, die andere Leute hatten, wenn sie zwei
Wochen auf Mallorca waren und jeden Tag im Meer badeten,
wenn sie sich mit Drogeriemarktsonnencreme eincremten
und viel dösten, die musste sie natürlich erst recht haben.
Jimo hatte mal Bikinifotos von ihr gesehen und nicht verstanden, warum sie dauernd fotografiert wurde, sie war keine
Bombe. Wenn man sie neben Tyra Banks, Claudia Schiffer
oder sonst so einer Promigranate ablichtete, sah sie bloß aus
wie ein mageres Kind, das zufällig im Bild stand, bis auf das
Scheinwerferlächeln, das sie dann immer anknipste, das sah
eher aus wie Roy and Black, ach nee, wie hießen die? Siegfried
und Roy.

Aber live war sie irgendwie recht – na, irgendwie niedlich. Sie puderte ihn, es musste irgendeinen Grund geben, dass sie ihn zu ihrem Püppchen erkoren hatte, vielleicht gab es aber auch keinen. Jimo trank noch einen Schluck Sekt, der in Wirklichkeit bestimmt Zigtausendeuro-Champagner war, aber – das schmeckte er mit seiner unkorrumpierbaren Zunge – auch dabei handelte es sich bloß um Plörre mit Sprudel. Moment. Sie *puderte* ihn? Mittlerweile schon. Zuerst hatte sie sanft mit einem Strohhalm über sein Gesicht gepustet. Das sei am besten gegen Hautunreinheiten, hatte sie gesagt, kann aber auch sein, dass er sie falsch verstanden hatte, sein Englisch war nicht so gut. Vor allem konnte er nicht witzig sein auf Englisch, dabei war witzig sonst seine Stärke. »Fille rit, fille lit«, hatte die frankophile Lala gesagt, das Mädchen lacht, das Mädchen liegt. Weil er sie nun nicht zum Lachen bringen konnte, lachte *er* halt einfach die ganze Zeit, es war aber auch zu komisch, was sie da machte. Seit er angefangen hatte, sie zu streicheln, schnurrte sie. Sie war die ganze Zeit in Bewegung, normalerweise dauerte es ewig, bis er eine Frau zum ersten Mal berührte, aber bei ihr war es ganz selbstverständlich gewesen, sie zu streicheln. Babybobtail halt.

Ihr ganzer Körper war von hellblondem Flaum bedeckt, der sich aufstellte, wenn er ihn gegen den Strich streichelte, ihre bestimmt sagenhaft teure Frisur kitzelte in seiner Nase, wenn sie sich vorbeugte, und insgesamt war es beinahe, als sei sie nackt. Er fühlte sich auch nackt. So gut gelaunt war er sonst eigentlich nur nach dem Sex.

Er wollte erst gar nicht mit. Berlinale-Partys waren die Hölle, alle wollten immer nur Kontakte und wieselten umher, wenn irgendwo ein Superregisseur oder ein Großagent auftauchten. Die einzigen Hübschen waren die Kellnerinnen mit den sorgfältig drapierten Amuse-Gueules, aber die wieselten noch mehr herum als die Schauspieler.

Er hatte sich eine Flasche Gin gesichert, vergebens nach Tonic gesucht und dann einfach so getrunken. Eine riesige Menschenwelle hatte ihn an zwei monströsen Securitytypen vorbei in den VIPVIPVIP-Bereich gespült, und dann saß er zum ersten Mal in seinem Leben neben einer globalen Ikone. Milliardenerbin, It-girl, Fashiondarling, Marc-Jacobs-Inspirateuse, Trendgesicht, 18,5 Millionen Google-Treffer, angebliche Affären mit Vampirdarstellern, Rockstars, und das mit gerade mal achtzehn.

Huch? Achtzehn? Er versuchte sie zu fixieren, aber seine Augen ließen sich nicht scharfstellen.

»Say ›Imbeartotjn‹ again!«, bat sie ihn, und er sagte brav zum zehnten Mal »Himbeertörtchen«, und sie schüttelte sich vor Lachen, quietschte: »I smell like Imbeartotjn!«, und dann wurde sie ganz ruhig, war ganz nah an seinem Gesicht, und er bemerkte, dass er eine ziemliche Erektion hatte.

Es widersprach jeder Logik, dass sie allein hier saß, solche Leute, das wusste er aus *Entourage*, hatten doch immer, eben: eine Entourage. Wo waren ihr bester schwuler Freund, ihre Nagelassistentin, ihre Fooddesignerin, ihr Partyberater? Und all die pretty und amazing people? Hier war nur er, und jetzt fiel ihm ein, wie sehr er das an Notting Hill gehasst hatte: dass da ein Hollywoodsuperstar, Julia Roberts sozusagen als Julia Roberts, einfach so durch London taperte und dann auch noch behauptete, sie sei »just a girl, standing in front of a boy, asking him to love her«. Just a girl, my ass.

Das hier war jedenfalls nicht einfach bloß ein Mädchen. Es war ja, selbst wenn man bloß normale Promis sah, immer schon dieses seltsame Gefühl dabei, dass man sie kannte. Einmal hatte er Norbert Blüm gegrüßt, als der ihm entgegenspaziert war, und Nobbi hatte fröhlich zurückgegrüßt. Bei ihr war das natürlich viel extremer, es war nicht nur völlig unnatürlich, sie zu sehen, es war komplett irre, sie im Arm zu halten und, woah!, er hatte anscheinend angefangen, sie zu fingern. Er straffte sich, fuhr sich durchs Haar, und dann steckte er sich einen Eiswürfel in den Mund.

Nun stand sie auf einmal, redete mit einer PR-Frau/Haarkurwissenschaftlerin, und dann sagte sie etwas von *Bathroom* und verschwand.

Wenn er mit ihr gleich vor die Tür ging und die fünfhundert Fotografen sie ablichten würden, dann wäre er spätestens morgen früh auf jedem Promiblog der Welt zu sehen. Das könnte seinem neuen Buch, sollte er es jemals aus den Trümmern seines Rechners rekonstruieren können, einen ganz schönen Boost verleihen. *Her new Boy Toy – a German writer!* War nicht Marylin Monroe auch mal mit diesem Dings zusammen gewesen? Er würde bei Markus Lanz sitzen und lässig eben NICHT sein Buch in die Kamera halten, weil das ja sowieso schon jeder hätte. So ein Buchtyp hatte ihm mal erklärt, dass man nämlich eigentlich an die Leser ranmüsse, die nicht lesen.

Das sollte dann ja kein Problem mehr sein.


Etwas grub sich in seine Schulter, vermutlich ein Schaufelradbagger, er schaute hoch und sah weit über sich das unfreundliche Gesicht eines der Securitymonster. »Wo ist deine Karte?«, fragte das Monster. »Die musst du immer um den Hals tragen.« Jimo sagte, er warte hier bloß auf sie, und das Monster zog ihn hoch, maulte, er warte auch bloß auf den verschissenen Kaiser von China, und beförderte ihn dann mit dem Kinn voran über die Trennseile. »Kannst froh sein, dass ich nicht die Bullen rufe«, schrie ihm das Monster noch hinterher, dann wurde Jimo von der Menschenwelle verschluckt.

Ihren Namen zu rufen hatte keinen Sinn, es war viel zu laut, außerdem war das eine Fotografentechnik: erst Namen rufen, dann abschießen. Da hatte sie sich doch sicher abgewöhnt, auf ihren Namen zu hören. Seine Nase und sein linker kleiner Finger schmerzten, der Typ hatte ihn wirklich wie einen Müllsack in die Menge geschmissen, und die Menge war zu sehr Menge, als dass sie aus dem Weg hätte gehen können.

Jean Paul Gaultier soll mal zu einem seiner Models gesagt haben: »Ich würde mich auch so bescheuert benehmen wie du, wenn ich eine Axtwunde zwischen den Beinen hätte.« Um herauszufinden, ob Gaultier das wohl wirklich gesagt hatte, hatte er »Gaultier« und »Axtwunde« gegoogelt. Dann war er in einem Medizinforum gelandet, in dem einer schrieb: »Eine Axtwunde ist ein bedrohliches Ereignis, Gestank nicht.« Er wusste auch nicht, warum er jetzt daran dachte.

Er wollte da jetzt wieder hin, er wollte unbedingt prüfen, ob die Stelle über ihrem Po wirklich so weich war. Er roch an seiner Hand, sie roch tatsächlich nach Himbeertörtchen. Er könnte ja den Webmaster ihrer größten Fanhomepage nach ihrer Telefonnummer fragen, haha. Da ihm überhaupt nichts einfiel, was er hätte tun können, musste er jetzt unbedingt was tun. Er kämpfte sich hektisch Richtung Toiletten, was nur sehr langsam ging. Es konnte doch hier keine Extratoiletten für VIPs geben, oder?

Er verharrte einen Moment, die Menschen stießen ihn an, er presste die Innenseiten seiner Hände gegen die Stirn. Eine Kellnerin kam vorbei, und er fragte, ob sie sie gesehen hätte. Die Kellnerin deutete stumm auf den UltraVIP-Bereich. »Wann?«, schrie er, und sie zog die Unterlippe nach oben, simultan mit den Schultern. Dabei rutschte ihr ein Sektglas vom Tablett, sie sagte: »Vielen Dank auch.«

Endlich sah er das Toilettenschild, er hatte mittlerweile so ein Love-Parade-in-Duisburg-Gefühl, der Gin vertrug sich nicht mit dem Zeug, das sie ihm gegeben hatte, der Kopf eines kleinen fetten Mädchens bohrte sich in seinen Solarplexus, und er musste sich zusammenreißen, ihr nicht auf die alberne Mitte-Frisur zu kotzen.

Vor kaum acht Minuten war alles besser gewesen. Er fragte sich, was Adam und Eva wohl acht Minuten nach der Vertreibung aus dem Garten Eden so gemacht hatten. »Erst mal eine rauchen?«, hatte Adam vielleicht gefragt, und Eva hatte geantwortet: »Du hast wohl nicht zugehört, hier ist nichts mehr mit Joints, die sich von selber drehen, hier ist alles ›im Schweiße deines Angesichts‹.«

Das fette Mädchen drehte sich um und raunzte, er solle nicht so drängeln. Er erkannte sie, sie spielte in einer Soap ein fettes Mädchen, das nie einen Freund hat, und fast hätte er sie gefragt, wie eigentlich die Rollenbeschreibung da so aussah, also: Sagten die beim Casting, dass sie jemand echt Hässliches brauchen?

Stattdessen entschloss er sich, jetzt richtig gewalttätig zu werden, er drängelte sich wie ein Notarzt an den ganzen Frauen vorbei auf die Damentoilette, schrie ihren Namen, er war jetzt Stallone am Ende von Rocky I, bestimmt sah er längst auch halbseitig gelähmt aus. Er schrie weiter ihren Namen, und dann fing er an, an den Toilettentüren zu rütteln. Er stöberte einen kackenden Mann und zwei fickende Schwule auf, und da merkte er, dass er auf der Herrentoilette war, die Frauen hatten nur die Trennung aufgehoben, weil einem alten Gesetz folgend Frauen mehr Platz brauchen beim Scheißen und deshalb auf großen Parties die Herrentoilette mitbe...

Er lehnte sich an die Wand, ganz langsam wurden seine Knie weich, er rutschte wie durch ein Schaumbad zu Boden. Was hatte sie ihm bloß gegeben? Egal: Es war vorbei.

Auf einmal hockte sich das Universum auf seine Brust. Das Universum war ziemlich schwer, es sah auch eher dümmlich aus, aber es sagte etwas Schlaues: »Ich habe dich gefickt, Jimo. Und ich werde dich immer wieder ficken. Denn wenn ich gerade etwas Zeit habe, dann ficke ich das Leben von Leuten, die mir auf den Sack gehen. Versuch's gar nicht erst, Jimo, lass es sein. Ich bin einfach unendlich viel gemeiner als du.« Vielleicht weinte Jimo im Schlaf.

Lala weckte ihn. »Jimo«, sagte sie.

»Was machst du denn hier?«, fragte Jimo.

»Hier ist die Damentoilette«, sagte Lala.

»Ist es eben nicht«, sagte Jimo.

Er zeigte auf ihren Wodka Orange. »Kann ich mal einen Schluck trinken?«, fragte er.

Sie reichte ihm das Glas und stützte mit der anderen Hand seinen Kopf. Er trank und spuckte sofort wieder aus. »Was ist das denn?«, fragte er.

»Na, Orangensaft.«

»Warum trinkst du denn Orangensaft?«, wollte er fragen, aber da sah er Lalas Bauch.

Als sie gerade neunzehn war, war Lalamikas größtes Problem nicht, dass sie nur schlafen konnte, wenn sie einen russischen Abend gehabt hatte, also ein paar Leute vorbeigekommen waren, mit denen sie dann Wodka, Brot und saure Gurken aß, ihr größtes Problem war auch nicht ihr Freund, von dem sie niemandem erzählen wollte, ihr größtes Problem war nicht einmal ihr Vater, von dem sie ziemlich vielen Leuten erzählte, oder ihre Mutter, von der sie jedem als Allererstes erzählte. Lalamikas größtes Problem war, dass sie mit neunzehn die beste Zeit ihres Lebens hatte. Jedenfalls dachte sie das.

Lalamikas Mutter war eine angeblich berühmte Theaterschauspielerin (»in Wien weltberühmt«, spottete Paul einmal), die natürlich nie jemand von ihren Bekannten auf der Bühne gesehen hatte, die man aber tatsächlich mit einem Ohr kennen konnte, wenn man zufällig Deutschlandradio Kultur beim Ausräumen der Waschmaschine laufen ließ. Mit ihrer Mutter war sie von klein auf von Engagement zu Engagement gereist und hatte sich die Grundrisse der unzähligen Wohnungen, in denen sie gelebt hatten, eingeprägt. Nebenbei war sie zu einer echten Pest geworden, denn die anderen Schauspieler fanden es irgendwie hübsch, oder wenigstens war es ihnen egal, wenn ein vorlautes Kind hinter der Bühne beißende Kommentare zu Deko, Kostümierung oder allem anderen machte. Jetzt, mit neunzehn, dachte sie, jeder müsse es immer noch irgendwie hübsch finden, wenn sie ihn zur Begrüßung mit einer Gemeinheit bedachte. Lalamikas Gemeinheiten waren nie verletzend, dazu konnte sie sich zu wenig in Menschen hineinversetzen, sie wäre nicht in der Lage gewesen, den schwachen Punkt eines anderen auszumachen, es waren einfach die achtlos hingeworfenen Beleidigungen eines Kindes, über die man zur Not auch peinlich berührt lachen konnte.

Ihr Vater beschäftigte sich mit Spiritualität, weswegen sie, das muss man ihr lassen, ausschließlich die Wirklichkeit gelten ließ. Hätte ihr Vater sich mit Schwerkraft beschäftigt, dann hätte Lalamika die Existenz der Schwerkraft bestritten. Er war gerade mal achtzehn Jahre älter als Lalamika, es hatte eine recht klägliche Affäre zwischen ihm und der damals schon alternden Schauspielerin gegeben, von der Lalamikas Mutter sich ein wenig Trost oder Inspiration versprochen hatte, aber er war zu tiefgründelnd und dabei dümmlich gewesen, um ihr eines davon zu bieten.

Als sie dann schwanger von ihm war, hatte Lalamikas Mutter das als letzte Möglichkeit gesehen, ihrem Leben ein wenig

Trost oder Inspiration zu geben, und tatsächlich war der Plan aufgegangen, wenn man berücksichtigte, dass Lalamikas Mutter von Natur aus untröstlich war und etwas uninspiriert. Das Einzige, was Lalamika von ihrem Vater geblieben war, war der Name, der auf Swahili »Bete für Gnade« bedeutete, und ihre Haut, die in Werbefotos immer ganz hell gemacht wurde.

Von dem spirituellen Vater und der gerade mal wieder ohne Engagement dastehenden Mutter war keine Unterstützung zu erwarten. Lala, wie sie seit der Oberstufe alle nur noch nannten, womit sie ganz einverstanden war, weil sie nicht »Bete für Gnade« heißen wollte, war also auf recht poetische Weise arm. Man verdiente als Model zwar sehr gut, aber dafür musste man Termine wahrnehmen, was ihr nicht besonders gut gelang. Was unmittelbar mit den russischen Abenden zu tun hatte.

Sie kellnerte und war bei einer Modelagentur vermerkt, ein Umstand, von dem Lala sich nicht zu dem Gefühl verleiten lassen wollte, sie sei besonders schön. Dass Lala besonders schön sei, das hielt sie für einen Irrtum, dem viele erlagen. Sie war mager und hatte langes dunkles Haar, aber das war es nicht, was die Leute täuschte. Die Leute glaubten, dass nur jemand sehr Schönes so unverschämt sein könne.

Lala selbst sah sich sehr realistisch. Sie kannte den Hintern ihrer Mutter, und sie wusste, dass sie ihn geerbt hatte, deswegen aß sie nur das Nötigste. Sie glaubte außergewöhnlich verschachtelte Zähne zu haben, weil ihre Mutter nie Zeit gehabt hatte, mit ihr zum Zahnarzt zu gehen, deswegen lachte sie nie oder nur mit nach vorn gezogenen Lippen, sie wusste, wie schlecht ihre Mutter gealtert war und dass der viele Wodka dagegen nicht helfen würde, aber auf den konnte sie nicht verzichten, weil sie viel zu viel Angst hatte.

Meistens hatte sie Freunde gehabt, die sie wie ein Täschchen trug und die umgekehrt sie wie ein Täschchen trugen, sie waren einander Accessoire und ansonsten egal gewesen.

Ihr Freund Gustav aber war nur nachts ihr Freund, manchmal auch tagsüber, wenn sonst niemand aus der WG da war. Dann setzte sie sich auf seinen Schoß, und er durfte ihren Rücken kraulen. Ihre Beziehung war nicht nur äußerst privat, sondern auch recht unsexuell. Er war alles andere als ein Accessoire, und er war ihr alles andere als egal, und mit beidem kam sie nicht zurecht.

Trotz des eher unsexuellen Beisammenseins wurde Lala von Gustav schwanger, in dem Alter passiert das ja schon mal etwas schneller. Sie fühlte sich sicher und aufgehoben bei ihm, aber nicht in der Lage, sich mit ihm in ein Café zu setzen. Er hatte diese Nase und diese Zähne und diese Schultern, die fast wie ein Buckel gebeugt waren. Und sie war erst neunzehn.

Sie zog aus der WG, als Gustav bei seinen Eltern war, und dann ließ sie die Prozedur durchführen. Alles Routine, zumindest für die Ärztin, aber irgendetwas lief nicht wie gewünscht, weshalb der Arzt, bei dem sie zehn Jahre später saß, weil sie schwanger von Jimo war, dringend riet, das Kind zu bekommen.

Nach der Abtreibung war, ohne dass es einen unmittelbaren Zusammenhang gegeben hätte, Lalas Karriere explodiert. Vielleicht nahm sie das Leben ernster oder leichter, ich bin der Letzte, der wüsste, was man für eine Modelkarriere an Eigenschaften braucht. Und nun war sie im Herbst ihrer Karriere und schwanger von jemandem, dessen Karriere nicht einmal zarte Frühlingstriebe hatte, sie war schwanger von einem großen Kind. Immerhin von einem großen Kind, dessen Accessoire sie nicht war und das sie ihren Freunden gern vorzeigte.

Als sie versuchte, mit Jimo zu reden, rannte er aufs Klo und kam für eine halbe Stunde nicht wieder. Sie hatte eine halbe Stunde zu lang Zeit gehabt, um sich Jimo als Vater vorzustellen.

Sie würde das Kind bekommen, hatte sie beschlossen, sie würde es zuverlässig und ohne Spiritualität erziehen, und es würde einen normalen Namen bekommen und so klug sein wie sein Vater und so unerschrocken wie sie, und zum Zahnarzt würde sie mit ihm gehen und es nicht hinter den Kulissen von Modenschauen rumfliegen lassen, wo es spitzzüngig und traurig würde.

Als er den Bauch gesehen hatte, war Jimo aufgesprungen und hatte Lala hochgezogen.

»Lalamika Kannengießer, jetzt aber mal ganz ernst, ganz nüchtern!«

»Ich bin ganz nüchtern«, sagte Lala lächelnd.

»Was ist das da in deinem Bauch?«

»Das ist ein Baby, Jimo.«

»Bist du mir fremdgegangen?«

»Ich war dir immer treu.«

»Dann ist das?«, fragte Jimo.

»Ja, dann ist das«, sagte Lala.

»Aber bilde dir nicht ein, dass du auch nur in die Nähe des Kleinen kommen wirst, solange du so bist, wie du bist.«

»In mir ist kein Molekül mehr von dem, was ich mal war«, sagte Jimo. »Schau, ich trinke sogar schon Orangensaft.« Er nahm ihr Glas und trank es leer. »Ich bin ein Vater«, sagte er und drückte Lala sehr vorsichtig an sich. »Und du eine Mama. Eine Frau Mama. Komm, wir tanzen ganz behutsam.«

# Happy Entlein (Tag 25)

> *»All is well that ends well.«*
> JOHN HEYWOOD (1546)

Zum Verhängnis wurde Konrad schließlich, dass er sich für einen Dichter hielt. Er hielt sich für so einiges, weshalb er immer mal wieder sagte, wen er an Stelle des Bundestrainers aufstellen, wen er an Stelle der Bundeskanzlerin ins Kabinett berufen würde, aber das störte Greta nur mäßig. Das Dichten jedoch quälte sie. Greta saß über einem Vertragsentwurf für RWE, als sie diese Mail bekam:
»Gehe
mit meiner Zungenspitze, meinen Lippen, meinen Zähnen
von deinem Ohr, deinem Hals, zu deinen Brüsten,
in dein Herz
küsse die Brüste halte
ihre Spitzen zwischen meinen Fingerspitzen,
meinen Zähnen, wander weiter zu deinem Bauchnabel,
falle in ihn, falle
tiefer, zwischen deine Blütenblätter, streichel sie
mit meinen Fingern voller Himmel und Wind,
wirbel zwischen ihnen und dann

stürme ich ganz in dich und tief und tiefer
und komm und komm und komm in Dir
mit Dir. Küsse, Küsse ohne Ende!!«

Abends fragte sie ihn beiläufig, was es eigentlich mit Fingern voller Himmel und Wind auf sich habe. Hätte Konrad Greta besser gekannt, hätte er gewusst, dass es hier ein Problem gab und bloß sofortiger Widerruf die Katastrophe noch verhindern konnte, aber er sagte: »Ich bin voller Himmel und Wind. Mein Herz ist zum Platzen voll von dir, meine Seele betäubt.«

Sie suchte nach Spuren von Ironie in seinem Blick, aber er sagte das mit solcher Ernsthaftigkeit, dass ihr nichts anderes übrig blieb, als zu sagen, am prallsten gefüllt mit Himmel und Wind sei wohl sein Kopf.

»Nimm es nicht persönlich, aber: Wir sollten uns nicht mehr sehen.«

Wenn Greta sich trennte, dann ging das üblicherweise wie das Kündigungsgespräch in einer sehr großen Firma vor sich. Mit eisiger Höflichkeit, mit unabweisbaren Tatsachen. Gerade die Verbindlichkeit machte die Verabschiedeten so hilflos. Die einzigen Ausnahmen waren Ferdinand und Paul gewesen. Mit Konrad nun war es ein Mittelding. Sie sprach höflich und zugleich entschieden, während sie ein paar Sachen einpackte und zur Garderobe ging, aber anders, als sie es früher gemacht hatte, konnte sie sich ein paar Gemeinheiten nicht verkneifen. Für Ferdinand und Paul hatte sie ihre Wut bunkern müssen, um loszukommen, für Konrad musste sie die Wut nun unterdrücken.

Dann ließ sie los, die Wut war da, wanderte von ihrer Zungenspitze, ihren Lippen, ihren Zähnen, ihrem Ohr, ihrem Hals, ihren Brüsten in ihr Herz und ließ sie sagen, dass sie mit Paul geschlafen hatte.

Konrad starrte sie an. Er war die ganze Zeit über schweigend hinter ihr her durch die Wohnung gegangen, wie ein verwirrter Hund, der am Eingang des Supermarkts jedem, der rauskommt, ein paar Meter folgt.

Jetzt sagte er: »Schlampe. So eine Schlampe bist du.«

Greta schaute ihm zum ersten Mal an diesem Tag direkt in die Augen. »Dass du ein schlechter Verlierer bist, macht dich noch lange nicht zum Gewinner.«

Als sie die Tür hinter sich schloss, hatte sie ihn schon vergessen.


Natürlich erfährt ein Exfreund in einer übersichtlichen Stadt wie Berlin recht bald, wenn die Exfreundin sich von ihrer Trostbeziehung getrennt hat. Paul hätte es von Mia hören können, die mit Gretas Freundin Anne jeden Dienstag Pilates machte, er hätte es auf Konrads Facebook-Wall lesen können, die für jeden einsehbar war und auf der nun stand: »du kannst mein herz nehmen aber nicht meinen stolz«, er hätte es bei Toni, dem Kellner seines Stammcafés, hören können, der ein Umschlagplatz für Informationen aller Art war, aber er hörte es von Greta selbst.

»Warum erzählst du mir das?«, fragte Paul.

»Na, ich dachte, bevor du es von Toni erfährst.« Sie lachte nervös.

»Wie kommst du denn zurecht?«, fragte sie.

»Hm«, sagte Paul.

»Wann fährst du zur Beerdigung?«

Die Antwort fiel ihm schwer, etwas war in seinem Hals, möglicherweise ein Ochsenfrosch.

»Übermorgen erst. Die brauchen mich bei den Vorbereitungen wohl nicht, und ich, na ich hab hier noch zu tun.«

»Was denn?«, fragte Greta.

»Na, das Übliche. Nichts halt.«

Gretas Frage hatte keinen gehässigen Unterton gehabt, und ihm fiel auf, dass der Moment eine gute Gelegenheit gewesen wäre, um zumindest so zu klingen, als habe er sich verändert. »Verdammt«, dachte Paul.

»Greta?«, fragte er.

»Ja?«

»Ähm.«

»Ja?«

»Soll ich jemanden von dir grüßen?«

»Ach, Paul. Drück deine Mama, ja?«

In der Nacht träumte Paul, dass er im Beduinenzelt von Muammar al-Gaddafi saß. Eine schwedische Assistenzärztin wedelte ihm mit einem Palmfächer von Dior Luft zu, ein nubischer Rapper führte zur allgemeinen Erheiterung ein paar Breakdance-Bewegungen auf, und Gaddafi pries Pauls profunde Fußball-Kenntnisse.

Vor dem Zelt tönte der Lärm der Revolution, also bat Paul die Ärztin mit einem Fingerschnippen, die Musik lauter zu stellen. Aber die Ärztin zog eine Pistole und rief: »Es lebe die Revolution!« Sie sah jetzt exakt so aus wie Brigitte Bardot in »Viva Maria!«.

»Aber ich bin doch der Prinz«, rief Paul.

»Nein«, sagte Brigitte, während der nubische Rapper Gaddafi verhaftete, »du bist kein Prinz. Ein Prinz dient, ein Pascha lässt sich bedienen.«

Paul öffnete die Augen. Sein Bein-Kissen lag neben dem Bett, er hatte es weggestrampelt.

Er hatte Durst, er war schon ganz ausgetrocknet.

Er griff nach der Flasche neben dem Bett und trank gierig.

Er spuckte die Pisse aus und warf die Flasche in den dunklen Raum hinein.

Er stürzte ins Bad und spülte mit Wasser, ewig, bis der Geschmack verschwunden war.

Er setzte sich aufs Klo. Er war ein Pascha. Er war wie Jabba der Hutte.

Als der Gedanke, der nun in Paul auftauchte, ihn aufstehen ließ, wäre in einem Film triumphale Musik ertönt, irgendwas wie »Rocky schafft die Treppen in Rekordzeit« oder »Indiana Jones entkommt den irren Indern«. Paul dachte: »Ich muss etwas tun.«

Dann legte er sich hin.

Am nächsten Morgen kostete es ihn übermenschliche Kraft, sich einen Kaffee zu machen, aber er brachte die Kraft auf. Er fing an, die Toilette zu reinigen, erst zaghaft, dann immer energischer, bis sie schließlich glänzte. Er sammelte die Pfandflaschen ein und brachte sie in den Laden, er sortierte die verschiedenen Müllsorten und warf sie geordnet weg, er sammelte seine Klamotten vom Boden und wusch sie im Waschsalon. Dann saugte er Staub, wischte, polierte, aß Spaghetti mit selbst gemachter und fürchterlich missratener Tomatensauce, und als er damit fertig war und auch den Abwasch noch erledigt hatte, fuhr er nach Friedrichshain, denn er musste etwas sehr Wichtiges kaufen.

Als Greta einen weiteren Morgen später die Tür öffnete und auf die Straße trat, stand dort ein riesiges Verpackungspapierungetüm, an dem ein Schild mit ihrem Namen hing. An dem Schild hing ein Brief. In dem Brief stand: »Greta, hier ist dein Rad. Ich weiß, dass du die stärkste Frau der Welt bist und wahrscheinlich überhaupt der stärkste Mensch, aber ich weiß auch, dass du mal ein kleines armes Mädchen warst mit unkämmbarem Haar und viel zu oft Hunger. Ein Mädchen, das viel zu kurze Zeit ein Rad hatte.

Dieses Rad ist ein Geschenk, das durch die Zeit reist, damit du nicht immer so stark sein musst. Du bist stark für zwei, aber ich glaube, ich auch. Ich bin jetzt Halbwaise und der zweitälteste Mann in der Familie. Ich hätte mich nicht zwischen dich und deine Familie stellen sollen, denn immerhin haben deine Eltern ja dich hervorgebracht. Du bist meine Familie, die auf mich aufpasst und auf die ich aufpasse. Also: auf die ich gern aufpassen würde. Das Schloss hatte bei Stiftung Warentest ein ›Sehr gut‹. Der Schlüssel ist bei mir. Du kannst ihn haben.«

Fünfzehn Minuten später öffnete Paul Klinghofer auf ein drängendes Klingeln hin die Tür, und dort stand Greta, die Arme hinter dem Rücken verschränkt.

# Angstrasen (Tag 25)

*»Die Energie, die man abgibt, ist ebenso wichtig wie jene,*
*die man zuführt; ein großer Teil unserer Leiden beruht auf Stauung;*
*endlich versumpft der Boden oder bricht das Wehr.«*
ERNST JÜNGER, »SIEBZIG VERWEHT«

Seitdem ihr Vater gestorben war, hatte Mia sich für eine Expertin gehalten, was das Sterben angeht. Und wie jeder, der auf einem äußerst gefährlichen Gebiet Experte ist, hatte sie alles getan, um nicht damit konfrontiert zu werden. Niemand achtet mehr auf Unterwassersicherheit als ein Haiexperte, kaum jemand überprüft den Käfig penibler als ein Löwenexperte. Kein Mensch machte einen weiteren Bogen um Beerdigungen als Mia.

Auf der Beerdigung ihres Vaters waren nur ihre Mutter und ihre Schwester gewesen, außerdem der Pfarrer und ein Mann vom Betriebsrat der Firma, in der ihr Vater Glühbirnen gewechselt und kleine Reparaturen gemacht hatte.

Von da an ging es nur noch geradeaus, es gab es kein Zurück mehr nach Rumänien, kein Zurück zu einer besseren Zeit. Ihre Mutter hatte nie wieder einen anderen Mann gehabt danach. Wenn man sich festlegt, so hatte Mia immer gedacht, dann tötet das einen, selbst wenn man aus Versehen noch weiterlebt. Aber gleichzeitig hatte Mia immer gewusst, dass sie es selbst nicht anders halten könnte als ihre Mutter, nicht so wie die Deutschen, immer mit einem Bein auch nicht in der Beziehung sein, immer nur halb lieben, damit man bloß abgesichert ist.

Seit sie Roman kannte, fühlte sie sich zur Liebe verurteilt.

Er liebte sie, bestimmt tat er das, aber er war so vernünftig, so ein Bausparer, er würde sich, wenn ihr etwas passieren würde, recht bald davon überzeugen, dass das Leben weitergehen müsse. Manchmal lag sie nachts wach und war eifersüchtig auf die Frau, die nach ihr kommen würde. Sie stellte sich vor, wie sie aussehen würde, blond, wie Greta, so ein Sauerkrautmädchen.

Dann hatte sie sich gesagt, dass sie nicht so verdammt wehleidig sein solle. Dass Frauen ja sowieso fast immer ihre Männer überleben. Überleben müssen.

Roman hatte direkt am Tag nach dem Anruf seiner Mutter alle nötigen Maßnahmen veranlasst. Sein Leben lief selbst dort auf Schienen, wo noch niemand hatte Schienen legen können, Roman war ein Zug mit angeschlossener Eisenbahnbaugesellschaft. Er konnte so ungeheuer männlich telefonieren, er hätte vermutlich ein ganzes Leben per Telefon regeln können, er hätte wahllos jemanden auf der Straße ansprechen können und die Nummern gekannt, die ihn weitergebracht hätten.

Mia merkte das Gewicht der Verpflichtung, glücklich zu sein. Sie war so aufgehoben, und doch fehlte etwas.

Sie war eine Expertin für das Sterben, und das Wichtigste in Verbindung mit dem Tod war, dass man davon ablenkte. Sie hatte stundenlang ihrem Vater von ihrer Puppe Sieglinde erzählt, sie hatte ihm gesagt, was sie sich zu Weihnachten wünschte, als längst schon klar war, dass es dieses Weihnachten nicht mehr geben würde für ihn, sie hatte das Krankenzimmer mit aller Kraft mit Leben gefüllt.

»Bei welcher Eigenschaft des Kindes wüsstest du, dass es die von mir hat und nicht von dir?«, fragte sie Roman. Roman fand es etwas unheimlich, wenn sie so redete, als gäbe es schon ein Kind, aber die Frage interessierte ihn.

»Wenn es seine Klamotten auf den Boden schmeißt«, sagte er nach kurzem Nachdenken. »Wenn es schreit. Wenn es im Eiscafé an seinen Haaren dreht und sich nicht zwischen Frucht- und Milcheis entscheiden kann und dann mindestens drei Sorten probiert und ihm egal ist, dass die Schlange murrt. Wenn es sich nicht beeilen kann. Und vor allem: Wenn es einen Berg von Kissen auftürmt, um es sich im Bett ganz, ganz besonders gemütlich zu machen.«

Mia lachte. »Sag mal, magst du mich eigentlich?«, fragte sie.

Roman rührte in seinem Kaffee. Er konnte das sehr gut: Dinge verrühren. Er rührte auch im Büro oft an Fragen einfach vorbei. Stand da, rührte, schaute in den kleinen Wirbel, den sein Löffel erzeugte. Nachhaken ist eine Sache, die die wenigsten beherrschen, weshalb Roman mit seiner Taktik meistens in Ruhe gelassen wurde. Ich habe nie herausgefunden, ob er das mit dem Wegrühren von Fragen bewusst macht, ich habe nie nachgehakt.

»Wir müssen«, sagte Roman mit einem kurzen Blick auf die Küchenuhr. Er hatte den Volvo schon bepackt, aufgetankt war er auch bereits.

Sie kamen gut durch, die meisten Autobahnabschnitte waren kaum befahren, Roman fuhr viel schneller als sonst.

Mia hatte ihr Haar streng nach hinten gekämmt, und Roman merkte, wie gern er sie immer noch ansah. Aus dem

Augenwinkel betrachtete er, wie sie die Sender wechselte. Er wusste, dass man jemanden nicht auf den ersten Blick lieben konnte, aber er hatte Mia schon vor dem ersten Blick geliebt. Er war durch sein Leben gegangen mit einem Bild von Mia auf seiner Netzhaut, und als er sie das erste Mal sah, war es ihm, als könne er zum ersten Mal die Augen schließen und beruhigt sein. Es war ihm gegangen wie seinem Vater mit seiner Mutter, aber er würde nicht denselben Fehler machen. Doch, natürlich würde er denselben Fehler machen. Wahrscheinlich hatte er ihn längst gemacht. Als er Mia das erste Mal sah, da hatte er sie für unverwundbar gehalten. Er hatte gedacht, dass man mit ihr vernünftig und in geordneten Bahnen durch das Leben gehen könnte. Sie war wild genug, dass man sich dabei nie langweilen würde, und klug genug, nicht aus Abenteuerlust alles wegzuwerfen.

Und dann weinte sie so oft, war so orientierungslos, kiffte mit Clowns, mit Clowns, Roman schüttelte selbst bei dem Gedanken noch den Kopf, nachts konnte sie nur schlafen, wenn das Licht im Flur an war, und bei den Nachrichten ging sie immer raus, weil die sie zu sehr belasteten. Sie erwies sich als die Verletzlichste von allen. Es war zu spät, er liebte sie schon, aber er wurde die Enttäuschung nie ganz los. Jeder würde ihr das geben können, was er ihr gab, dachte er, jeder könnte ihr Schutz geben. Da war er nichts Besonderes für sie. Hätte sie, wie er es für sich selbst vorgehabt hatte, nach langer Suche endlich einen Gleichstarken gefunden, dachte Roman, dann würde es keine Zweifel zwischen ihnen geben, aber so war er bloß eine starke Schulter mehr in ihrem Leben. Ein austauschbarer Sicherheitsdienst.

Erst bei Potsdam merkte er, dass Mia die ganze Zeit redete. Sie kommentierte alles, was sie im Radio hörte, alles, was sie in der vorüberschießenden Landschaft sah. Wie sein Großvater

Hermann, dachte Roman. Wie Defne. Er hatte ihr ein paar Mal geschrieben, belangloses Zeug, aber es hatte ihm ganz gutgetan, sie echt werden zu lassen. Er hatte sich ein, zwei Mal auf ihre Bikinifotos aus dem Album »Beach 2011« einen runtergeholt, aber es war nicht mehr so wie vor der Kontaktaufnahme. Sie war jetzt ein etwas älteres Bondgirl, das Schwierigkeiten hatte, zwei klare Gedanken hintereinander zu schreiben.

Eine Weile hörte er zu, was Mia da redete, Rihanna sollte ein Sextape haben, vielleicht sollten sie beide sich das mal anschauen, könnte ja sein, dass es da auch um eine Schokohöhle gehe, aber bestimmt sei es rassistisch, so was zu sagen, heute sage man ja auch People of Color, wobei man bis vor Kurzem auf gar keinen Fall Farbige sagen durfte, aber nun gehe nur noch Menschen von Farbe, das sei wirklich kompliziert, alles eben total kompliziert, sie habe den Wahl-o-maten für die Berlin-Wahl gemacht, und im Ernst: Zu manchen Themen habe sie nun einmal keine Meinung, aber selbst, wenn sie fast nur »Keine Meinung« ankreuzen würde, kämen immer die Grünen raus, wahrscheinlich seien diese Wahl-o-maten längst so eingestellt, dass sie einem das anzeigten, was man eh wählen wollte, das wussten die bestimmt von Google, die wissen ja alles.

Roman versuchte mitzumachen, gab vor, sich dafür zu interessieren, was mit der Berliner S-Bahn wurde und wie lange die Grundschulzeit in Berlin dauerte, aber dann wechselte unmittelbar vor ihm überraschend ein LKW auf seine Spur, und er konzentrierte sich wieder aufs Fahren.

Mia war eine Expertin für den Tod und wie man ihn mit dem Leben austrieb, aber etwa bei Hannover gab sie auf, diesen dahinrasenden Kasten mit Leben füllen zu wollen. Jede belanglose Kleinigkeit prallte an Romans Schulter ab. Die

Schulter hatte er die ganze Zeit unnatürlich hochgezogen, seine Anzugjacke, die sich an der Stelle, wo der Arm sich zum Lenkrad hinstreckte, wölbte, verstärkte den Effekt noch. Er war ein Monument des Fahrens, der Steuermann. Sie schwieg.

Etwa zwanzig Kilometer nach Hannover sagte sie, das Schlimmste, das sie je gehört habe, sei eine Geschichte gewesen, die ein Psychopath im Fernsehen erzählt habe. Es war eine Dokumentation über Menschen gewesen, die kein Mitleid empfinden konnten, einer hatte erzählt, dass er einen Mann getötet hatte, nur um zu sehen, wie das so war. Dann erzählte ein kahlköpfiger Mann mit müden Augen, vielleicht vierzig Jahre alt, wie er ein Kind ins Gebüsch gezerrt hatte.

Das Kind hatte ihm aus seiner Geldbörse zehn Pfennig angeboten, damit er es gehen lasse. Der Mann hatte sich auf keinen Handel eingelassen.

Roman schaute, ob Mia weinte, aber sie starrte bloß geradeaus. Sie fragte, was bei ihm das Schlimmste gewesen sei.

Er dachte an seine Kollegen, die aus afghanischen Dörfern berichtet hatten, in denen die Kinder an Tollwut starben, weil es keine Medikamente gab. Sie wurden von einem Hund gebissen und wussten über Tage hinweg, dass sie sterben würden, und niemand konnte helfen.

Er dachte an die Bürgerkriegsländer, in denen beinahe jede Frau und jedes Kind schon einmal vergewaltigt worden waren. Aber das waren nicht die schlimmsten Sachen, die er je gehört hatte.

»Meine Mutter und mein Vater, die hatten zwischendurch mal ziemliche Probleme. Also eigentlich bestimmt zwanzig Jahre lang. Mein Vater fuhr morgens zur Arbeit und kam abends wieder heim, sie haben sich nicht gestritten, aber die – kennst du das, wenn du die Anspannung greifen kannst?«

Er schaute Mia an. Mia nickte.

»Na ja, egal. Es ging die letzten Jahre besser. Es war wieder irgendetwas zwischen ihnen, ich weiß nicht, ob sie sich aus-gesprochen haben oder ob es ein stilles Einvernehmen war, aber sie haben wieder miteinander gelacht, es war nicht alles auf einmal total rosig, aber es sah so aus, als hätten sie noch mal einige schöne Jahre vor sich. Man kann doch heute so alt werden.«

Mia legte ihre Hand auf Romans harte Schulter und strei-chelte über sein Ohrläppchen.

»Du hast wirklich die weichsten Ohrläppchen auf der gan-zen Welt, mein lieber Mann«, sagte sie.

»Als meine Mutter anrief, da fragte sie erst, wie es mir gehen würde, und dann sagte sie: ›Roman, Papa und ich woll-ten eigentlich am Wochenende an die Mosel fahren.‹ Dieses ›eigentlich‹ ist das Schlimmste, was ich je gehört habe. Glaube ich.«

»Roman, ich pass auf dich auf«, sagte Mia. »Wir sind doch eine eingeschweißte Gemeinschaft.«

Roman nickte.

»Fährst du etwas langsamer, ja?«, fragte sie, und er lockerte vorsichtig seinen Fuß auf dem Gaspedal und ließ dann lang-sam nach.

# Fluss hinauf (Tag 27)

*»Ich werde nie vergessen wovon du nachts träumst*
*das Leben ist hart aber das nehme ich in Kauf.*
*Zum Laichen und Sterben ziehen die Lachse den Fluss hinauf«*
THEES UHLMANN, »ZUM LAICHEN UND STERBEN
ZIEHEN DIE LACHSE DEN FLUSS HINAUF«

Endlich saß sie wieder in Pauls kleinem schmutzigem Auto. Dieses kleine Gefährt, dessen Gesamtgewicht zu wenigstens 30 Prozent aus Leergut bestand, was, wenn man es sich mal versucht vorzustellen, reichlich unplausibel klingt, wäre der letzte Ort gewesen, von dem Greta einmal geglaubt hätte, dass sie ihn vermissen würde. Tatsächlich hatte sie in dem Monat seit der Trennung nicht ein einziges Mal an das kleine Auto gedacht, erst jetzt, als sie wie immer etwas zu lange brauchte, um sich anzuschnallen, weil der Gurt so schwergängig war wie der ganze kleine Wagen, merkte sie, wie ihr das regennasse Müffeln, das Klappern und das Dröhnen gefehlt hatten.

In diesem Auto, dachte sie, war sie mal jung gewesen. Mit Paul neben sich, der immer so traurig aussah und dabei so fröhlich war. Sechs Stunden würden sie fahren, und es erschien ihr auf einmal viel zu kurz.

Sie waren in Weißt-du-noch-Stimmung, und sie führten Weißt-du-noch-Gespräche.

»Ich dachte immer, dass es praktisch wäre, Angst vor Gespenstern zu haben, weil es die ja nicht wirklich gibt. Bis du dann einmal nachts so furchtbar geschrien hast«, sagte Paul

»Klar dachtest du das, du bist ja auch so wahnsinnig vernünftig.«

»Das ist allerdings eine Zuschreibung, die ich nicht so oft höre. Aber apropos Vernunft: Mir ist kürzlich ein Grund eingefallen, warum man aus evolutionären Gründen mit einem Mann wie mir zusammen sein sollte: Wenn wir von Löwen angegriffen werden, dann gehen die immer zuerst auf mich los. Immer auf die in der Hängematte, ist eine alte Löwenweisheit.«

»Du bist wirklich ein sehr weiser Mann«, sagte Greta.

Paul erzählte, dass Roman mal gesagt hatte, er sei ein Kriegsgewinnler des Geschlechterkriegs. »Männer wie du haben sich als Erste an die veränderten Rollenmodelle angepasst. Dir macht es nichts aus, dass Greta mehr verdient als du, du hörst immer zu, wenn sie vom Streit mit einer Freundin erzählt, du redest mit ihr über Diäten und gehst mit ihr wahrscheinlich sogar Klamotten einkaufen. Und dafür darfst du Fußball gucken, besoffen nach Hause kommen, und – ich will da nichts präjudizieren – wahrscheinlich lässt sie sich auch noch an jedem denkbaren Ort von dir vögeln.«

»Hat er wirklich präjudizieren gesagt?«, fragte Greta.

»Na, du kennst doch Roman. Aber dass er dachte, ich würde mit dir Klamotten kaufen gehen, das fand ich schon hart.«

»Du gehst doch noch nicht einmal für dich selber Klamotten kaufen.«

»Schon manchmal«, sagte Paul. »Vor unserem ersten Treffen zum Beispiel. Also unser erstes Date. Es war klar, dass du so eine Style-Ikone warst, und du kanntest mich ja nur in den Promotionklamotten. Na, ich sah immer aus, als würde ich die Klamotten meines älteren Bruders auftragen. Also nicht Romans Klamotten, die Klamotten eines imaginären großen Bruders, der viel größer ist als ich. Ich habe mich damals zum ersten Mal so vor dem Spiegel gedreht, wie Frauen das immer machen, also mit Blick auf den Hintern. Das war so demütigend. Als wir dann miteinander geschlafen haben, hätte ich am liebsten das Licht ausgemacht. Aber dann hätte ich dich ja nicht gesehen. Und du nackt, das war das Schönste, was ich je gesehen hatte.«

Er sagte das ganz beiläufig, aber Gretas Augen begannen augenblicklich zu tränen. Paul musste drei der acht Sachen, mit denen er Greta immer zum Lachen bringen konnte, anwenden, ehe sie aufhörte zu weinen.

Sie hatte mit einer Dose *Lipton Sparkling Ice Tea* vor seiner Tür gestanden. Sie waren in die Küche seiner neuen Wohnung gegangen, er hatte ihr einen Kaffee gemacht, und dann hatte er ihr eine Rede gehalten, die er sorgfältig vorbereitet hatte und deren Text er nach acht Worten vergaß.

»Sechs Jahre, Greta, das ist eine lange Zeit«, hatte Paul gesagt. »Das ist länger als ein Studium. Ein kleines Kind, das nicht schreiben, lesen oder rechnen kann, kann nach sechs Jahren binomische Formeln und Englisch, vielleicht sogar ein bisschen Latein. Als wir zusammengekommen sind, war Gerhard Schröder Bundeskanzler und ich unglücklich. Du bist meine Familie gewesen. Wenn ich auf meinem Handy »zuletzt angerufen« gewählt habe, ist fast immer dein Name erschienen. Ich möchte mich gern an diese sechs Jahre erinnern können, aber dafür müssen wir sie erst abschließen. Das Ende gehört genauso zu einer Beziehung wie der Anfang. Ich bin von einem Moment auf den anderen für dich gestorben.

Als du mich besucht hast … Ich weiß nicht, mir ist es vorgekommen, als wäre nicht bloß mein Vater gestorben. Ich wäre gerne wieder jemand, dessen Anrufe du nicht wegdrückst. Ich will nicht nur mit dir sprechen können, ohne dass du genervt bist, wenn gerade jemand bei mir gestorben ist. Ich möchte nicht mehr dein Freund sein, du hast ja vermutlich recht, dass das nicht mehr funktioniert. Ich möchte bloß die sechs Jahre zurück. Rede ich wirr?«

»Ja, das tust du«, sagte Greta. »Aber ich war sechs Jahre mit dir zusammen. Ich verstehe dich.«

Dann waren sie eine Weile nett zueinander gewesen, und dann stritten sie eine Weile darüber, wer wen schlechter behandelt hatte, und dann sagte Paul »Na gut: Einigen wir uns auf Unentschieden.«

Sie beschlossen, dass Greta mitkommen sollte auf die Beerdigung. Sie beschlossen nicht, jetzt Freunde zu sein, Kumpel oder etwas in der Art. Sie beschlossen, den anderen zu sehen als das, was er war. Als der Mensch, der ihnen sechs Jahre der wichtigste gewesen war. Es gab keinen diplomatischen Status, der widerspiegelte, was das zu bedeuten hatte. Es bedeutete ihnen genau das, was es eben Paul und Greta bedeutete.

Spät am Abend machte Greta den Rechner an, Paul stand hinter ihr, während sie Facebook aufrief. Sie ging auf ihr Profil. Während sie den Beziehungsstatus von »In a relationship with Paul Klinghofer« zu »Single« änderte, rieb er ihren Arm, als sei er sie und sie er.

# Nur mit dem Hirn sieht man gut

*»There is no dividing line between ›emotion‹ and ›cognition‹
that would make it sensible to contrast emotion with reason.«*
MARTIE G. HASELTON, TIMOTHY KETELAAR,
»IRRATIONAL EMOTIONS OR EMOTIONAL WISDOM?
THE EVOLUTIONARY PSYCHOLOGY OF EMOTIONS AND BEHAVIOR«

Was hat Greta noch mal gesagt, als sie und Paul das erste Mal
miteinander geschlafen hatten? Dass sie immer schon einen
Mann wie ihn wollte.

So etwas einfach mal glauben, das ist wichtig. Vertrauen ist
gut, noch mehr Vertrauen ist besser.

Und Worte sind wichtig. Man glaubt gar nicht, wie oft die
Partner, die nach einer Trennung nicht mehr ansprechbar
sind, vorher längst gesagt haben, worum es ihnen geht.

Greta zum Beispiel hat ausdrücklich gesagt, dass sie
manchmal nicht mehr an die Beziehung glaubt. Sie hat gesagt:
Du kannst mich gar nicht lieben.

Nicht: Ich liebe dich nicht mehr. Oder: Du bist mir nicht
gut genug.

Er hätte die Sache retten können. Aber meistens ist es eben
so: Es geht einem darum, eine Auseinandersetzung zu gewinnen, statt den Punkt, den der Partner macht, ernst zu nehmen.

Das heißt nicht, dass man einen ständigen Gesprächskreis
einrichten sollte. Aber hinzuhören, wenn der Partner etwas
sagt, das kann nicht schaden.

Paul hat vorgezogen zu glauben, dass die Beziehung sowieso nicht halten könne, und stur sein Paul-Ding durchge-
zogen. Greta hat genau die »Kommunikationsangebote« gemacht, die das österreichische Familienministerium erwähnt.

Sie hat ihm, als die beiden von ihren Eltern nach Hause gefahren sind, gesagt, dass sie Angst habe, er könne sich nicht ändern, und dass sie sich ungeliebt fühle, sie hat sich dazu durchgerungen – wahrscheinlich gegen ihre eigene Idee von Romantik –, Paul zu bitten, sie zu heiraten. Aber Paul blieb Paul. Er hat Greta an einen Punkt gebracht, an dem sie nicht mehr erkennen konnte, wie eine gemeinsame Zukunft möglich wäre.

So war es dann für sie auch kein Trost, dass er es beruflich geschafft hatte, sie hat ihn eben nicht verlassen, weil sie ihn für einen Versager hielt, sie hat ihn verlassen, weil sie sich nicht geliebt fühlte. Greta hat sich als jemanden gesehen, der Paul anschubsen muss. Nachdem das Anschubsen erfolgreich gewesen war, konnte sie sehen, dass das, was sie eigentlich wollte, von ihm nicht zu bekommen war: ein deutliches Bekenntnis zu einer gemeinsamen Zukunft, eine Idee davon, dass man das Leben selbst prägen kann, gemeinsam.

So wie das Verlieben ein Prozess des Sich-gegenseitig-in-die-Liebe-Hoch-und-Hineinschaukelns ist, ist es vielleicht auch das Entlieben. Der Beleuchtungswechsel, der plötzlich so dramatisch erscheint, ist vielleicht nicht plötzlicher als der Wechsel der Jahreszeiten. Und doch ist jetzt Schnee, wo gerade noch Strand war.

Bei beiden Paaren hatte es einen Rollentausch gegeben: Der Partner, der etwas zurückgehalten hatte, war nun der, der forderte, sodass der andere nun zurückhalten konnte.

Greta, die immer so schwer zu kriegen gewesen war und das in Pauls Vorstellung auch immer blieb, wollte heiraten. Paul hielt sie hin. Mia, die nie die Initiative ergriffen hatte, wollte nun unbedingt Sex. Das hat bei beiden Paaren zu dramatischen Änderungen geführt. Roman kann vielleicht noch etwas retten, bei Paul ist alle Hoffnung verloren.

Die Entscheidung »du bist es« wiegt, man denke nur an die Zwillinge, die den Partnern ihrer Zwillingsgeschwister nicht attraktiv erscheinen, alles andere auf. Objektivität spielt in der Liebe eine untergeordnete Rolle. In dem Moment, in dem man dieses »du bist es« zurücknimmt, kann der andere noch so sehr an die vermeintlichen Objektivitäten erinnern – es ist zu spät.

Ähnlich wie Kinder beschließen, Freunde zu werden, gibt es auch bei Erwachsenen einen Beschluss für oder gegen die Liebe. Das steht nur scheinbar im Widerspruch zu dem, was wir oben gesagt haben über die romantische Liebe, zu der wir uns nicht entscheiden und deren Ende wir also auch nicht festlegen können. Wasser gefriert, und es schmilzt wieder, es dampft und es kocht. Aber es bleibt immer Wasser. Ebenso gibt es die Liebe als Gefühl und als Konstrukt, es gibt sie vernünftig und kopflos, wärmend und brennend.

Aber Brennen ist in der Regel ein kurzes Vergnügen.

Gerade da, wo die Liebe am stärksten ist, ist es eben nie die reine Leidenschaft, sondern immer auch Wärme, Nähe, Butterbrot und Obstteller am Morgen danach. Nie Fieber ohne auch gleich Wadenwickel dazu.

Wir können alles Mögliche Liebe nennen, und deswegen sind wir auch so oft überfordert, wenn wir uns fragen, ob wir jemanden schon oder noch lieben. Viel leichter kann man beantworten, ob man jemandem vertraut, ob man einem anderen zutraut, ein Problem, das man hat, zu lösen, und ob man umgekehrt auch daran glaubt, dass er sich an uns wenden würde, wenn er selbst ein Problem hätte. Begehrt man den anderen und bekennt man sich zu ihm und freut man sich, ihn abends wiederzusehen, vermisst man ihn, selbst wenn es irgendwo gerade schön ist, freut man sich, wenn dem Partner etwas gelingt, zu dem man selbst gar nichts beigetragen hat? Wird die Liebe also von den vier Pfeilern gestützt?

Wir brauchen die Liebe, um mit ihr leben zu können, wir brauchen die Liebe in einem bestimmten Zustand, so wie wir in kochendem Wasser nicht baden und auf zugefrorenen Seen nicht Boot fahren können. Damit die Liebe Basis einer Bindung sein kann, braucht es Herz *und* Verstand. Wir können nicht mit dem Kopf entscheiden, wenn das Gefühl sich wehrt, wir können aber auch den Kopf nicht ausblenden, wenigstens nicht auf Dauer. Lieben kann man nur als Einheit. Die reine Beschlussfreundschaft der Kinder ist natürlich nicht besonders tief, die reine Herzensentscheidung fühlt sich vielleicht tief an, ist aber schwerlich dauerhaft durchzuhalten – Herzen ermüden so schnell.

Der Soziologe Gunter Runkel schreibt in »Funktionssystem Intimbeziehungen«, die Liebe müsse »diejenigen Bedingungen, die (…) ihre Fortsetzung ermöglichen, selbst produzieren«.

Es ist derselbe Irrsinn, den wir oben schon hatten, als wir festgestellt haben, dass die Liebe der Liebe vorausgeht. Man liebt nicht nur, weil man von einem magischen Funken entzündet wird, dieser Funke ist gleichzeitig auch noch Samenkorn und Bauplan der entstehenden Beziehung. Und doch ist bei aller Magie auch der Verstand betroffen: Wenn die Liebe die Bedingung ihrer Fortsetzung produziert, dann heißt das eben auch, dass die Liebe uns für den anderen so aufmerksam macht, dass wir die Beziehung fortbestehen lassen können. Neben die Magie treten Verstand und Wille. Zusammen halten sie die Liebe davon ab zu ermüden.

Eine Bekannte hat mir einmal die Mails ihres Exfreundes gezeigt, der darin nach der Trennung immer und immer wieder von dem guten Sex sprach, den die beiden gehabt hatten. Wenigstens den könne man doch weiter haben. Er konnte nicht glauben, dass die Qualität des Geschlechtsverkehrs eben damit verbunden war, dass meine Bekannte sich zuvor eine gemeinsame Zukunft vorstellen konnte und nun nicht mehr.

Sex wird nicht durch Technik gut oder durch exakt zueinander passende Geschlechtsorgane. Sex wird gut, weil man ihn will.

Eine Boeing besteht aus weit über einer Million Einzelteilen. Jedes dieser Teile hat eine gewisse Verschleißwahrscheinlichkeit. Addiert man diese Wahrscheinlichkeiten, kommt man zu dem Ergebnis, dass ein Flugzeug eigentlich nie ankommen dürfte.

Also gibt man sich viel Mühe mit den Wartungsarbeiten. Und so sehr ich den Begriff Beziehungsarbeit hasse, so sehr mag ich das Wort Wartungsarbeit, weil darin zufällig »Warten« drinsteckt, im Sinne von »auf den Zug warten«. Ein sehr gemütliches Wort. Das ist deshalb so hübsch, weil eine Beziehung mit sich bringt, dass man auf den anderen wartet. Man muss sich immer wieder auf das gleiche Tempo einzuppeln, man marschiert eben nicht vom ersten Tag an ununterbrochen im Gleichschritt.

»Wirklich Lieben«, schreibt Robert Pfaller, »heißt, den Anderen nicht einfach rücksichtslos mit Liebe zu überschütten, sondern vorsichtig das Ausmaß der eigenen Liebe darauf abzustimmen, was der Andere zu erwidern imstande ist.«

Das eigentliche »Warten« im Zusammenhang mit den Wartungsarbeiten bedeutet natürlich: Instandhaltung. Kann man unromantischer über die Liebe reden? Ich darf daran erinnern, wir sind in der Notaufnahme.

Bei der Instandhaltung bessert man ständig kleine Stellen nach, dreht Schrauben, schmiert Gelenke, lackiert, ölt. Zum

Absturz kommt es bei Flugzeugen meist nicht, weil irgendetwas Irres passiert ist, sondern weil viele kleine Fehler ineinandergreifen. Die Liebe ermüdet, weil man nicht wachsam ist, weil man sie nicht wach hält.

# Vater unser (Tag 28)

*»Regret not the past, fear not the future.«*
PERCY B. SHELLEY

Auf Beerdigungen wird in der Regel deutlich weniger fotografiert als auf Hochzeiten. Niemandem würde es einfallen zu posieren, aber Schnappschüsse macht auch keiner. Manchmal rafft sich einer auf, meistens der, der für die Angelegenheit bezahlt hat, und fotografiert den Sarg.

Und doch geschah gerade auf dieser Beerdigung mehr als auf den meisten Hochzeiten.

Zunächst ging es zu wie auf allen Beerdigungen. Der Pfarrer hatte Christoph nie in seinem Leben gesehen und redete in der Kapelle irgendein zusammenhangloses Zeug daher, in dem es um Rückkehr ging. Roman hatte ihm natürlich alle notwendigen Informationen gegeben, er hatte ihm tiefe, aber nicht zu intime Einblicke in Christophs Persönlichkeit gegeben, aber der Pfarrer hatte wohl schon vor langer Zeit beschlossen, die Leute alle mit der gleichen Standardrede unter die Erde zu bringen. Die Trauernden waren keine Trauernden, sondern Abgesandte der Firma, ehemalige Nachbarn, Freunde von ganz früher.

Die wenigen, die wirklich trauerten, waren wie in Watte gehüllt, es gab kein Wetter und keine Farben, nicht einmal schwarz und weiß, nur dunkel und hell.

Ein paar alte Freunde der Brüder waren da. Sascha Serteling, der Frauenexperte, stellte uns seinen Mann vor, und wir versuchten, uns nichts anmerken zu lassen.

Während der Pfarrer sprach, sah Roman seine Mutter an. Rita schluckte und riss ihre Augen weit auf.

Roman hatte nicht geweint, als Manuela überall rumerzählte, dass er nicht küssen konnte, er hatte nicht geweint, als er gemerkt hatte, dass es ihm nicht möglich war, beim Bondgirl zu bleiben. Er hatte nicht geweint, wenn seine Mutter sich stundenlang im Schlafzimmer einsperrte, er hatte nicht geweint, wenn sie sich betrank und er den halben Tag verhindern musste, dass sein Vater oder die Kleinen etwas merkten. Jetzt, als er sah, dass seine Mutter versuchte, nicht zu weinen, begann sein Kinn zu wackeln. Er dachte daran, wie sein Vater liebevoll und tapsig sein Kinn berührt hatte, wenn Roman als kleines Kind zu weinen anfing, und jedes Mal gesagt hatte: »Och, mein kleines Wackelkinn.« Und dann liefen ihm die Tränen herunter.

Ben stieß Paul an, und Paul starrte für einige Momente Roman an, weil er das noch nie gesehen hatte: einen weinenden Roman. Mia umarmte Roman, und er weinte an ihrer Schulter weiter.

Weinen wird seit langer Zeit gepriesen als Mittel, alles rauszulassen, als echte Wohltat für das Gemüt. Roman fühlte nichts davon. Ihm ging es scheußlich. Er hätte sich am liebsten in Mia verkrochen. Er wollte gar nicht mehr hochschauen, die ganze Zeremonie hindurch liefen die verdammten Tränen, und als die Leute ihm später kondolierten, fühlte er sich wie ein Sechsjähriger, dem ein Neunjähriger den Arm verdreht hatte.

Ben wirkte wie das fünfte Rad am Wagen, oder wie Mia es sagte: »Das dritte Rad am Fahrrad.« Julia und Theresa folgten einander wie diese seltsamen Elementarteilchen, die immer verbunden bleiben, egal, wie weit sie voneinander entfernt sind, und Ben stolperte immer etwas zu spät hinterher.

Jimo war es gelungen, nicht zu spät zu kommen und trotzdem einen großen Auftritt zu haben. Er war mit Lala da, und Lala war unübersehbar schwanger.

Jimo hatte es nicht über sich gebracht, Paul von ihr zu erzählen, als Paul ihm am Telefon gesagt hatte, dass Christoph gestorben war, und so sah Paul ausgerechnet jetzt zum ersten Mal, dass sein bester Freund, der sagenhafte Jimo, Vater werden würde.

Jimo zog Paul an sich, drückte ihn, zeigte auf den Bauch und sagte: »Paul, darf ich vorstellen: der kleine Paul«, und da schluckte auch Paul sehr bedenklich.

Als er es endlich mal geschafft hatte, kurz mit ihr allein zu sein, fragte Ben Theresa, ob die Beerdigung sie an den Tod ihrer Mutter erinnere, und sie schaute erst durch ihn hindurch und fragte dann, was sein Bruder für ein Auto fahre.

Bevor sie sich auf den Weg zum Grab machten, sagte Rita zu ihren beiden ältesten Söhnen: »Jeden Morgen stehe ich auf und gehe an die Kaffeemaschine, um ihm einen Kaffee zu machen, und dann fällt es mir wieder ein. Und immer, wenn dieser Trainer im Fernsehen ist, dieser Klopp, der ist da ja jetzt dauernd, will ich ›Christoph!‹ rufen, weil er den ja so gern gesehen hat, er konnte sich ja richtig beömmeln über den. Es ist immer ein Moment, da denke ich, er wäre noch da.«

Paul nahm seine Mutter in den Arm, und Roman überprüfte sehr genau die Knöpfe seines Jacketts.

Der Sarg wurde hinabgelassen, und wir beteten nun alle, obwohl wir sonst nie beteten, unsere Gesichter waren bleich und der Wind nun doch sehr kalt, und mit dem Pfarrer sprachen wir das Vaterunser.

Paul betete mit geschlossenen Augen, und Greta betete mit Blick auf Paul, und Ben und Julia und Theresa beteten sehr vorsichtig, und Roman betete jedes dritte Wort, und Mia betete sehr laut: »… und auch wir vergeben uns, Entschuldigung.«

Wissenschaftler versuchen seit jeher, Glück chemisch nachzubilden. Paul hatte, obwohl er kein Drogentyp war, die meisten Ergebnisse dieser Bemühungen ein oder auch mehrere Male ausprobiert. Manchmal war er glücklich gewesen, aber etwas hatte ihm immer gefehlt. Nun war er traurig wie lange nicht mehr, vielleicht wie noch nie. An seiner Seite stand Greta und an der anderen sein bester Freund Jimo und an dessen Seite die zukünftige Mutter von Jimos Sohn, der nach ihm benannt werden würde, und neben der Traurigkeit machte sich etwas breit, an dessen chemischer Nachbildung Wissenschaftler seit jeher gescheitert sind: Zuversicht.

Paul versprach seiner Mutter, sich um den Verkauf des Hauses zu kümmern, er werde in den kommenden Tagen zurückkommen und bei ihr bleiben, bis alles geregelt sei. Wozu habe er schließlich Jura studiert. Und dann müsse sie nach Berlin ziehen, er werde das alles regeln.

Ich stelle mir das mit Paul vor wie in einem Comicfilm, wo eine Schädelverletzung durch eine Schädelverletzung geheilt wird: Weil etwas wirklich Schlimmes geschah, war sein Leben auf einmal nicht mehr so düster. Aber wahrscheinlich ist das Unsinn.

Beim Leichenschmaus wartete Theresa einen Moment ab, in dem Roman allein am Buffet stand. Dann ging sie zu ihm, berührte seine Schulter und sagte: »Wahrscheinlich erinnerst du dich nicht. Du dachtest mal, ich hätte Masern.«

Es war kein Ort, um zu flirten, und vor allem war es nicht der richtige Zeitpunkt, aber damit hatte Theresa ja Erfahrung.

Roman musste zu seinem Bedauern einräumen, sich wirklich nicht zu erinnern, und Theresa wusste nun auch nicht mehr, ob er der Mann war, an den sie vor Jahren gern ihre Jungfräulichkeit verloren hätte. Es war ja sowieso zu spät, noch dazu gab es jetzt Julia, wer konnte schon sagen, was daraus werden würde? Sie stand noch eine Weile vor Roman und versuchte lockendrehend ein Gespräch in Gang zu bringen, aber er rührte immer nur in seiner Tasse und antwortete sehr einsilbig, was sie einerseits sehr sexy fand, was aber andererseits zu nichts führte. »Wohin soll es auch führen?«, sagte sie sich und sprach Roman noch einmal ihr Beileid aus, bevor sie zurück zu Julia ging.

Das Interesse, das eine junge Frau an ihm gezeigt hatte, eine junge Frau mit einer so hochintelligenten Nase und einer schwer bestimmbaren Verruchtheit in Gang und Stimme, deutete Roman später als Anlass für den Wendepunkt. Er glaubte, die direkte sichtbare Konkurrenz habe etwas in Mia ausgelöst. Aber es war natürlich anders. Während Paul und Greta und Ben und Julia und Theresa und Jimo und Lala im Hotel schliefen, Paul und Greta erst in ganz weit auseinandergezogenen Betten und schließlich ganz eng und »völlig unsexuell«, wie er später versicherte, aneinandergekuschelt, und Ben und Julia und Theresa abwechselnd im zugestellten Kinderbett, bevor dann alle drei im Doppelbett unterkamen, aber zu müde waren für irgendetwas, und Jimo und Lala erst mit viel sexuellem Elan ins Bad gingen und Jimo dann eine unendlich kitschige Circle-of-Life-Rede hielt und beide zu gerührt waren für Sex, während also die anderen im Hotel waren, blieben Roman und Mia im Haus der Klinghofers.

Sie hatten mit Rita noch einen Aquavit getrunken, sie hatten sich Kinderbilder der drei Brüder angeschaut, Mia hatte Ritas Bett neu bezogen und Roman darauf geachtet, dass Rita sich die Zähne putzte, worauf sie mit ihm schimpfte, er solle nicht immer päpstlicher sein als der Papst, und nun standen Mia und Roman im Türrahmen von Romans altem Kinderzimmer unterm Dach.

»Weißt du, wie oft ich mir hier den Kopf gestoßen habe?«, sagte Roman. »Manchmal habe ich das hier ganz schön gehasst.«

»Die Dachschräge?«, fragte Mia.

»Nein, nicht so sehr die Dachschräge.«

Roman nahm Mia in den Arm und sagte: »Vielleicht geht es ja darum: jemanden finden, den man mehr liebt, als man alles andere hasst. Und ich hasse eine Menge.«

»Wenn ich das bemerken darf, magst du im Moment wohl irgendwas sehr gerne«, sagte Mia und drückte sich an ihn. Roman hatte nie verstanden, wie Frauen es schafften, dass ihre Stimmen auf einmal so anders klangen. Aber er hatte immer verstanden, was dann zu tun war.

Wenn ein Paar nach beinahe hundert Tagen zum ersten Mal wieder miteinander schläft, dann ist das nicht wie Radfahren. Es ist eine Kajaktour, zunächst wird umsichtig gepaddelt, es könnten Hindernisse vor einem liegen, ein Genuss wohl eher nicht, aber irgendetwas lockt dann doch, und man hat Angst und weiß nicht, ob das Adrenalin einen nach vorn peitscht oder zur Flucht treibt. Um es kurz zu machen: Roman weinte beinahe, kam zu früh, blieb in Mia, machte dann weiter, sie waren voneinander überwältigt und kannten sich so gut.

Mia legte die Hand auf ihren Unterleib. »Stell dir vor, ich wäre jetzt schwanger geworden. An so einem Tag. Wäre das nicht falsch?«

»Völlig falsch«, sagte Roman.

Und Mia lächelte.

## Postparadiesisch

*»Du schreibst das Leben, aber wenn Du lebst, verschreibst Du Dich.«*
VEZA CANETTI, »BRIEFE AN GEORGES«

Ob ich eigentlich zufrieden damit sei, wie es nun ausgegangen ist, fragte mich meine Freundin.

Sie kennt schließlich meine Schwäche für Romantic Comedies, und so richtig hat das ja nicht hingehauen mit dem ganz großen Happy End.

Da erzähle ich ein paar hundert Seiten lang, wie wichtig Sympathie ist, und Jimo kommt wieder mit Lala zusammen. Ben verliert vielleicht seine Freundin an die Frau, in die er verliebt ist, und das Traumpaar Paul und Greta geht nun endgültig getrennte Wege.

Roman platziert sein Samenpaket zum – so viel sei verraten – genau richtigen Zeitpunkt neben dem Ei von Mia, obwohl die beiden Gottweißnoch genug Probleme zu klären haben.

Ich erzählte meiner Freundin von einem Cartoon von Alex Culang. Dort fragt sich ein kleiner Junge, warum wohl Motten in das Licht fliegen, das sie verbrennt. Ob die Motten nicht wüssten, dass das, was sie da anzieht, tödlich ist, oder ob die Motten am Ende die einzigen Kreaturen wären, die wüssten: Das allein erstrebenswerte Ziel im Leben ist der Tod. Im letzten Bild ist zu sehen, dass die Motten winzige Stücke Marshmallow am Feuer rösten.

»Meine Mutter hätte gesagt: »Da steckste nicht drin.« Vielleicht hätte sie auch gesagt: »Du musst die Leute verschleißen, wie sie sind.«

»Ich bin absolut zufrieden«, sagte ich.

»Ich habe das mit dem Verschleißen nie verstanden«, sagte meine Freundin.

»Du bist ja auch in Italien aufgewachsen und keine deutsche Muttersprachlerin «, sagte ich.

Ich hatte mich während der Arbeit an meinem ersten Buch oft gefragt, ob meine Freundin und ich einfach blind für unsere Probleme seien. Wenn man Beziehungsratgeber und psychologische Fachliteratur liest, dann kommt man ja unweigerlich auf den Gedanken, man bilde sich seine Zufriedenheit bloß ein.

Ist die Beziehung harmonisch, ist sie wahrscheinlich von wechselseitiger Gefallsucht geprägt, die Partner trauen sich bloß nicht, Stellung zu beziehen. Verbringt man viel Zeit miteinander, ist man ängstlich und gluckenhaft, haben beide große Freiräume, ist man eigentlich gar nicht richtig zusammen. Streitet man viel: unbewältigte Konflikte im Innern, streitet man wenig: siehe »die Beziehung ist harmonisch«. Schläft man gern miteinander, hat man sich nichts zu sagen, hat man wenig Sex, ist die Beziehung kalt und lieblos.

Es ist, als würde man als Mutter ein psychoanalytisches Werk lesen, man macht mit seinen Kindern alles falsch, egal wie. Schließlich hatte ich eingesehen, dass die Liebe einfach nicht von außen beurteilt werden kann.

»Liebe ist das, was gelingt«, sagte ich. »Leute denken immer, du und ich, wir müssten vorbildlich sein. Ich glaube nicht, dass wir das sind. Wir sehen uns nicht halb so oft, wie andere glauben, wir streiten uns gar nicht so selten, und wenn wir uns streiten, dann nicht gerade besonders vorbildlich. Das Positivste, was ich über dich sagen könnte, ist eigentlich, dass du lächelst, wenn du schläfst. Solange ich morgens aufwache und dieses Lächeln sehe, ist mir alles ganz recht.«

»Du hast da was zwischen den Zähnen«, sagte meine Freundin.

## Malte Welding

### Frauen und Männer passen nicht zusammen – auch nicht in der Mitte

*Warum die Liebe trotzdem glücklich macht. 368 Seiten. Piper Taschenbuch*

Malte Welding schaut den Liebeskranken in die Betten, die Köpfe und die Herzen und stellt die Frage: Ist die Liebe noch zu retten – sind wir noch zu retten? Thomas ist ein notorischer Aufreißer, der sich heimlich nach der großen Liebe sehnt, Katharina kauft öfter Schuhe als sie mit ihrem Freund schläft und Kurt trennt sich von Johanna, weil sie mehr verdient als er. Scharfzüngig und mit viel Gespür fürs Allzumenschliche ergründet er die Liebesfallen der Nullerjahre. Lustfördernde Heilmittel für alle Formen der Bindungsangst garantiert.

Denn irgendwie passen sie doch zusammen – vor allem in der Mitte.

»Wahr und witzig!«
Jolie

## Andreas Lehmann

### Heiraten ist gut gegen Depressionen

*… und was amerikanische Wissenschaftler sonst noch herausgefunden haben. 176 Seiten. Piper Taschenbuch*

Endlich, die gesammelten Erkenntnisse der so oft zitierten »Amerikanischen Wissenschaftler«. Absolut wahr und höchst amüsant erklärt dieses Buch, warum schöne Menschen öfter Mädchen bekommen, Schokolade gegen Schmerzen hilft oder Ehen an nicht ausgewechselten Klopapierrollen scheitern können.

Außerdem haben amerikanische Wissenschaftler über amerikanische Wissenschaftler herausgefunden, dass sie für alles eine Erklärung haben. Wirklich, für gar alles.

05/2657/01/L          05/2687/01/R

## Rebecca Niazi-Shahabi
### Nett ist die kleine Schwester von Scheiße

*Danebenbenehmen und trotzdem gut ankommen. 288 Seiten. Piper Taschenbuch*

»Weniger ist mehr« gilt vielleicht für die Farbwahl der Abendgarderobe – nicht aber für das anschließende Geschäftsessen. Wer sich immer brav im Hintergrund hält und verbindlich lächelt, hinterlässt außer einem lauwarmen Händedruck bestimmt keine weiteren Spuren. »Nett ist die kleine Schwester von Scheiße« zeigt, dass Charisma erlernbar ist, wie Charme perfekte Manieren ersetzt, und verrät die Geheimnisse prominenter Provokateure. Eine Kulturgeschichte des schlechten Benehmens, die Eindruck macht!

## Stephen Clarke
### Liberté, Egalité, Fritten zum Tee

*Warum die Engländer Frankreich erfunden haben. Aus dem Englischen von Johannes Sabinski. 512 Seiten. Piper Taschenbuch*

War die Guillotine eine französische Idee? Haben die Franzosen in Wirklichkeit selbst Schuld am Tode Jeanne d'Arcs? Und das Wichtigste: Wer hat denn nun wirklich die Fritten erfunden?
Wenn der überzeugte Engländer und Wahlfranzose Stephen Clarke sich die Errungenschaften und Heldenmythen der französischen Geschichte vorknöpft, bleibt von der Grande Nation nicht mehr viel übrig – außer einer ganzen Menge liebevoller Gemeinheiten. Ein geniales Buch, das Völkerverständigung klein und Spaß an historischen Sticheleien groß schreibt!

05/2663/01/L          05/2670/02/R

## Bastian Bielendorfer
### Lehrerkind
*Lebenslänglich Pausenhof.*
*304 Seiten. Piper Taschenbuch*

Was wird aus einem Menschen, wenn Mama und Papa Lehrer an der eigenen Schule sind – und somit an jedem Tag im Jahr Elternsprechtag ist, die Mitschüler einen zum Daueropfer ernennen und es bei den Bundesjugendspielen nicht einmal für eine Teilnehmerurkunde reicht? Genau: Er wird selbst Lehrer! Mit gnadenloser Selbstironie schildert Bastian Bielendorfer, wie er der pädagogischen Sippenhaft zu entrinnen versucht, und verrät dabei, welch zarte Seele sich unter so manchem grob gehäkelten Mathelehrerpullunder verbirgt.

## John Lloyd & John Mitchinson
### Verliebte Mäuse singen
*Unnützes Wissen aus dem Reich der Tiere. Aus dem Englischen von Ralf Pannowitsch. 304 Seiten. Piper Taschenbuch*

Wussten Sie, dass Albatrosse zehn Jahre nonstop fliegen können, Hummer 100 Jahre alt werden, Würmer Zigaretten rauchen und Mäuse singen, während sie sich lieben? Nach dieser Safari wird den Leser nichts mehr wundern. Wie Tiere – Hund, Katz, Erdferkel, Binturongs, Asseln, Pinguine und all die anderen – fressen, schlafen, sich bewegen und fortpflanzen, das bietet mehr, als die menschliche Phantasie sich je wird vorstellen können.